信阳师范大学商学院

本书系国家社会科学基金一般项目"新质生产力赋能现代流通体系高质量建设的机制与路径研究"（24BJY031）的阶段性成果

数字经济赋能现代流通体系建设的机制与路径研究

俞彤晖 ◎ 著

中国财经出版传媒集团

经济科学出版社

Economic Science Press

·北 京·

图书在版编目（CIP）数据

数字经济赋能现代流通体系建设的机制与路径研究/
俞彤晖著. -- 北京：经济科学出版社，2024.12.
ISBN 978 - 7 - 5218 - 6459 - 5

Ⅰ. F723

中国国家版本馆 CIP 数据核字第 2024K3D203 号

责任编辑：顾瑞兰
责任校对：蒋子明
责任印制：邱　天

数字经济赋能现代流通体系建设的机制与路径研究
俞彤晖　著
经济科学出版社出版、发行　新华书店经销
社址：北京市海淀区阜成路甲 28 号　邮编：100142
总编部电话：010-88191217　发行部电话：010-88191522
网址：www. esp. com. cn
电子邮箱：esp@ esp. com. cn
天猫网店：经济科学出版社旗舰店
网址：http://jjkxcbs. tmall. com
固安华明印业有限公司印装
710 × 1000　16 开　15 印张　310000 字
2024 年 12 月第 1 版　2024 年 12 月第 1 次印刷
ISBN 978 - 7 - 5218 - 6459 - 5　定价：75.00 元
（图书出现印装问题，本社负责调换。电话：010 - 88191545）
（版权所有　侵权必究　打击盗版　举报热线：010 - 88191661
QQ：2242791300　营销中心电话：010 - 88191537
电子邮箱：dbts@esp. com. cn）

总　序

　　商学院作为我校 2016 年成立的院系，已经表现出了良好的发展潜力和势头，令人欣慰、令人振奋。办学定位准确，发展思路清晰，尤其在教学科研和学科建设上成效显著，此次在郑云院长的倡导下，拟特别资助出版《信阳师范学院商学院学术文库》，值得庆贺，值得期待！

　　商学院始于我校 1993 年的经济管理学科建设。从最初的经济系到2001 年的经济管理学院、2012 年的经济与工商管理学院，发展为 2016 年组建的商学院，筚路蓝缕、栉风沐雨，凝结着教职员工的心血与汗水，昭示着商学院瑰丽的明天和灿烂的未来。商学院目前拥有河南省教育厅人文社科重点研究基地——大别山区经济社会发展研究中心、理论经济学一级学科硕士学位授权点、工商管理一级学科硕士学位授权点、理论经济学河南省重点学科、应用经济学河南省重点学科、理论经济学校级博士点培育学科、经济学河南省特色专业、会计学河南省专业综合改革试点等众多科研平台与教学质量工程，教学质量过硬，科研实力厚实，学科特色鲜明，培养出了一批适应社会发展需要的优秀人才。

　　美国是世界近现代商科高等教育的发祥地，宾夕法尼亚大学沃顿于1881 年创建的商学院是世界上第一所商学院，我国复旦公学创立后在 1917年开设了商科。改革开放后，我国大学的商学院雨后春笋般成立，取得了可喜的研究成果，但与国外相比，还存在明显不足。我校商学院无论是与国外大学相比还是与国内大学相比，都是"小学生"，还处于起步发展阶段。《信阳师范学院商学院学术文库》是起点，是开始，前方有更长的路需要我们一起走过，未来有更多的目标需要我们一道实现。希望商学院因势而谋、应势而动、顺势而为，进一步牢固树立"学术兴院、科研强院"的奋斗目标，走内涵式发展之路，形成一系列有影响力的研究成果，在省内高校起带头示范作用；进一步推出学术精品、打造学术团队、凝练学术

1

方向、培育学术特色、发挥学术优势，尤其是培养一批仍处于"成长期"的中青年学术骨干，持续提升学院发展后劲并更好地服务地方社会，为我校实现高质量、内涵式、跨越式发展，建设更加开放、充满活力、勇于创新的高水平师范大学的宏伟蓝图贡献力量！

"吾心信其可行，则移山填海之难，终有成功之日；吾心信其不可行，则反掌折枝之易，亦无收效之期也。"习近平总书记指出，创新之道，唯在得人。得人之要，必广其途以储之。我们希望商学院加快形成有利于人才成长的培养机制、有利于人尽其才的使用机制、有利于竞相成长各展其能的激励机制、有利于各类人才脱颖而出的竞争机制，培植好人才成长的沃土，让人才根系更加发达，一茬接一茬茁壮成长。《信阳师范学院商学院学术文库》是一个美好的开始，更多的人才加入其中，必将根深叶茂、硕果累累！

让我们共同期待！

前　言

党的二十大报告提出，"建设高效顺畅的流通体系，降低物流成本。加快发展数字经济，促进数字经济和实体经济深度融合"。近年来，经济全球化退潮和全球产业链供应链调整是中国经济社会发展格局演进的重要转折点，加上全球经济深度衰退，中国发展的内外部环境更加复杂严峻。在此背景下，中央提出加快构建以国内大循环为主体、国内国际双循环相互促进的新发展格局，其关键在于经济循环的畅通无阻，而要达成这项任务，就需要建立高效畅通、竞争有序的现代流通体系。改革开放40余年来，我国商品流通领域发生天翻地覆的变化，流通规模迅速扩张，流通业态新旧迭代，流通职能不断强化，特别是党的十八大以来，我国的商品流通模式加速创新，流通渠道不断拓宽，流通活力持续增强。然而，在看到我国流通领域发展取得长足进步的同时，还须清醒地认识到当前流通体系建设依然存在诸多制约。诸如流通运营成本高企、流通经济效率低下、商业创新动力不足、流通辐射范围受限、流通基础配套缺失等问题严重妨碍了流通体系的高效顺畅运转。特别是在当前国内外环境发生深刻复杂变化的大背景下，流通体系不畅成为制约我国生产制造能力提升、消费需求潜力扩大的重要因素。

近年来，伴随着互联网、大数据、云计算、人工智能等第四次技术革命的兴起，数字经济已然成为引领全球经济发展的崭新动能，其具有显著的规模经济、范围经济以及长尾效应等特征，正在深刻改变人们的生产和生活方式，助力经济效率提升和经济结构优化。在数字经济背景下，流通领域数字化变革持续深化，但数字化流通并非对流通本质的颠覆，而是借助数字信息技术的交互融合实现流通领域的"数据与数据对话"，将生产与消费更加紧密地连接起来，为流通创新奠定基础。无论从理论还是实践视角观察，数字经济对流通体系的影响都是深刻的。通过弥合信息不对称、强化媒介供需职能、消除商品交换壁垒、减少流通环节、降低流通运行成本等途径，数字经济赋予了流通领域创新转型的重要驱动力。那么，数字经济发展能否有效提升我国现代流通体系建设水平？如果该效应得到证实，其背后的主要赋能机制是什么？数字经济发展对现代流通体系建设水平的影响效果又是否存在异质性条件约束？对于上述问题，既有文献尚未给出明确的回答。因此，本书试图深化对新时期我国现代流通体系建设的理论认知，科学构建现代流通体系建设水平测度指标体系，系统梳理数字经济发展对现代流通体系建设的赋能机制，并基于我国城市层面面板数据实证揭示赋能实效，为深化我国流通体制改革和加快构建国内统一大市场提供理论依据与决策参考。

本书将数字经济赋能现代流通体系建设的作用机制与实现路径作为主要研究对象。立足构建新发展格局时代背景，深刻剖析了现代流通体系的科学内涵、特征属性及建设目标，系统构建了现代流通体系建设水平的测度指标体系，利用熵值法测算出 2004～2021 年 287 个地级及以上城市现代流通体系建设水平得分，并利用 Dagum 基尼系数、Kernel 密度估计、Markov 链分析、空间自相关分析、标准差椭圆分析等方法对我国城市现代流通体系建设水平的时空动态演进趋势展开系统探究。在此基础上，分别从直接促进作用和间接作用机制两个理论维度系统梳理了数字经济对现代流通体系建设的赋能逻辑，运用个体－时点双固定效应模型、两阶段最小二乘法、多期 DID 模型、中介效应模型等手段，多角度实证探究了数字经济对现代流通体系建设的直接与间接赋能实效。研究内容主要包括以下五个方面。

一是现代流通体系建设的理论阐释。作为现代经济体系中不可或缺的重要构成，现代流通体系是一种综合性、系统性的流通经济形态，涵盖商贸流通运行、物流运输保障、数字技术支撑、统一市场建设、金融服务配套、流通规制管理等多元范畴，是商品实现价值的有效载体，承担着衔接生产与消费的桥梁与纽带职能。作为中国语境下的独特概念，现代流通体系并非简单的新技术嵌入问题，而是中国特色社会主义市场经济步入成熟阶段后，流通体系沿着高质量发展方向应运而生的创新演进形态。具有吸纳数字信息技术广泛嵌入、崇尚消费者至上价值导向、注重商品流通服务增值化发展、鼓励流通商业模式创新迭代、重视智慧物流体系精准配套、强调流通全渠道低碳化运行等典型特征，建设目标以"促进经济循环高效稳定发展"为核心，以打造高质量的国内大循环基础骨架和国内国际双循环市场接口为创新导向，以效率变革、质量变革、动力变革等为跃迁轨迹，涵盖提升流通经济效率、改进流通运行质量、积蓄流通创新动力、延展流通体系有效规模和完善流通基础配套等多个方面。

二是现代流通体系建设水平的综合评价。鉴于现代流通体系是一个具有多元内涵的复合型概念，本书旨在通过构建综合测度指标体系，以全面、客观地评估现代流通体系建设水平。为实现这一目标，本书从流通经济效率、流通运行质量、流通创新动力、流通发展规模以及流通基础配套等五个关键维度出发，选取了 17 项基础指标，构建了衡量中国城市现代流通体系建设水平的测度指标体系。在对各城市现代流通体系建设水平指数的测算过程中，首先对基础指标的原始数据进行标准化处理，以消除指标之间因量纲差异带来的影响，此外，采用熵值法来确定各基础指标的权重，以确保权重分配的客观性。通过观察测度结果，发现尽管现代流通体系建设整体水平稳步上升，但区域间及区域内的不均衡现象尤为显著。东部地区凭借优越条件领跑全国，却也暴露出内部不均衡问题；中部地区则展现出追赶态势，区域内差异相对较小；而西部与东北地区则受制于流通基础薄弱，现代流通体系建设相对滞后。尤为令人关注的是，研究期间区域差异未见缓解，反呈加剧之势，尤以东部与其他区域间的鸿沟最为突出。空间溢出效应虽激发了高水平区域的辐射效应，却也无形中加大了低水平区域的追赶难度。

三是数字经济赋能现代流通体系建设的理论分析。在直接赋能逻辑方面，本书立足于数字经济赋能的视角，从体系构建的全局性思路出发，深入探索数字经济驱动现代流通体系建设的内在理论逻辑，构建了一个既具整体性又富含系统性的赋能机理分析框架。具体的赋能逻辑主要围绕数字经济融合视角下流通体系降本增效、数字技术革新视角下流通体系包容创新、数据资源嵌入视角下流通体系职能强化、数字理念植入视角下流通体系质量提升等维度展开论述。当然，作为一种新型经济形态，数字经济不仅直接为现代流通体系建设注入新动能，还通过多维度、多层次的间接作用机制，对现代流通体系的完善与发展产生深远影响。具体而言，数字经济还能通过营造更为广阔的创新发展空间、激发流通领域的创业活力，以及强化金融支持力度等多种途径，对现代流通体系的建设与发展施加显著的间接赋能效应。这种间接赋能效应，不仅拓宽了流通体系的发展边界，还为其注入了持续的发展动力，推动了流通业与制造业、服务业等其他经济部门的深度融合与协同发展。

四是数字经济赋能现代流通体系建设的效应检验。在厘清数字经济推动现代流通体系建设的理论逻辑的基础上，本书采用 2004～2021 年我国 287 个地级及以上城市作为分析样本，运用个体 - 时点双固定效应模型、两阶段最小二乘法、多期 DID 模型、中介效应模型等手段，多角度实证探究了数字经济对现代流通体系建设的直接与间接赋能效应。实证结果明确验证了数字经济对现代流通体系建设水平的显著提升作用。数字经济不仅通过降本增效、包容创新、职能强化及质量提升等路径全面促进流通体系升级，还展现出高度的稳健性，即便在剔除极值样本、替换变量及考虑内生性后，其正向效应依然显著。此外，研究揭示了数字经济赋能效果的异质性：中部地区依托优势条件领跑全国，东部与西部紧随其后，而东北地区则面临较大挑战。在行政级别层面，非中心城市因政策灵活性和创新活力，在数字经济赋能流通体系方面表现尤为突出，甚至超越中心城市，凸显了区域与政策环境对数字经济效应的关键影响。此外，基于中介效应模型的机制检验进一步揭示了数字经济确实能够通过营造创新发展空间、激发流通创业活力、强化金融支持力度等传导机制对现代流通体系建设施加正向影响。

五是数字经济赋能现代流通体系建设的路径设计。紧扣现代流通体系高质量建设目标，深入提炼并全面阐释一套具有高度可操作性、鲜明创新导向且紧密契合现实需求的数字经济赋能路径。此路径设计紧密围绕数字经济这一新兴动力源，系统探索其如何精准赋能现代流通体系建设。具体而言，该路径涵盖五大方面。一是嵌入尖端科技，提升服务质量。通过引入大数据、云计算、人工智能等前沿技术，对流通体系进行数智化改造升级，实现流通过程的高度自动化与个性化，从而提升服务透明度，增强客户满意度。二是推动信息共享，搭建高效网络。通过完善信息基础设施，确保各环节信息即时共享，加强数据集中存储与高效处理，扩大网络服务覆盖范围，并严格保障信息安全与隐私保护。三是加快数实融合，塑造发展优势。推进线上线下无缝对接，创新流通业态与商业模式，实现消费场景全覆盖，构建数字化流通生态圈，进而形成显著的产业协同效应与规模经济优势。四是建立预警机制，强化风险防控。构建智能化的流通风险监测系统，实时监控并分析市场供求、价格波动等核心经济指标，以强化对市场波动及外部冲击的抵御能力与快速恢复力。五是构建政策体系，健全制度保障。在"有效市场，有为政府"框架下，针对流通市场的反垄断、反不正当竞争、节能减排及优质流通人才培育等方面强化政策支持，为现代流通体系的高质量发展保驾护航。

　　基于笔者视野与能力的局限性，研究仍存在诸多不足。首先，尽管对现代流通体系的基础理论进行了深入探讨，但随着经济社会的快速发展，理论框架的更新与完善尚需加强，特别是对新发展格局下流通体系新定位、新功能的研究还需进一步细化。其次，在流通体系建设水平评价方法上，尽管已初步构建了综合测度指标体系，但指标体系的精细化与多元化仍有提升空间，特别是对新数据的挖掘与应用不足，限制了评估结果的精准度。再次，数字经济赋能现代流通体系的研究虽已构建起理论框架，但对其微观层面的重塑效应及具体实践案例的深入剖析尚显不足，机制研究的广度和深度有待加强。此外，创新创业与现代流通体系建设的联动研究虽已起步，但两者之间的内在互动机制及政策实施效果的长效跟踪评价尚显薄弱。最后，在全球化视角下，现代流通体系建设的国际比较与深度探索相对欠缺，对国际先进经验的学习借鉴及跨国流通企业的深度剖析不足，限制了研究的国际化视野与战略高度。未来研究需针对上述不足，持续深化探索，以全面提升数字经济赋能现代流通体系建设研究的系统性与前瞻性。此外，在本书撰写与定稿的过程中，笔者得到了信阳师范大学商学院理论经济学专业四位研究生的倾力支持。其中，黄悬、贾珊珊同学在本书计量分析部分的数据搜集、模型初验、结果可视化等方面作出了较大贡献，张宇、李欣雨同学协助完成了书稿第四章的内容撰写，工作量分别为 4.2 万字和 4.1 万字。在此，笔者谨对他们的辛勤付出表示衷心感谢。

俞彤晖

2024 年 **8** 月

目　录

第一章　导　论 ……………………………………………………… 1

  第一节　选题背景和意义 ………………………………………… 1

  第二节　主要内容与研究思路 …………………………………… 6

  第三节　研究方法 ……………………………………………… 10

  第四节　创新之处 ……………………………………………… 16

第二章　文献综述 ………………………………………………… 18

  第一节　数字经济相关研究 …………………………………… 18

  第二节　关于现代流通体系建设的研究 ……………………… 25

  第三节　数字经济对流通发展影响的研究 …………………… 34

第三章　现代流通体系建设的基本理论 ………………………… 41

  第一节　现代流通体系的特征与内涵 ………………………… 41

  第二节　新发展阶段现代流通体系建设的目标解构 ………… 51

第四章　数字经济与现代流通体系建设的水平测度 …………… 56

  第一节　数字经济发展水平综合测度 ………………………… 56

  第二节　现代流通体系建设水平综合测度 …………………… 72

  第三节　数字经济发展水平的时空演化特征分析 …………… 84

  第四节　现代流通体系建设水平的时空演化特征分析 ……… 111

第五章　数字经济赋能现代流通体系建设的理论分析 ·············· 133

　　第一节　数字经济对现代流通体系建设的直接赋能逻辑 ·········· 133

　　第二节　数字经济赋能现代流通体系建设的间接作用机制 ········ 139

第六章　数字经济赋能现代流通体系建设的效应检验 ·············· 146

　　第一节　模型设定与数据说明 ································· 146

　　第二节　数字经济赋能现代流通体系建设的直接效应检验 ········ 153

　　第三节　数字经济赋能现代流通体系建设的异质性分析 ·········· 163

　　第四节　数字经济赋能现代流通体系建设的作用机制检验 ········ 169

第七章　数字经济赋能现代流通体系建设的路径设计 ·············· 173

　　第一节　嵌入尖端科技，提升服务质量 ······················· 174

　　第二节　推动信息共享，搭建高效网络 ······················· 177

　　第三节　加快数实融合，塑造发展优势 ······················· 180

　　第四节　建立预警机制，强化风险防控 ······················· 184

　　第五节　构建政策体系，健全制度保障 ······················· 187

第八章　研究结论、启示与展望 ··························· 192

　　第一节　研究结论 ··· 192

　　第二节　政策启示 ··· 195

　　第三节　研究展望 ··· 198

参考文献 ··· 205

第一章　导　论

近年来，我国现代化经济体系逐步完善，实体经济持续壮大，内需潜力加速释放，需要流通体系在更大范围联系生产和消费。习近平总书记指出："构建新发展格局，必须把建设现代流通体系作为一项重要战略任务来抓。"① "十四五"规划也将"强化流通体系支撑作用"列为畅通国民经济循环的关键举措。与此同时，作为当前驱动我国经济高质量发展的重要引擎，数字经济的强势崛起为流通领域注入全新发展动能。因此，如何借力数字经济，助推现代流通体系高标准建设，更好服务于国内大循环，成为新时期亟待探索的重要议题。本书将深化对现代流通体系建设的理论认知，立足新发展阶段，探究数字经济赋能现代流通体系建设的内在逻辑与实际效应，提炼更具可适性和差异化的赋能路径，为深化流通体制改革和加快构建国内统一大市场提供理论依据与决策参考。

第一节　选题背景和意义

一、选题背景

党的二十大报告提出，"建设高效顺畅的流通体系，降低物流成本。加快发展数字经济，促进数字经济和实体经济深度融合"。近年来，经济全球化的逆流涌动与全球产业链、供应链的重构调整，无疑构成了中国经济社会发展格局演变的重要转折点。叠加全球经济深度衰退的复杂

---

① 2020年9月9日，习近平总书记在中央财经委员会第八次会议上的讲话。

1

态势，中国所面临的内外部环境越发错综复杂且充满挑战，这一系列深刻变化对中国经济社会的发展提出了前所未有的要求。在此背景下，中央审时度势，精准把握国内外经济形势的深刻变化，适时提出加快构建以国内大循环为主体、国内国际双循环相互促进的新发展格局，这一战略构想的核心要义在于，确保经济循环的畅通无阻，促进内外经济的良性互动与高效循环，以应对全球经济格局的深刻调整与国内经济社会发展的新要求。而要达成这项宏伟且富有前瞻性的战略任务，就必须建立起一个高效畅通、竞争有序的现代流通体系。这一体系不仅要求流通环节的高效运作与低成本运行，更强调市场机制的完善与公平竞争环境的营造。它应当能够迅速响应市场变化，有效连接生产与消费，促进资源的优化配置与产业结构的升级转型。同时，现代流通体系还需具备强大的创新能力与适应性，能够不断适应新技术、新业态、新模式的发展需求，推动数字经济与实体经济的深度融合，为经济社会的持续健康发展提供有力支撑。

改革开放 40 余年来，我国商品流通领域发生天翻地覆的变化，流通规模迅速扩张，流通业态新旧迭代，流通职能不断强化，特别是党的十八大以来，我国流通模式加速创新，流通渠道不断拓宽，流通活力持续增加。这一系列积极变化，无疑彰显了我国流通产业发展的蓬勃生机与显著成效。然而，在看到我国流通产业发展取得明显进展的同时，还应清醒地认识到当前流通领域依然存在的诸多发展瓶颈。诸如流通经济成本居高不下、流通运行质量良莠不齐、流通商业模式创新不强、流通网络辐射范围受限、流通基础设施配套缺乏等问题，犹如一道道枷锁，深度束缚了流通体系的顺畅运转，阻碍了流通效能的充分释放。尤为值得警惕的是，在国内外新环境、新背景和新要求的叠加影响下，流通体系不畅与生产制造能力提升、消费需求潜力旺盛之间的矛盾日益凸显，且呈现出逐步加剧的趋势。同时，不同地区流通发展的实际情况亦存在较大的差异性和不平衡性，这无疑严重制约了我国流通领域变革的整体性和系统性，使得流通体系在支撑经济社会高质量发展方面的作用未能得到充分有效的发挥。因此，深入剖析并解决这些流通领域的发展瓶颈与矛盾问题，对于推动我国流通产业的持续健康发展、助力经济社会的高质量发展，具有重大的理论与实践意义。

近年来，伴随着互联网、大数据、云计算、人工智能、区块链等第四次技术革命的兴起，数字经济已然成为引领全球经济发展的崭新动能，其发展速度之迅猛、辐射范围之广阔、影响程度之深远前所未有。基于数字技术的数字经济具有显著的规模经济、范围经济以及长尾效应等特征，正在深刻改变人们的生产和生活方式，助力经济效率提升和经济结构优化，成为我国新旧动能转换和经济高质量发展的重要推动力量。数字经济背景下，流通领域数字化变革持续深化，但数字化流通并非对流通本质的颠覆，而是借助数字信息技术的交互融合实现流通领域的"数据与数据对话"，将生产与消费更加紧密地连接起来，为流通创新奠定基础。无论从理论还是实践视角观察，数字经济对流通体系的影响都是深刻的。通过弥合信息不对称、强化媒介供需职能、消除商品交换壁垒、减少流通环节、降低流通运行成本等机制，数字经济赋予了流通体系创新转型的重要驱动力。但与此同时，在充分肯定数字经济赋能优势的同时，我们还需保持清醒的头脑，警惕其可能给流通体系带来的负面影响。例如，传统线下流通市场空间在电商的冲击下几乎被挤压殆尽，面临着前所未有的生存挑战。同时，地区间、城乡间的"数字鸿沟"问题日益凸显，使得数字红利的不平衡程度进一步加深，可能加剧社会经济发展的不均衡现象。此外，大型互联网流通平台的崛起虽然在一定程度上推动了流通体系的创新与发展，但也带来了市场竞争格局的变化和监管挑战，需要我们在推动数字经济发展的同时，予以高度关注和审慎应对。

因此，在当前加速构建新发展格局的战略背景下，如何有效借助数字经济的蓬勃力量，推动现代流通体系实现高标准、高效率的建设，进而更好地服务于国内大循环的畅通无阻，成为了新时期经济学研究领域中亟待深入探索的重要议题。那么，一个自然而然的疑问便是：数字经济的发展是否确实能够显著提升我国现代流通体系的建设水平？若这一积极效应得以验证，其背后蕴含的主要赋能机制又是如何运作的？进一步地，数字经济发展对现代流通体系建设水平的影响效果是否存在异质性条件约束，即在不同情境或条件下是否表现出不同的作用模式？遗憾的是，对于上述一系列关键问题，现有文献尚未给出充分且明确的解答。鉴于此，本书旨在深化对新时期我国现代流通体系建设理论认知的深度与广度，通过系统梳理并解析数字经济发展对现代流通体系建设的赋能机制，同时基于我国城市层面的面板数据，实证地揭示这一赋能过程的具体实效，以期为深化我国流通体制的改革进程和加快构建国内统一大市场提供坚实的理论依据与科学的决策参考。此研究不仅是对既有理论的补充与完善，更是对当前经济实践需求的积极响应，力求在理论与实践之间搭建一座坚实的桥梁。

二、选题意义

在当前数字经济迅猛发展，并对经济社会各领域产生广泛而深远影响的背景下，本书承载着尤为重要的理论与实践意义。它不仅致力于对数字经济与现代流通体系建设之间的内在联系进行一次深度剖析，而且力图积极探索传统流通体系在数字经济时代下转型与升级的可行路径。通过严谨而系统的研究，我们期望能够为学术界贡献新的理论视角和更为精准的分析工具，同时也为实践领域提供具有前瞻性和可操作性的政策启示与决策参考。具体而言，本书的重要意义体现在如下方面。

（一）理论意义

（1）有助于深刻阐释现代流通体系建设的内涵特征、目标任务及评价标准。本书致力于深度挖掘与系统阐述数字经济对现代流通体系建设所产生的深远影响，其核心目的在于极大地丰富并拓展现代流通体系相关研究的理论深度与广度，进而为该领域的学术研究提供更为坚实的理论基础与更为广阔的探索空间。通过对数字经济赋能现代流通体系建设的全面而深入的剖析，力图精准地揭示并明晰新发展阶段现代流通体系建设的内涵特征、目标任务及评价标准，以期为该领域的理论探索提供重要的学术价值，从而推动现代流通体系相关研究在数字经济时代的全面展开。

（2）有助于科学厘清以数字化为主要导向的流通创新升级逻辑。通过对数字经济赋能机制的全面而深入的剖析，本书力图揭示并阐释数字化如何在现代流通体系建设进程中发挥关键作用，进而推动流通创新升级的内在逻辑与外在表现。我们将通过系统而严谨的分析，深入探讨数字经济如何重塑现代流通体系的结构与运作机制，如何赋能流通创新并推动其向更高阶段演进。这一深入分析不仅有助于我们重新认识和理解数字化在现代流通体系建设中的核心地位与重要作用，而且对于数字经济时代现代流通体系建设评价指标的科学构建、动力机制的精准锚定以及实现路径的巧妙设计等均具有至关重要的理论意义。

（3）有助于精准揭示数字经济对现代流通体系建设的赋能实效。本书拟立足于现代流通体系建设的本质内涵，通过严谨的理论梳理与实践调查，构建一套全面、科学、系统且具有可操作性的现代流通体系建设水平测度指标体系。该指标体系将充分考虑现代流通体系的多维度、多层次特性，以及数字经济对其赋能的复杂性和动态性，以确保测度的准确性与全面性。在此基础上，本书将运用先进的计量经济分析手段，力求准确揭示数字经济对现代流通体系建设的赋能效应，为透视与评价我国流通创新发展和转型升级提供科学的分析手段，并为政策制定者推动流通体系创新发展提供科学依据与经验参考。

（二）实践意义

（1）为新时期流通组织完成现代化改造升级提供方向指引。在当前数字经济加速发展的大背景下，流通领域正面临着前所未有的变革与挑战。因此，本书致力于深入而系统地梳理流通发展所面临的现实困境及其深层根源。这一过程不仅要求我们揭示出困境的具体表现，如流通效率低下、信息不对称等问题，更需深入挖掘其背后的经济、社会与技术因素，以期全面把握流通体系在数字经济时代所面临的复杂困境。在此基础上，我们将进一步明晰流通体系对数字经济赋能的现实诉求，这既是对新时期流通组织现代化改造与升级方向的一种积极探索，也是为流通体系实现历史性转型提供的科学性、前瞻性的方向指引。

（2）为实现"建设高效顺畅的流通体系"战略目标提供决策参考。本书将基于前文的深入分析，致力于提炼出具有高度适配性和差异化的数字经济赋能路径。此路径的提炼过程，需紧密贴合我国流通体系的实际状况，充分考量数字经济的固有特性与发展趋势，以确保所提出路径的切实可行性与前瞻创新性。具体而言，我们将从多维度出发，包括但不限于提升服务质量、搭建高效网络架构、塑造独特发展优势、强化风险防控机制、健全制度保障体系等，全面探索如何有效利用数字经济为流通体系赋能，进而推动其实现高效、顺畅的运转状态。最终，本书期望能够为实现"建设高效顺畅的流通体系"这一战略目标，提供兼具学术价值与实践指导意义的决策参考成果，以期为我国流通体系的现代化转型与升级贡献一份力量。

第二节　主要内容与研究思路

本书将新发展格局下数字经济赋能现代流通体系建设的作用机制与实现路径作为主要研究对象。具体包括：（1）深化对现代流通体系建设的理论认知；（2）阐明现代流通体系建设水平的评价标准；（3）厘清现代流通体系建设的数字赋能逻辑；（4）揭示数字经济赋能现代流通体系建设实效；（5）提炼数字经济赋能下现代流通体系建设的实现路径。主要研究内容及框架思路如下。

一、研究内容

1. 现代流通体系建设的理论阐释

立足新发展阶段，剖析现代流通体系的本质内涵与基本架构，解构并揭示其特征属性与建设目标。

（1）现代流通体系的内涵界定。拟在追踪流通理论前沿和廓清流通内核与外缘的基础上，结合我国流通发展实际，界定现代流通体系的内涵，明确其基本架构，保证后续分析的科学性。

（2）现代流通体系的特征剖析。运用案例比较、统计描述、深度访谈等方法，沿循科技密集、消费便利、服务增值、模式创新、物流配套、低碳运行等线索，揭示现代流通体系相较传统流通体系所具有的典型特征。

（3）现代流通体系建设目标解构。从运行效率提升、服务质量改进、创新动能积蓄、流通网络健全、基础配套增强等维度阐释现代流通体系建设目标。

2. 现代流通体系建设水平的综合评价

拟在明晰现代流通体系的科学内涵、特征属性与建设目标的基础上，构建综合测度指标体系，以全面、客观地评估现代流通体系建设水平，并选取恰当的定量手段探析其时空动态演进规律。

（1）现代流通体系建设水平测度。拟参考前期研究成果（俞彤晖和陈斐，2020；俞彤晖和崔许峰，2023）[1][2]，结合现代流通体系的内涵特征，从流通经济效率、流通运行质量、流通创新动力、流通发展规模以及流通基础配套等五个关键维度出发，选取了 17 项基础指标，构建衡量中国城市现代流通体系建设水平的测度指标体系。

（2）现代流通体系建设水平的时空演化特征分析。拟利用 Dagum 基尼系数、Kernel 密度估计、Markov 链分析、空间自相关分析、标准差椭圆分析等方法对我国城市现代流通体系建设水平的时空动态演进趋势展开系统探究。

（3）数字经济发展水平测度及其时空演化特征分析。数字经济包括与数字经济相关的技术基础，以及由此催生的各种与之相关的新业态（徐翔等，2023；万广华等，2024）[3][4]。拟借鉴当下主流研究指标体系构建（万

---

① 俞彤晖，崔许锋. 中国现代流通体系建设水平测度及时空演化特征研究［J］. 财贸研究，2023，34（7）：1－15.

② 俞彤晖，陈斐. 数字经济时代的流通智慧化转型：特征、动力与实现路径［J］. 中国流通经济，2020，34（11）：33－43.

③ 徐翔，赵墨非，李涛，等. 数据要素与企业创新：基于研发竞争的视角［J］. 经济研究，2023，58（2）：39－56.

④ 万广华，宋婕，左丛民，等. 中国式现代化视域下数字经济的共同富裕效应：方法与证据［J］. 经济研究，2024，59（6）：29－48.

晓榆和罗焱卿，2022；黄林秀等，2024)①②。从数字基础设施、数字产业发展、数字创新潜力、数字普惠金融及数字经济关注程度等维度构建数字经济发展水平测度指标体系。

3. 数字经济赋能现代流通体系建设的理论分析

厘清数字经济影响现代流通体系建设的直接赋能逻辑与间接传导机制，形成兼具整体性与系统性的赋能机制分析框架。

（1）直接赋能逻辑。围绕数字经济融合视角下流通体系降本增效、数字技术革新视角下流通体系包容创新、数据资源嵌入视角下流通体系职能强化、数字理念植入视角下流通体系质量提升等维度系统阐释数字经济对现代流通体系建设的直接赋能逻辑。

（2）间接传导机制。数字经济作为新型经济形态，不仅直接为现代流通体系建设提供新动能，还能基于营造创新发展空间、激发流通创业活力、强化金融支持力度等途径对现代流通体系建设产生间接影响。

4. 数字经济赋能现代流通体系建设的效应检验

在综合评价数字经济发展和现代流通体系建设水平的基础上，系统探究数字经济赋能现代流通体系建设的真实效应。

（1）赋能实效检验。以我国287个地级以上城市面板数据为研究样本，构建个体时点双固定效应模型检验数字经济发展对现代流通体系建设的影响实效。

（2）中介机制检验。构建中介效应估计模型考察数字经济对城市现代流通体系建设的间接效应，为后续路径设计提供依据。

5. 数字经济赋能现代流通体系高质量建设的路径设计

（1）嵌入尖端科技，提升服务质量。引入前沿技术，对流通体系进行

---

① 万晓榆，罗焱卿. 数字经济发展水平测度及其对全要素生产率的影响效应［J］. 改革，2022（1）：101－118.

② 黄林秀，郝坚. 数字经济、创新差距和中心－外围城市经济差距——基于新经济地理的视角［J］. 改革，2024（3）：113－126.

数智化改造升级，实现流通过程的自动化和个性化，提升服务透明度，增强客户满意度。

（2）推动信息共享，搭建高效网络。完善信息基础设施，确保各环节信息即时共享，加强数据集中存储与高效处理，扩大网络服务覆盖范围，重视信息安全和隐私保护。

（3）加快数实融合，塑造发展优势。推进线上线下无缝对接，创新流通业态与商业模式，实现消费场景全覆盖，打造数字化流通生态圈，形成产业协同效应和规模经济优势。

（4）建立预警机制，强化风险防控。构建智能化的流通风险监测系统，实时监控和分析市场供求、价格波动等核心指标，增强对外部冲击的抵御能力和快速恢复能力。

（5）构建政策体系，健全制度保障。在"有效市场，有为政府"的原则下，重点针对流通市场反垄断和反不正当竞争、流通全链条节能减排、优质流通人才培育等方面强化政策支持。

二、框架思路

本书的基本思路是围绕新发展格局下数字经济赋能现代流通体系建设这一主题，深入探究其作用机制与实现路径。首先，通过理论认知的深化，明确现代流通体系的内涵、特征与建设目标，为后续研究奠定坚实基础。其次，定量测度中国287个城市的现代流通体系建设水平及其时空动态演进趋势，揭示流通转型升级对数字经济赋能的迫切需求。再次，系统厘清数字经济对现代流通体系建设的直接赋能逻辑与间接传导机制，形成全面的分析框架。在此基础上，通过实证研究方法检验数字经济赋能现代流通体系建设的真实效应，并进一步探索中介机制。最后，设计数字经济赋能现代流通体系建设的具体路径，以期为推动现代流通体系的高质量发展提供理论支撑和实践指导。具体技术路线参见图1-1。

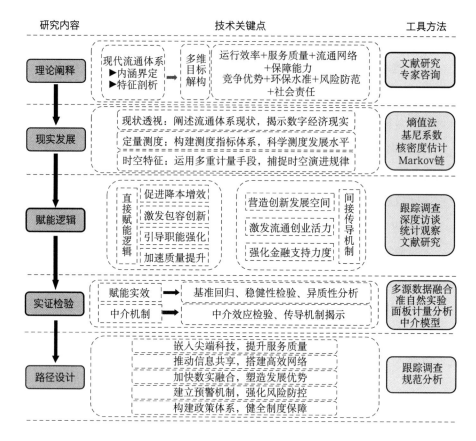

研究内容　　　　　　　　　　技术关键点　　　　　　　　　　工具方法

| 理论阐释 | 现代流通体系 ▶内涵界定 ▶特征剖析 | 多维目标解构 | 运行效率+服务质量+流通网络+保障能力 竞争优势+环保水准+风险防范+社会责任 | 文献研究 专家咨询 |

现状透视：阐述流通体系现状，揭示数字经济现实
定量测度：构建测度指标体系，科学测度发展水平
时空特征：运用多重计量手段，捕捉时空演进规律

现实发展 ── 熵值法 基尼系数 核密度估计 Markov链

赋能逻辑
直接赋能逻辑：促进降本增效、激发包容创新、引导职能强化、加速质量提升
间接传导机制：营造创新发展空间、激发流通创业活力、强化金融支持力度
跟踪调查 深度访谈 统计观察 文献研究

实证检验
赋能实效 → 基准回归、稳健性检验、异质性分析
中介机制 → 中介效应检验、传导机制揭示
多源数据融合 准自然实验 面板计量分析 中介模型

路径设计
嵌入尖端科技，提升服务质量
推动信息共享，搭建高效网络
加快数实融合，塑造发展优势
建立预警机制，强化风险防控
构建政策体系，健全制度保障
跟踪调查 规范分析

图 1-1　本书的基本思路

第三节　研究方法

本书将数字经济赋能现代流通体系建设的作用机制、实际效果与实现路径作为主要研究对象，采用文献研究、专家咨询、统计观察和计量建模等多种研究方法，深入、系统地探讨了数字经济赋能现代流通体系的相关议题。具体用到的研究方法大致可分为如下几类。

1. 文献研究

通过系统梳理国内外关于数字经济赋能、流通领域发展及现代流通体系建设等方面的相关文献，本书明确了数字经济在推动现代流通体系建设中的关键角色和理论基础，同时指出了现有研究的贡献与不足。文献研究法在本研究中的核心应用体现在以下几个方面。

（1）文献收集与整理。本研究首先通过广泛查阅国内外知名学术期刊、权威学术数据库、专业图书馆资源、政府政策文件及行业权威报告等多种渠道，全面系统地收集了关于数字经济赋能、流通领域发展及现代流通体系建设的前沿文献。在收集过程中，特别注重选取权威期刊和最新研究成果，确保文献的前沿性和代表性。随后，对收集到的文献进行详尽的分类整理，按照研究主题（如数字经济赋能机制、流通发展创新路径、现代流通体系构建等）、研究方法（如理论研究、实证研究、案例研究等）和研究结论等维度进行精细归档，为后续深入分析提供了坚实的基础。

（2）文献阅读与分析。在文献收集与整理的基础上，本研究对相关文献进行了深入细致的阅读与分析。通过精读文献的摘要、引言、理论框架、研究方法、实证结果及研究结论等关键内容，提炼出了数字经济赋能现代流通体系建设的主要观点、核心假设、实证模型及关键结论等。同时，对文献中采用的研究方法进行了科学评估，分析其优缺点及在本研究中的适用性。此外，还深入挖掘了文献中的参考文献列表，进一步拓宽了文献搜索的广度和深度，确保了文献综述的全面性和系统性。

（3）文献综述与评述。在文献阅读与分析的基础上，对现有文献进行了系统的综述与评述。首先，从理论层面总结了数字经济赋能、流通领域发展及现代流通体系建设等方面的主要观点和研究成果，明确了理论框架和基本概念。其次，从实证层面对不同文献的研究方法、数据样本、实证结果等进行了对比分析，指出了现有研究的贡献与不足。特别关注了数字经济赋能现代流通体系建设的机制与效应方面的研究成果，识别了需要进一步探讨的研究议题。最后，对现有文献进行了综合评述，明确了本研究的方向和创新点。

2. 专家咨询

在本研究的推进过程中，关于现代流通体系的内涵界定、数字经济对现代流通体系建设的赋能机制、主要变量的基础测度指标体系构建、优化路径的择定等方面均需要通过专家咨询的方式强化研究的科学性、权威性和实用性。

（1）探讨现代流通体系的科学内涵。本研究邀请了流通经济领域的专家学者，就现代流通体系的本质内涵、基本特征与建设目标等进行了深入的探讨和交流。专家们从各自的研究领域和实践经验出发，对现代流通体系的概念界定提出了宝贵的意见和建议，确保了本研究在理论层面的准确性和前沿性。

（2）厘清数字经济对现代流通体系建设的赋能逻辑。在数字经济对现代流通体系建设的赋能机制分析方面，本研究也充分借助了专家咨询的方法。邀请了数字经济、商贸流通领域的专家学者，就数字经济如何赋能现代流通体系建设进行了深入的剖析和讨论。专家们从技术创新、模式创新、市场创新等多个角度，探讨了数字经济对现代流通体系建设的直接和间接影响，为本研究提供了丰富的理论支撑和实践指导。

（3）构建主要变量的测度指标体系。在主要变量的测度指标体系构建方面，本研究同样注重专家咨询的应用。邀请了统计学、经济学等领域的专家学者，就如何科学、全面地构建数字经济、现代流通体系建设等主要研究变量的测度指标体系进行了深入的探讨。专家们从指标选取、数据处理、权重分配等多个环节，提出了翔实的建议和指导，确保了本研究在测度指标体系构建方面的科学性和实用性。

（4）赋能优化路径的择定。在优化路径的择定方面，本研究也充分发挥了专家咨询的作用。邀请了领域内政策制定者、企业所有者、学术研究人员等，就数字经济赋能现代流通体系建设的优化路径进行了深入的讨论和交流。专家们从政策支持、资金投入、技术创新等多个角度，提出了具体的策略和建议，为本研究提供了具有可操作性的优化路径和政策指导。

3. 统计观察

统计观察的主要目的是通过对大量数据的系统收集和科学分析，揭示主要研究变量（如数字经济、现代流通体系建设水平得分）的现状、特点、趋势及存在的问题，为政策制定、企业管理及学术研究提供可靠的量化依据。这一方法有助于增强研究的客观性、精确性和可重复性，提高研究成果的科学价值和实践意义。

（1）测度指标体系的构建。拟通过构建综合测度指标体系，用以全面、客观地刻画数字经济、现代流通体系建设的水平得分。基于数字经济、现代流通体系的本质内涵和现实特征，结合指标体系构建的客观性、全面性、系统性、可操作性等基本原则，本研究从多个维度选取若干基础指标构建了城市层级的数字经济和现代流通体系建设的水平测度指标体系。

（2）基础指标权重的确定。熵值法是一种基于信息熵理论的客观赋权方法，它充分利用数据本身的变异程度来确定指标的权重。在信息论中，熵是衡量系统不确定性或无序程度的重要指标：熵值越大，表示系统的不确定性越高，信息量越小；反之，熵值越小，则信息量越大。熵值法通过精确计算各指标的熵值，判断其变异程度，从而科学确定各指标在综合评价体系中的权重。在关于数字经济和现代流通体系建设水平的统计评价研究中，熵值法发挥着举足轻重的作用，它能够确保基础指标权重的客观性和准确性，显著提升评价结果的公正性和可信度。

（3）Dagum 基尼系数。为进一步深入解析上述四大经济区域现代流通体系建设水平差异的大小及其来源，本研究拟采用 Dagum 基尼系数及其分解方法进行系统探究。该方法能够全面剖析中国现代流通体系建设水平的地区内差异、地区间差异、超变密度及总体差异。由于 Dagum 基尼系数能够有效分解与剖释地区差异，因此，它较好地弥补了传统差异测度方法的功能短板，为研究提供了更为精准和深入的分析工具。

（4）莫兰指数。考虑到中国数字经济与现代流通体系建设水平在空间分布上可能存在的相关性和集聚特征，采用莫兰指数进行空间自相关分析是有必要的。莫兰指数是一种衡量空间数据集聚程度的有效工具，能够深入揭示数据在空间上的分布特征及其相互关系。全局莫兰指数能够帮助我们了解数字经济和现代流通体系建设在全国范围内是否存在空间集聚现象，以及这种集聚现象的总体趋势。具体来说，通过计算全局莫兰指数，我们可以识别出整个区域是否存在显著的空间自相关性，即某一地区的数字经济和流通体系建设水平是否与相邻地区呈现类似的高低分布状态。这一分析有助于揭示中国区域经济发展的整体空间格局，为理解经济活动的区域扩散模式提供了量化依据。

（5）重心标准差椭圆。鉴于中国数字经济和现代流通体系建设水平在空间分布上可能存在的方向性和偏移特征，采用重心标准差椭圆方法进行空间分布特征分析是恰当的。重心标准差椭圆能够准确描述数据在空间上的分布范围、方向和形状，揭示出数字经济和现代流通体系建设水平的空间集聚中心和扩散方向。这种方法的应用，有助于我们更深入地了解中国数字经济和现代流通体系建设水平的空间分布格局和演变趋势，为制定区域发展政策和优化资源配置提供有力支持。

（6）Kernel 密度估计。考虑到中国数字经济和现代流通体系建设水平的分布随时间不断变化，且其本身具有明显的不确定性与复杂性，因此，采用非参数的 Kernel 密度估计方法来估计其分布动态演进趋势是适宜的。Kernel 密度估计方法从数据本身出发，深入研究数据的分布特征，放宽了对数据分布的先验条件，不受具体函数表达式的约束，从而有效避免了因函数形式预设不当而引起的逻辑矛盾。这种方法的应用，使我们能够更准确地把握中国现代流通体系建设水平的动态变化和发展趋势。

（7）Markov 链分析。考虑到中国数字经济和现代流通体系建设水平的发展过程具有时序性和动态性特征，采用 Markov 链分析方法进行时间序列预测和动态演变分析是合适的。Markov 链作为一种描述随机过程动态演变的有效模型，能够捕捉到数字经济和现代流通体系建设水平在时间序列上的转移概率和演变规律。这种方法的应用，使我们能够更准确地预测中国数字经济和现代流通体系建设水平的未来发展趋势，揭示其动态演变过程中的关键节点和转折点，为政策制定和战略规划提供科学依据。

4. 计量建模

在本研究中，为了深入检验数字经济赋能现代流通体系建设的效应，我们采用了一系列严谨的计量建模方法。这些方法不仅涵盖了传统的线性回归模型，还引入了中介效应模型、工具变量法以及多期 DID 模型等多元计量技术，以确保研究结果的可靠性和稳健性。以下是对这些计量建模方法的分类阐述。

（1）基准回归模型。基准回归模型是我们分析数字经济对现代流通体系建设直接效应的基础。通过设定合理的被解释变量（现代流通体系建设水平指数）和解释变量（数字经济发展指数），并控制一系列可能影响现代流通体系建设水平的变量（如经济发展水平、城镇化水平、政府行为、产业结构升级和基础设施建设等），我们构建了基准回归模型。这一模型帮助我们初步验证了数字经济对现代流通体系建设的积极影响。

（2）中介效应模型。为了进一步揭示数字经济赋能现代流通体系建设的间接作用机制，我们构建了中介效应模型。该模型引入了中介变量（如科技创新水平、流通创业活跃度、金融发展水平），以探讨数字经济是否通过这些中介变量对现代流通体系建设产生间接影响。通过分步回归和Sobel检验，我们验证了数字经济确实能够通过营造创新发展空间、激发流通创业活力、强化金融支持力度等机制赋能现代流通体系建设。

（3）工具变量法。考虑到数字经济与现代流通体系建设之间可能存在双向因果关系和遗漏变量问题，我们采用了工具变量法（特别是两阶段最小二乘法，2SLS）来处理内生性问题。通过选取合适的工具变量（如各样本城市1984年每百人固定电话数量与上一年全国互联网用户数的交乘项），我们有效缓解了内生性问题对估计结果的干扰，确保了研究结论的稳健性。

（4）多期DID模型。为了更准确地识别数字经济对现代流通体系建设的因果效应，我们还引入了多期DID模型（基于"宽带中国"战略的准自然实验）。通过对比试点城市在政策实施前后的数字经济发展差异和现代流通体系建设水平变化，我们有效规避了由于双向因果关系和遗漏变量导致的内生性问题。多期DID模型的应用使我们能够更为准确地揭示数字经济对现代流通体系建设的正向影响及其持续性。

（5）稳健性检验。为了确保研究结论的可靠性和稳健性，我们进行了一系列稳健性检验。这些检验包括替换核心解释变量、剔除极值样本、剔除直辖市样本等。通过这些检验，我们进一步验证了数字经济对现代流通

15

体系建设的积极赋能效应在不同情况下的稳定性和一致性。

（6）异质性分析。考虑到我国各城市间在资源禀赋、数字经济发展和流通体系建设等方面的显著差异，我们进行了异质性分析。通过选取地理区域（东部、中部、西部、东北部）和行政级别（中心城市、非中心城市）两个维度进行分组回归，我们揭示了数字经济赋能现代流通体系建设的异质性特征。这一分析有助于我们因地制宜地制定差异化政策措施，以更好地推动现代流通体系的高标准建设。

第四节　创新之处

在深入探索数字经济赋能现代流通体系建设的议题上，本研究的创新之处主要体现于以下三个方面，不仅拓展了现有研究的理论边界，还为实践应用提供了更为科学严谨的指导框架。

第一，构建多维分析框架，揭示直接赋能与间接影响的双重逻辑。本研究立足整体与系统的视角，深入剖析数字经济对现代流通体系建设的多维度赋能机理。沿循降本增效、包容创新、职能强化、质量提升等核心逻辑线索，本研究构建了一个全面而系统的理论分析框架，旨在揭示数字经济如何通过这些内在逻辑直接推动现代流通体系的高标准建设。同时，本研究还创新性地探讨了数字经济可能通过营造创新发展空间、激发流通创业活力、强化金融支持力度等间接路径对现代流通体系建设产生深远影响。这一多维度的分析框架不仅丰富了数字经济与现代流通体系融合发展的理论内涵，也为在数字经济浪潮下推动现代流通体系建设提供了新的研究视角和理论依据。

第二，紧扣现代流通体系建设目标，设计差异化、精准化的赋能路径。本研究紧扣现代流通体系高质量建设的核心目标，以提升流通服务质量、搭建高效流通网络、塑造流通发展优势、强化风险防控能力、健全政策制度保障为战略导向，精心设计了数字经济对现代流通体系有效赋能的具体实现路径。这一路径设计充分考虑了不同地区、不同行政级别城市的资源禀赋、经济基础及流通体系发展现状，旨在通过差异化的政策措施和精准化的实施策略，推动现代流通体系在成本降低、效率提升、模式创新、质量保障等方面实现全面突破，为新时期加快建设高效顺畅、竞争有序的现代流通体系提供了科学、可行的研究思路和实践指南。

第三，实施严谨、创新的实证策略，确保结论的稳健性与科学性。在实证分析环节，本研究设计了一套严谨的检验方案，以确保研究结论的准确性和可靠性。针对信息技术领域普遍存在的"数字鸿沟"现象，本研究创新性地采用了非线性回归模型中介效应检验方法，对数字经济赋能现代流通体系建设的传导机制进行了逐一检验，有效避免了线性模型可能带来的估计偏误。同时，为了更好地解决内生性问题，本研究除了为核心解释变量选取了合适的工具变量外，还创造性地引入了准自然实验策略，通过"宽带中国"战略这一外生政策冲击的检验，进一步验证了数字经济对现代流通体系建设的积极影响，从而获得了更加稳健、可靠的估计结果。这一实证分析手段的应用，不仅提升了研究的科学性和严谨性，也为相关领域后续研究的开展提供了有益的借鉴和参考。

第二章　文献综述

第一节　数字经济相关研究

得益于互联网革命的蓬勃兴起，我国成功实现了数字经济的迅猛发展，这一进程不仅彰显了技术创新的强大驱动力，也深刻体现了经济社会结构转型的必然趋势（张勋等，2019）[①]。基于先进数字技术的数字经济，蕴含着显著的规模经济效应、范围经济效应以及长尾效应等多重特征（洪银兴和任保平，2023）[②]，正以前所未有的深度和广度，重塑人们的生产和生活方式，成为推动新旧动能转换、促进经济结构优化的关键力量（宋旭光等，2022）[③]。

一、数字经济的内涵特征

泰普斯科特（Tapscott，1996）[④] 最早提出"数字经济"概念，认为数字经济是一个广泛运用信息通信技术（ICT）的经济系统。G20 杭州峰会"二十国集团数字经济发展与合作倡议"指出，数字经济是以使用数字化

---

① 张勋，万广华，张佳佳，何宗樾．数字经济、普惠金融与包容性增长 [J]．经济研究，2019，54（8）：71 – 86．

② 洪银兴，任保平．数字经济与实体经济深度融合的内涵和途径 [J]．中国工业经济，2023（2）：5 – 16．

③ 宋旭光，何佳佳，左马华青．数字产业化赋能实体经济发展：机制与路径 [J]．改革，2022（6）：76 – 90．

④ Tapscott, D. The Digital Economy: Promise and Peril in the Age of Networked Intelligence, McGraw-Hill, 1996.

的知识和信息作为关键生产要素、以现代信息网络作为重要载体、以信息通信技术的有效使用作为效率提升和经济结构优化的重要推动力的一系列经济活动。互联网、云计算、大数据、物联网、金融科技与其他新的数字技术应用于信息的采集、存储、分析和共享过程中，改变了社会互动方式。数字化、网络化、智能化的信息通信技术使现代经济活动更加灵活、敏捷、智慧（二十国集团，2016）[①]。裴长洪等（2018）[②] 指出，数字经济是一种继农业经济和工业经济之后更高级的经济形态，在资源配置、渗透融合、协同等方面的能力空前提升，促进了全要素生产率的提升，已成为推进产业结构调整和实现经济可持续发展的强大力量。具体而言，数字经济是以数字化的知识和信息为核心生产要素，以现代信息网络为关键载体，并通过数字技术与实体经济的深度融合，不断推动经济社会向数字化、网络化、智能化方向迈进的新型经济形态（中国信息通信研究院，2023）[③]。值得注意的是，数字经济是继农业经济、工业经济之后的主要经济形态，是以数据资源为关键要素，以现代信息网络为主要载体，以信息通信技术融合应用、全要素数字化转型为重要推动力，促进公平与效率更加统一的新经济形态。数字经济发展速度之快、辐射范围之广、影响程度之深前所未有，正推动生产方式、生活方式和治理方式深刻变革，成为重组全球要素资源、重塑全球经济结构、改变全球竞争格局的关键力量（国家发展和改革委员会，2022）[④]。针对数字经济的测度，学界和业界已发展出多样化的方法，包括采用 GDP 占比、数字经济指数等指标来衡量数字经济的发展水平。例如，欧盟、美国和中国等国家和地区均已建立了相应的数字经济测度体系，以科学评估数字经济的发展状况（徐清源等，2018；

---

① 二十国集团. 数字经济发展与合作倡议［Z］. 2016. https：//www. cac. gov. cn/2016－09/29/c_1119648520. htm.

② 裴长洪，倪江飞，李越. 数字经济的政治经济学分析［J］. 财贸经济，2018，39（9）：5－22.

③ 中国信息通信研究院. 中国数字经济发展白皮书［R］. 2023. http：//www. caict. ac. cn/kxyj/qwfb/bps/202304/t20230427_419051. htm.

④ 国家发展和改革委员会. "十四五"数字经济发展规划［Z］. 2022. https：//www. ndrc. gov. cn/fggz/fzzlgh/gjjzxgh/202203/t20220325_1320207. html.

中国信息通信研究院，2023)①②。此外，一些学者还通过构建包含基础设施、产业应用、创新能力和政策环境等多个维度的综合指标体系，以期全面、系统地评估数字经济的发展状况（许宪春等，2020)③。当然，关于数字经济测算，目前尚未有统一口径的核算体系，未来仍将是各国亟待解决的重要议题（戚聿东等，2020)④。基于数字技术的数字经济在规模经济、范围经济以及长尾效应等方面的特征表现得尤为显著，这进一步凸显了其在当代经济体系中的独特地位和重要作用（裴长洪等，2018)⑤。张文魁（2022)⑥ 在其研究中进一步指出，数字经济具备四大核心特征：信息产品的非争夺性、信息的边际成本趋于零、数字市场在线而不在场的特性，以及大数据作为关键投入品的重要地位。这些特征共同塑造了数字经济的独特属性和竞争优势，为其在当代经济体系中的蓬勃发展奠定了坚实的基础。李晓华（2019)⑦ 则指出，数字经济具有颠覆性创新不断涌现、平台经济与超速成长、网络效应与"赢家通吃"、"蒲公英效应"与生态竞争等新特征，这些新特征蕴含着数字经济新动能的形成和发展机制。

二、数字经济的赋能效应

一系列文献深刻地评估了数字经济的赋能效应，揭示了其在当代经济体系中的核心作用。戈德法布等（Goldfarb et al.，2019)⑧ 的研究指出，数字经济显著降低了经济活动中搜索、复制、运输、跟踪和验证等交易成

---

① 徐清源，单志广，马潮江. 国内外数字经济测度指标体系研究综述［J］. 调研世界，2018（11）：52－58.

② 中国信息通信研究院. 中国数字经济发展白皮书［R］. 2023. http：//www.caict.ac.cn/kxyj/qwfb/bps/202304/t20230427_419051.htm.

③ 许宪春，张美慧. 中国数字经济规模测算研究——基于国际比较的视角［J］. 中国工业经济，2020（5）：23－41.

④ 戚聿东，刘翠花，丁述磊. 数字经济发展、就业结构优化与就业质量提升［J］. 经济学动态，2020（11）：17－35.

⑤ 裴长洪，倪江飞，李越. 数字经济的政治经济学分析［J］. 财贸经济，2018，39（9）：5－22.

⑥ 张文魁. 数字经济的内生特性与产业组织［J］. 管理世界，2022，38（7）：79－90.

⑦ 李晓华. 数字经济新特征与数字经济新动能的形成机制［J］. 改革，2019（11）：40－51.

⑧ Goldfarb A，Tucker C. Digital economics［J］. Journal of Economic Literature，2019，57（1）：3－43.

本，这一变革不仅重塑了人们的生产方式、流通模式与消费行为，还深刻影响了市场经济的微观结构与宏观运行逻辑。戚聿东和褚席（2021）① 进一步阐述，数字经济以其独特的技术特性和广泛的应用场景，极大地加速了经济系统内各生产要素的相互作用与优化配置，使得产业结构调整的灵活性与经济增长的内生动力得以最大化实现。事实上，数字经济已成为新时代我国推动高质量发展战略的关键力量（胡汉辉和申杰，2023）②。其在赋能实体经济转型升级方面展现出非凡潜力（李三希和黄卓，2022）③，不仅促进了传统产业的数字化改造与智能化升级，还助力了新兴产业的蓬勃发展，为产业高质量发展提供了强大支撑（惠宁和杨昕，2022）④。同时，数字经济在提升就业质量上也表现出显著效应，通过创造新的就业机会与优化就业结构，有效促进了劳动力市场的繁荣与稳定（张广胜和王若男，2023）⑤。尤为重要的是，数字经济在促进共同富裕方面发挥着不可替代的作用，它通过拓宽收入渠道与降低信息不对称，为缩小收入差距与实现社会公平提供了新路径（蒋永穆和亢勇杰，2022）⑥。此外，数字经济还激活了全社会的创业热情，降低了创业门槛，为创新创业活动提供了丰沃土壤（刘翠花，2022）⑦。在绿色发展领域，数字经济同样引领潮流，通过优化资源配置与提高能源利用效率，为推动经济社会可持续发展贡献了重要力

① 戚聿东，褚席. 数字经济发展、经济结构转型与跨越中等收入陷阱［J］. 财经研究，2021，47（7）：18－32，168.

② 胡汉辉，申杰. 数字经济如何赋能高质量发展——国内国际双循环视角［J］. 现代财经（天津财经大学学报），2023，43（5）：3－18.

③ 李三希，黄卓. 数字经济与高质量发展：机制与证据［J］. 经济学（季刊），2022，22（5）：1699－1716.

④ 惠宁，杨昕. 数字经济驱动与中国制造业高质量发展［J］. 陕西师范大学学报（哲学社会科学版），2022，51（1）：133－147.

⑤ 张广胜，王若男. 数字经济发展何以赋能农民工高质量就业［J］. 中国农村经济，2023（1）：58－76.

⑥ 蒋永穆，亢勇杰. 数字经济促进共同富裕：内在机理、风险研判与实践要求［J］. 经济纵横，2022（5）：21－30，135.

⑦ 刘翠花. 数字经济对产业结构升级和创业增长的影响［J］. 中国人口科学，2022（2）：112－125，128.

量（魏丽莉和侯宇琦，2022）①。这些研究成果充分证明了数字经济在激发社会创新活力、推动绿色发展方面的积极作用，进一步彰显了其作为新时代经济发展新引擎的全面赋能效应。进一步地，数字经济还深刻影响着区域空间关联和区域经济发展。孙亚男和王艺霖（2024）② 的研究揭示了我国数字经济的空间关联网络特征，发现数字经济在区域间形成了紧密的网络联系，促进了资源要素的高效流动和合理配置。生延超等（2024）③ 则研究了数字经济对黄河流域城市外向型经济韧性的影响，发现数字经济显著提升了这些城市的经济韧性。在城市资源配置方面，张志等（2024）④ 的研究表明，中国城市数字经济的发展显著提升了资源配置效率，促进了资源要素的高效配置和合理利用。蒋自然等（2024）⑤ 则研究了数字经济发展对中国制造业生产效率的影响，发现数字经济显著提升了制造业生产效率，并存在显著的空间溢出效应。盛斌等（2024）⑥ 的研究进一步指出，数字经济发展为中国经济双循环提供了有力支撑，通过提升产业链、供应链现代化水平、增强国际竞争力等方式，有效推动了经济双循环格局的形成和发展。这一观点深刻揭示了数字经济在推动中国经济双循环发展中的重要作用，进一步证明了其作为新时代经济发展新引擎的战略地位。周建平等（2024）⑦ 的研究揭示了数字经济对城市环境、社会、治理（ESG）发展的影响，发现数字经济通过提升环境治理水平、促进社会和谐稳定、优化政府治理效能等方式，显著推动了城市 ESG 综合水平的提高。综上所

① 魏丽莉，侯宇琦．数字经济对中国城市绿色发展的影响作用研究［J］．数量经济技术经济研究，2022，39（8）：60－79.

② 孙亚男，王艺霖．我国数字经济的空间关联网络研究［J］．统计研究，2024，41（6）：44－56.

③ 生延超，陈昕，徐珊，等．数字经济对黄河流域城市外向型经济韧性的影响研究——兼论要素升级的中介效应［J］．管理学刊，2024，37（3）：112－127.

④ 张志，易恩文，王军．中国城市数字经济发展的资源配置效应［J］．中国软科学，2024（7）：110－121.

⑤ 蒋自然，樊俊杰，黎晨晟，等．数字经济发展对中国制造业生产效率的影响：空间效应与传导机制［J］．人文地理，2024，39（3）：72－80，122.

⑥ 盛斌，吕美静，朱鹏洲．数字经济发展如何赋能中国经济双循环——基于省份——行业层面的研究［J］．国际贸易问题，2024（6）：1－20.

⑦ 周建平，徐维祥，宓泽锋，等．数字经济对城市 ESG 发展的影响——基于双重机器学习方法的检验［J］．地理研究，2024，43（6）：1407－1424.

述，数字经济以其全面而深远的影响，正逐步构建起一个更加高效、包容与可持续的现代经济体系。

三、数字经济的多维负面影响及其治理策略

在数字经济浪潮席卷全球的当下，其作为新兴经济形态，无疑为经济社会发展注入了强劲动力，促进了生产方式的革新与效率的提升。然而，在充分认识数字经济赋能优势的同时，我们也必须保持审慎的态度，警惕其可能带来的负面影响。这些影响广泛渗透到就业市场、收入分配、市场竞争、数据安全等多个维度，成为学术界与政策制定者共同关注的焦点。数字经济对就业市场的重塑作用尤为显著。詹新宇和郑嘉梁（2024）[①] 指出，尽管数字经济通过创造新兴业态与岗位，整体上扩大了就业规模，但其"双刃剑"特性亦不容忽视——在弱关联行业中，数字技术的广泛应用导致了显著的就业替代效应，加剧了就业结构的不稳定性。向国成等（2024）[②] 进一步指出，数字经济在优化就业结构、提升就业质量的同时，也催生了非标准就业形态的激增，如平台经济下的灵活就业。这对传统就业保障体系构成了严峻挑战，尤其是农民工等弱势群体，其就业脆弱性在数字经济背景下更为凸显，工资收入的波动性增加，工作中断的风险也随之上升，亟须构建更为灵活且全面的就业保障网（靳卫东等，2023）[③]。数字经济在推动经济增长的同时，也加剧了收入分配的不平等现象。谢建国等（2024）[④] 的研究鲜明地展示了数字鸿沟如何成为全球福利不平衡的根源之一，随着"接入沟"的日益扩大，国家间的福利差距被进一步拉大。

①　詹新宇，郑嘉梁. 数字经济的就业效应：创造还是替代？——来自微观企业的模型与实证［J］. 北京工商大学学报（社会科学版），2024，39（4）：30－44.

②　向国成，毛雨浩，邝劲松. 数字经济的就业效应：研究进展与分析框架［J］. 经济社会体制比较，2024（3）：183－193.

③　靳卫东，孙超，何丽. 数字经济增加了农民工就业脆弱性吗？——来自三期中国劳动力动态调查的经验证据［J］. 南京农业大学学报（社会科学版），2023，23（6）：163－175.

④　谢建国，薛天怡，洪小羽. 全球数字鸿沟下的福利分化研究——来自跨国面板数据的实证检验［J］. 现代财经（天津财经大学学报），2024，44（6）：3－17.

具体到国内层面，朱文佩和林义（2024）①聚焦于老年群体，发现老年数字鸿沟显著抑制了家庭养老金融资产的优化配置，加剧了代际间及不同社会群体间的收入差距。杨艳等（2024）②的研究则揭示了数字经济背景下技能工资收入差距的扩大趋势，高技能劳动力因能更好地适应数字化工作环境而受益良多，而低技能劳动力则面临工资水平下滑的风险，进一步固化了社会阶层。数字经济对市场竞争格局的影响，其广度和深度均不容忽视。其固有的规模经济效应显著提升了市场准入门槛，构筑了潜在的市场进入壁垒，从而限制了新兴竞争者的有效参与（余永泽等，2022）③。这一现象，叠加数字经济的网络外部性特征，使得用户行为呈现出强烈的聚集效应，倾向于主动汇聚至大型互联网平台企业周围，这种趋势极大地促进了市场垄断格局的形成，对既有市场竞争秩序构成了根本性的潜在威胁（苏治等，2018）④。进一步地，张爽（2024）⑤剖析指出，数字平台企业利用其市场主导地位，采取扼杀式并购等手段，有效剔除了潜在的竞争对手，进一步收窄了市场竞争空间。此举不仅扼杀了企业创新的活力源泉，更长远地损害了消费者的整体福利水平，限制了市场选择的多样性与质量提升。面对数字经济时代下的市场垄断风险，颜建晔和张越（2024）⑥从反垄断规制的专业视角出发，强调了构建有效监管机制对于维护市场公平竞争秩序的核心意义。随着数字技术的广泛应用，数据安全与隐私保护问题日益凸显，成为数字经济时代不可回避的议题。海量数据的收集、处理与传输过程中，数据泄露与隐私侵犯的风险如影随形，对个人权益乃至国

① 朱文佩，林义. 老年数字鸿沟抑制了家庭养老金融资产配置吗？［J］. 消费经济，2024，40（3）：75－87.

② 杨艳，林凌，王理. 数字经济时代的"红利"与"鸿沟"：异质性劳动力的微观表征［J］. 统计与决策，2024，40（3）：10－15.

③ 余泳泽，胡山，杨飞. 国内大循环的障碍：区域市场分割的效率损失［J］. 中国工业经济，2022（12）：108－126.

④ 苏治，荆文君，孙宝文. 分层式垄断竞争：互联网行业市场结构特征研究——基于互联网平台类企业的分析［J］. 管理世界，2018，34（4）：80－100，187－188.

⑤ 张爽. 数字平台扼杀式并购的反垄断规制困境与突破［J］. 河北经贸大学学报，2024，45（4）：60－72.

⑥ 颜建晔，张越. 数字化平台经济的反垄断规制：现状、挑战与前景［J］. 产业经济评论，2024（2）：92－106.

家安全构成了潜在威胁（李晓楠，2024；范柏乃等，2024）①②。在此背景下，李振利（2022）③ 提出的利用区块链技术加强数据隐私保护的创新思路，为应对数字经济时代的数据安全挑战提供了新视角与新路径。此外，数字经济领域亦不乏投资泡沫与产能过剩的隐忧。林玮和于永达（2019）④以共享单车行业为例，深入剖析了数字经济领域投资潮涌与产能过剩的内在机制，指出在资本逐利的驱动下，部分领域出现了盲目投资与重复建设现象，不仅造成了资源浪费，也对行业可持续发展构成了威胁。因此，政府应强化监管，提供及时有效的市场信息，引导理性投资，预防投资过热与产能过剩的风险。

第二节　关于现代流通体系建设的研究

一、流通产业发展问题研究

流通产业作为连接生产和消费的关键环节，其发展水平直接影响到国民经济的整体效能。近年来，随着国内外经济环境的变化，流通产业面临着诸多发展问题与挑战，学术界对此进行了广泛而深入的研究。

流通产业兼具"先导产业"与"基础产业"的双重重要特性（杨龙志和刘观兵，2016；黄国雄，2005）⑤⑥，其在促进国民经济平稳、高效发展方面的推进效应尤为显著（李丽，2014）⑦。通过为城乡居民提供不可或

① 李晓楠.数字经济背景下公共数据开放安全治理［J］.济南大学学报（社会科学版），2024，34（2）：75－85.
② 范柏乃，盛中华.数字经济安全的维度识别、特征提取及分层模型——基于LDA主题分析与扎根理论编码的混合研究［J］.浙江大学学报（人文社会科学版），2024，54（2）：5－29.
③ 李振利.数字经济高质量发展下数据隐私权保护新途径的研究［J］.宏观质量研究，2022，10（1）：107－126.
④ 林玮，于永达.数字经济领域投资潮涌与产能过剩机制：共享单车案例［J］.甘肃行政学院学报，2019（2）：116－125，128.
⑤ 杨龙志，刘观兵.流通产业与国民经济是否存在最优匹配效应——兼对我国流通领域"产能过剩"抑或"产能不足"的考察［J］.财贸经济，2016（9）：97－111.
⑥ 黄国雄.论流通产业是基础产业［J］.财贸经济，2005（4）：61－65，97.
⑦ 李丽.我国流通产业与国民经济的协同演进分析［J］.财贸经济，2014（1）：105－114.

缺的商务服务,流通产业有效提升了民生福祉水平(陈丽芬,2015)①。流通竞争力的提升不仅关乎国民经济运行的顺畅性(夏春玉和丁涛,2013)②,更是我国实现产业价值链升级、从经济大国向经济强国跨越的基本路径与核心要素(祝合良等,2021)③。然而,不可否认的是,当前我国流通产业的发展仍显滞后,尚处于粗放式发展阶段,面临诸多挑战与困境(徐锋等,2018)④。具体而言,流通产业呈现出一种被动成长的路径依赖特征(盛亚和郑书莉,2016)⑤,尽管其体系规模庞大,但发展极为不均衡,市场集中度偏低,空间布局亦不尽合理(董誉文和徐从才,2017)⑥。这些问题具体表现在以下几个方面。

首先,传统批发零售业的竞争力趋于弱化。进入新世纪以来,由于行业环境的剧烈变化,批发零售企业普遍面临着盈利能力显著下降的巨大压力(刘文纲,2016)⑦。尤其是互联网技术的迅猛发展,给实体批发零售业带来了前所未有的冲击与挑战(李飞等,2018)⑧。同时,传统零售业在现今经济环境下,显现出一系列根深蒂固的弊病,这些问题不仅阻碍了其自身的转型升级,也制约了零售行业的整体发展。具体而言,传统零售业普遍存在着与消费者关系疏远的问题,缺乏有效互动与深度连接,导致消费者忠诚度低下,市场响应能力薄弱(刘向东等,2023)⑨。此外,服务能力

① 陈丽芬. 内贸流通在新型城镇化中的功能作用及促进措施〔J〕. 中国流通经济,2015,29(6):21 – 29.

② 夏春玉,丁涛. 孙冶方流通理论的回顾与再认识〔J〕. 财贸经济,2013(1):74 – 81,118.

③ 祝合良,杨光,王春娟. 双循环新发展格局下现代流通体系建设思路〔J〕. 商业经济与管理,2021(4):5 – 16.

④ 徐锋,马淑琴,李军. 习近平新时代流通发展观的核心思想及其演化脉络〔J〕. 商业经济与管理,2018(9):5 – 14.

⑤ 盛亚,郑书莉. 流通产业与区域经济协调发展的耦合研究:以浙江省为例〔J〕. 商业经济与管理,2016(7):15 – 22.

⑥ 董誉文,徐从才. 中国商贸流通业增长方式转型问题研究:全要素生产率视角〔J〕. 北京工商大学学报(社会科学版),2017,32(1):31 – 41.

⑦ 刘文纲. 网络零售商与传统零售商自有品牌战略及成长路径比较研究〔J〕. 商业经济与管理,2016(1):12 – 20.

⑧ 李飞,李达军,孙亚程. 全渠道零售理论研究的发展进程〔J〕. 北京工商大学学报(社会科学版),2018,33(5):33 – 40.

⑨ 刘向东,何明钦,郭艾. 全渠道零售与门店吸引力——数字化时代商圈理论的实证研究〔J〕. 商业研究,2023(3):1 – 12.

低下的现象亦十分显著，无论是售前咨询、售中体验还是售后服务，均难以满足消费者日益多元化、个性化的需求。技术水平的滞后更是传统零售业的一大痛点，数字化、智能化转型步伐缓慢，无法充分利用现代信息技术提升运营效率与顾客体验。产出内容和渠道的单一性，也限制了传统零售业的市场竞争力与适应能力，难以在激烈的市场竞争中脱颖而出。顾客服务体验的欠佳，进一步加剧了消费者的流失，使得传统零售业在构建长期客户关系方面面临重重挑战。更为关键的是，自主品牌建设的滞后，使得传统零售业在品牌价值、市场影响力及差异化竞争策略上均显不足，难以形成独特的竞争优势（王晓东等，2023）①。这些问题不仅严重制约了传统批发零售业的进一步发展，还导致其市场竞争力不断下滑，陷入了一种恶性循环之中。具体而言，与消费者关系的疏远使得企业难以准确把握市场需求，服务能力低下则直接影响了消费者的购买体验，技术水平的滞后使得企业在数字化转型中步履维艰，产出内容和渠道的单一性限制了企业的市场扩张能力，顾客服务体验的欠佳损害了企业的品牌形象，而自主品牌建设的滞后则使得企业在市场竞争中缺乏核心竞争力。这些问题相互交织，共同加剧了传统批发零售业的困境，使其在未来的发展中面临着更为严峻的挑战。

其次，农产品流通效率显著低下，构成了当前农业经济体系中的一个核心症结。农产品流通不仅关乎农户的生存根本，更深层次地，它与广大消费者的生活品质、生命安全乃至社会经济福祉紧密相连（夏春玉，2016）②。然而，在深入审视我国农产品流通领域的现状时，不难发现一系列复杂且相互交织的困境尤为凸显：基础设施建设显著滞后、市场分割现象较为严重、信息流通机制不畅、组织化程度普遍偏低以及主体间合作机制显著欠缺（孙伟仁等，2018；邓阳和王稼琼，2018；赵连阁等，2021）③④⑤。这

①　王晓东，万长松，谢莉娟. 零售企业数字化转型策略选择——基于转型深度和广度对全要素生产率的影响［J］. 中国人民大学学报，2023，37（3）：56-69.
②　夏春玉. 农产品流通研究专题［J］. 商业经济与管理，2016（5）：5.
③　孙伟仁，张平，赵德海. 农产品流通产业供给侧结构性改革困境及对策［J］. 经济纵横，2018（6）：99-104.
④　邓阳，王稼琼. 产业异质、市场分割与流通网络发展——基于京津冀2004—2016年省级面板数据的分析［J］. 河北经贸大学学报，2018，39（6）：79-86.
⑤　赵连阁，黄桂琴，王学渊. 劳动力市场分割、要素配置效率与农产品流通产业增长——一个有调节的中介效应检验［J］. 农业技术经济，2021（3）：4-19.

些多重困境不仅各自独立存在，而且彼此之间相互强化，形成了一种恶性循环，共同导致了农产品流通效率的低下。具体而言，基础设施的滞后严重制约了农产品的快速、有效流通，市场分割则进一步加剧了地区间的不平衡，阻碍了资源的优化配置；信息流通的不畅使得市场参与者难以作出及时、准确的决策，从而降低了市场的整体效率；组织化程度的低下则限制了规模经济的实现，增加了交易成本；而主体间合作机制的欠缺，则使得各参与方难以形成有效的协同，无法共同应对市场风险与挑战。这一系列问题的综合作用，无疑对我国农产品流通体系的健康发展构成了严峻挑战，亟须通过系统性的改革与创新予以破解。尤为值得注意的是，在冗长的供应链条中，过多的供应商和中间环节不仅大幅增加了流通成本，还因管理不善和协调机制的缺失，造成了农产品的严重损耗（纪良纲和米新丽，2017）[1]，这一现象无疑进一步加剧了农产品流通的困境。此等境况不仅削弱了农产品市场供应的稳定性，对农民收入水平的提升构成了制约，同时也对消费者的福利造成了不利影响，进而影响到整个社会的经济福祉与可持续发展目标。

最后，流通配套物流的发展亦凸显出诸多棘手问题，其内在的复杂性与紧迫性均不容小觑。我国物流业的发展状况呈现出显著的不均衡性，不仅在区域间存在显著差异，而且在服务质量和效率方面也尚存较大的提升空间。尤为值得注意的是，低端运力过剩现象尤为明显，这不仅是对物流资源配置效率的一种浪费，也反映出我国物流业在结构调整和转型升级方面的迫切需求（王文举和何明珂，2017；翁心刚，2017）[2][3]。与此同时，物流基础设施的短板问题依然突出，成为制约创新驱动发展战略实施的制度性障碍，严重阻碍了物流业的现代化进程及其对经济高质量发展的支撑

① 纪良纲，米新丽. 农产品国际竞争力提升研究——基于农产品供应链视角 [J]. 河北经贸大学学报，2017，38（6）：49 - 54.

② 王文举，何明珂. 改革开放以来中国物流业发展轨迹、阶段特征及未来展望 [J]. 改革，2017（11）：23 - 34.

③ 翁心刚. 对我国物流业特征及创新发展的再思考 [J]. 中国流通经济，2017，31（3）：8 - 15，2.

作用（何黎明，2024；依绍华，2016）①②。更为严峻的是，在环境保护压力日益加剧的背景下，物流业的可持续发展亦面临着前所未有的重大挑战。环保标准的提升对物流业的传统运作模式提出了严峻考验，要求物流业必须在绿色发展、低碳环保方面实现根本性转变（汪旭晖和谢寻，2024）③。这些问题的交织存在，不仅严重影响了流通产业的发展质量，也对整个经济的绿色发展路径构成了不利影响，进一步阻碍了经济结构的优化与升级。

二、流通产业发展水平的评价研究

学界在如何科学、系统地评价中国流通产业发展水平方面展开了颇有价值的探索。有学者使用单一指标作为衡量的依据，如祝合良和叶萌（2016）④ 选用人均流通产业增加值作为表征我国流通产业发展水平的指标，而杨水根和王露（2020）⑤ 则选取全社会消费品零售总额作为县域流通产业发展现状的评价标尺，赵连阁等（2021）⑥ 更是创新性地使用经价格折算后的产值来精确测度农产品流通产业的发展水平。尽管单一指标法在流通产业发展评价中展现出一定的适用性与成效，但其固有的局限性和片面性亦不容忽视，它难以全面、立体地揭示流通产业发展的整体面貌与深层次特征。鉴于此，复合型指标体系的构建逐渐成为学界关注的焦点，该体系能够将多重维度、复杂交织的信息有机融合，极大便利了决策过程的简化与优化（Nardo et al.，2008）⑦。近年来，众多文献倾向于从构建综

---

① 何黎明. 有效降低全社会物流成本的战略考量 [J]. 中国流通经济，2024，38（6）：3–11.

② 依绍华. 关于我国物流业发展若干问题的思考——对当前降低物流成本减轻企业负担的几点建议 [J]. 价格理论与实践，2016（9）：29–31.

③ 汪旭晖，谢寻. 数字科技创新引领物流业绿色低碳转型的机制与路径——基于京东物流的案例研究 [J]. 经济与管理研究，2024，45（5）：21–40.

④ 祝合良，叶萌. 对外直接投资与我国流通产业发展关系的实证研究 [J]. 中国流通经济，2016，30（12）：11–18.

⑤ 杨水根，王露. 湖南省武陵山片区人口城镇化与流通产业发展协同演化及其减贫效应研究 [J]. 地理科学，2020，40（11）：1909–1920.

⑥ 赵连阁，黄桂琴，王学渊. 劳动力市场分割、要素配置效率与农产品流通产业增长——一个有调节的中介效应检验 [J]. 农业技术经济，2021（3）：4–19.

⑦ Nardo M，Saisana M，Saltelli A，et al.，2008. Handbook on Constructing Composite Indicators：Methodology and User Guide [M]. OECD Publishing.

合指标体系入手，以期更为全面、深入地评价流通发展水平。例如，俞彤晖（2018）[①] 基于效率、规模和潜力三重维度，精心构建了中国流通产业发展水平的测度指标体系，这一体系为流通产业的综合评价提供了有力工具，显著提升了评价的全面性和准确性。李加奎和郭昊（2021）[②] 则在此基础上进一步拓展，从创新增长、结构变动、生态发展、效益变动和环境改善等五个层面，系统地构建了流通产业创新发展水平的评价指标体系，这一创新不仅极大地丰富了流通产业评价的理论体系，也为实践操作提供了有力支撑。此外，基于多种投入产出指标分析的 DEA 方法在流通产业发展评价研究中亦展现出独特的功效与价值。王晓东和王诗桪（2016）[③] 巧妙地运用窗口分析修正的两阶段 DEA 模型，深入探索了中国商品流通效率的客观水平，这一研究不仅为流通效率的评价提供了新的视角与方法，也极大地推动了 DEA 方法在流通领域的应用。李晓慧（2019）[④] 则采用 DEA-Malmquist 指数方法，精细剖析了流通产业全要素生产率及其分解，这一研究为深入理解流通产业的生产效率与动态变化提供了有力支撑，也进一步揭示了流通产业增长的内在机理。在流通产业发展水平的区域差异研究方面，林翊和陈俊滨（2015）[⑤] 以人均流通产业增加值为核心研究对象，深入考察了中国省域流通产业发展的时空分布格局，其研究从静态与动态双重视角揭示了流通产业空间非均衡性的基本特征与演变规律，为理解流通产业的区域发展差异提供了重要依据。俞彤晖（2016）[⑥] 则基于综合测度指标体系的构建，从绝对差异和相对差异的双重维度，深入探讨了

---

① 俞彤晖. 中国流通产业与城镇化耦合协调发展的时空演进分析［J］. 东南学术，2018（5）：175 – 182.

② 李加奎，郭昊. 中国商贸流通业创新发展与经济增长的耦合关系评价［J］. 宏观经济研究，2021（5）：69 – 80.

③ 王晓东，王诗桪. 中国商品流通效率及其影响因素测度——基于非线性流程的 DEA 模型改进［J］. 财贸经济，2016（5）：119 – 130，159.

④ 李晓慧. 生产率分解下流通业内部结构演化及异质性研究［J］. 商业经济与管理，2019（1）：16 – 24.

⑤ 林翊，陈俊滨. 中国省域流通产业发展的时空格局分析［J］. 产经评论，2015，6（6）：92 – 103.

⑥ 俞彤晖. 中国流通效率区域差异演进趋势分析［J］. 北京工商大学学报（社会科学版），2016，31（1）：31 – 40.

中国流通效率区域差异的演进趋势与内在机理，这一研究不仅为制定差异化、精准化的流通产业发展策略提供了科学依据，也为促进区域流通协调发展提供了理论支撑。

三、关于现代流通体系建设的研究

作为植根于中文语境下的概念，现代流通体系的构想早在20世纪末即由学界初步探讨。金祥荣（1999）① 颇具前瞻性地提出，构建一个组织化程度高、内外贸一体化的现代流通体系，是实现向现代市场经济转型不可或缺的关键环节。这一观点在当时便凸显了其深刻的洞察力与预见性。时至今日，在新发展格局的时代背景下，现代流通体系的建设被赋予了更为丰富且深远的内涵，成为经济学界关注的焦点之一。谢莉娟和王晓东（2021）② 在其研究中进一步阐释，现代流通体系可理解为一个由流通经济过程中各要素按照市场规律及内在联系有机组合而成的统一整体，这一体系至少囊括了物流体系和商流体系两大核心组成部分，它们在现代市场经济的运行中发挥着举足轻重的作用。祝合良等（2021）③ 则更为详尽地指出，现代流通体系的框架不仅限于此，它还涵盖了现代流通的运行体系、保障体系及规制体系这三大核心板块，每一部分都对于确保现代流通体系的顺畅运作至关重要。徐振宇（2021）④ 将现代流通体系界定为"一个围绕数量庞大的商品（或服务）以及各类型中间商，通过交换活动而形成的多层次分工分业体系与复杂适应系统"，这一界定深刻揭示了现代流通体系内在结构的复杂性与动态适应性。理论界针对现代流通体系建设的意义与前景亦展开了深入而广泛的探索，形成了一系列富有洞察力的理论成

① 金祥荣. 初级市场经济向现代市场经济的转型——浙江省"十五"经济与社会发展基本思路研究［J］. 浙江学刊，1999（5）：16 – 20.

② 谢莉娟，王晓东. 马克思的流通经济理论及其中国化启示［J］. 经济研究，2021，56（5）：20 – 39.

③ 祝合良，杨光，王春娟. 双循环新发展格局下现代流通体系建设思路［J］. 商业经济与管理，2021（4）：5 – 16.

④ 徐振宇. 现代流通体系基本结构初探——基于关键术语的考证与概念界定［J］. 北京工商大学学报（社会科学版），2021，36（6）：90 – 100.

果。纪良纲（2023）① 明确指出，现代流通体系展现出大、全、强和时代性等四大鲜明特征，即流通规模大、覆盖范围广、结构强健、功能全面，且高度适应现代信息社会的发展需求。具体而言，现代流通体系不仅囊括了传统的商品购销活动，更将物流、信息流、资金流等多个维度深度整合，形成了一个全要素、全方位、全过程的流通网络，这一网络以其高效、协同的特性，为现代市场经济的繁荣发展提供了坚实的基础与强大的支撑。

作为新发展阶段国家战略转型的顶层设计安排，统筹推进现代流通体系建设无疑是一项具有深远意义的战略举措。它不仅能够有效提高流通效率，进而带动国民经济总体运行效率的显著提升，还深刻契合了新发展格局构建对"畅通"的本质要求（蒋永穆和祝林林，2021）②。在这一战略框架下，现代流通体系的建设不仅仅局限于传统的流通模式和机制，而是更加注重通过数字化赋能，实现生产与消费的良性互动与相互促进，加速推动形成强大而富有活力的国内市场（汪旭晖和赵博，2021）③。这一转型过程，不仅体现了流通体系在国民经济中的基础性地位，也彰显了其在引领经济高质量发展方面的关键作用。进一步而言，现代流通体系的建设将坚定不移地立足于"市场"这一核心标准，重点推动流通领域的创新升级，致力于打造一个立体化、品质化的现代流通体系。这一体系将更加注重流通市场的制度建设与完善，以确保流通环节的顺畅与高效（王晓东和谢莉娟，2022）④。对此，谢莉娟和张昊（2022）⑤ 在其研究中进一步指出，现代流通体系在全国统一大市场的构建进程中扮演着至关重要的角

① 纪良纲.科学把握现代流通体系的几个基本问题［J］.河北经贸大学学报，2023，44（3）：39－46.
② 蒋永穆，祝林林.构建新发展格局：生成逻辑与主要路径［J］.兰州大学学报（社会科学版），2021，49（1）：29－38.
③ 汪旭晖，赵博.新发展格局下流通业促进形成强大国内市场的内在机制与政策思路［J］.经济学家，2021（10）：81－89.
④ 王晓东，谢莉娟.现代流通体系支撑构建新发展格局的政治经济学分析［J］.教学与研究，2022（6）：42－55.
⑤ 谢莉娟，张昊.全国统一大市场与现代流通体系建设：实践探索与关系演进［J］.中国流通经济，2022，36（7）：3－11.

色。其效率的高低直接影响到市场的统一性和资源配置的有效性，是衡量一个国家或地区流通体系现代化水平的重要标尺。随着地方市场之间的"行政篱笆墙"逐步被打破，商品与生产要素的跨地区流通将更加顺畅无阻，市场的统一性也将随之得到不断提升，从而为国民经济的持续健康发展提供更为坚实的支撑与保障。

在实践中，现代流通体系的建设面临着诸多复杂而严峻的挑战。俞彤晖和崔许锋（2023）[①] 通过对中国省域现代流通体系建设水平的深入测度，揭示出地区间存在显著的差异，且普遍面临着流通成本居高不下、流通运行质量不均等棘手问题。这些问题的存在，不仅制约了流通体系自身的高效运行，也对国民经济的整体发展产生了不利影响。进一步地，冉净斐和闫碧玮（2024）[②] 在其研究中更为详尽地指出，我国现代流通体系在规则完善性、设施健全度、方式平衡性以及组织实力等多个关键维度上，仍有待于实质性的提升与优化。这些问题与不足，共同构成了制约我国现代流通体系高质量发展的瓶颈。为了有效克服现代流通体系建设中面临的诸多制约因素，封永刚（2023）[③] 强调，应通过加强流通市场的开放化协同、推动流通体系的网络化重构等创新方式，来全面推动现代流通体系实现高质量发展。与此同时，肖亮和王家玮（2022）[④] 则从流通设施的角度出发，提出了实施"强基"工程的具体建议。他们主张加快物流基础设施的优化布局，推动流通设施的现代化进程，以期补齐流通设施的短板，为现代流通体系的高效运行提供坚实的支撑。据此可知，现代流通体系的建设是一个涉及多个层面、需要综合施策的复杂系统工程。面对挑战，我们需要从规则、设施、方式、组织等多个维度出发，全面推动现代流通体系的优化

---

① 俞彤晖，崔许锋．中国现代流通体系建设水平测度及时空演化特征研究［J］．财贸研究，2023，34（7）：1－15．

② 冉净斐，闫碧玮．现代流通体系赋能全国统一大市场建设的逻辑机理、现实难题与优化路径［J］．宁夏社会科学，2024（2）：88－97．

③ 封永刚．我国现代流通体系建设的行业拉动与就业带动能力［J］．中国流通经济，2023，37（8）：39－53．

④ 肖亮，王家玮．现代流通体系畅通双循环的理论逻辑与内在机理研究［J］．商业经济与管理，2022（1）：5－18．

与升级，以实现其高质量发展，进而为国民经济的持续健康发展注入新的活力与动力。

第三节　数字经济对流通发展影响的研究

传统流通经营模式导致我国批发、零售、物流等行业高度碎片化，部分环节竞争激烈，流通成本高企，效率低下。数字经济浪潮下，流通领域发生了由技术因素推动的新一轮变革，技术进步反过来引发流通体制变革，二者双轮驱动有力推动了流通高质量发展（王晓东和谢莉娟，2020）。数字经济对流通发展的影响主要体现在以下几个方面。

一、数字经济对流通产业转型升级的推动作用

在传统流通体系框架下，由于信息流通不畅与经营模式僵化，流通产业往往面临成本高昂与效率低下的双重困境。然而，随着数字经济的蓬勃发展，其蕴含的技术革新与模式创新如同强劲的东风，为流通产业的转型升级开辟了前所未有的新航道（王晓东和谢莉娟，2020）[①]。数字经济对流通产业转型升级的推动作用，不仅深刻且多维度，具体可归结为以下几个方面。

其一，重塑信息生态，破解信息不对称难题。数字技术的广泛应用，有效打破了流通企业间的"信息孤岛"，促进了商品市场信息的广泛共享与高效互联（Pankaj et al.，2017）。这一过程不仅极大地提升了市场透明度，还通过减少因信息不对称所导致的交易风险与成本，为流通产业的高质量发展奠定了坚实的信息基础。祝合良等（2024）[②] 进一步指出，通过构建统一大市场与加速流通业数字化转型的深度融合，能够显著降低交易

---

① 王晓东，谢莉娟. 社会再生产中的流通职能与劳动价值论［J］. 中国社会科学，2020（6）：72 – 93，206.

② 祝合良，李晓婉，王春娟. 统一大市场促进形成强大国内市场的机理与路径——基于交易成本的视角［J］. 财经理论与实践，2024，45（3）：100 – 108.

成本，优化资源配置，从而显著提升市场流通效率，为流通产业的转型升级注入强劲动力。

其二，强化供需匹配，重塑流通媒介角色。在数字经济时代，大数据与智能化技术的深度融合，使得流通产业能够以前所未有的精度捕捉市场需求动态，依托这些数据资源，流通产业得以在拉动式产销系统中占据更加主动的地位（谢莉娟和庄逸群，2019）①。流通企业不仅能够根据实时需求信息精准组织上游生产，实现供应链的柔性化重构，还能有效缩短供需响应周期，提升市场响应速度，从而更好地发挥其作为供需媒介的核心功能。依绍华与吴顺利（2024）② 的研究深刻揭示了数字化背景下流通业态创新与品质消费之间的非对称互惠共生关系，强调了数字经济在强化这一互动机制中的关键作用。

其三，消除交换壁垒，促进市场一体化进程。数字经济以其独特的优势，有力推动了商品交换过程中的诸多壁垒的消除。从减少商品进销差价、简化交易流程、优化物流运输路径，到缓解供需错配、打破空间贸易限制，数字经济无一不在发挥着积极作用（唐红涛等，2021；任保平和苗新宇，2021）③④。尤为值得关注的是，盛斌等（2024）⑤ 的研究表明，数字经济通过其内在的高效流通机制与深化的专业化分工，不仅提高了流通效率，还强化了城市间的网络效应，为构建全国统一大市场提供了强大的支撑。这一过程不仅促进了市场资源的优化配置，还加速了流通产业内部结构的优化升级，为实现更高层次的流通现代化奠定了坚实基础。

---

① 谢莉娟，庄逸群. 互联网和数字化情境中的零售新机制——马克思流通理论启示与案例分析 [J]. 财贸经济，2019（3）：84 – 100.

② 依绍华，吴顺利. 数字化背景下流通业态创新与品质消费的非对称互促关系：供给主导抑或需求引领 [J/OL]. 财贸经济，2024：1 – 21.

③ 唐红涛，陈欣如，张俊英. 数字经济、流通效率与产业结构升级 [J]. 商业经济与管理，2021（11）：5 – 20.

④ 任保平，苗新宇. 新经济背景下扩大新消费需求的路径与政策取向 [J]. 改革，2021（3）：14 – 25.

⑤ 盛斌，吕美静，朱鹏洲. 数字经济与全国统一大市场建设：基于城市层面的研究 [J]. 求是学刊，2024，51（3）：1 – 18.

二、数字经济对流通效率的提升作用

流通效率作为衡量流通产业高质量发展水平的核心指标，其提升不仅关乎产业内部的优化升级，更是推动整体经济运行效率的关键（丁华和丁宁，2023）[①]。数字经济以其独特的技术优势与模式创新，通过减少流通环节、降低流通成本，对流通效率的提升产生了深远影响，进而促进了流通产业的全面升级。

在数字技术的全面赋能下，流通产业的中间商职能得到了前所未有的强化，不再仅仅是简单的商品中转站，而是转变为引领渠道纵向协作、促进资源高效配置的核心力量（谢莉娟等，2024）[②]。这一过程显著减少了不必要的流通环节，提高了商品资源在供应链中的匹配效率，使得流通体系更加紧凑且高效。此外，杨向阳等（2023）[③] 的实证研究揭示了数字化转型对流通企业全要素生产率的正面效应，指出数字化转型通过精细化管理、市场拓展以及供应链结构的优化调整，有效扩大了企业的生产边界，降低了单位产品的流通成本，进而实现了流通效率与经济效益的双重提升。

更为重要的是，数字经济在提升流通效率的同时，也为流通产业的绿色低碳发展开辟了新途径。数字技术在流通环节的广泛应用，加速了流通组织的数字化转型进程，彻底颠覆了传统流通业高耗能、高污染的发展模式（韩晶等，2022）[④]。通过智能化管理、大数据分析等手段，流通企业能够更精准地控制资源消耗，优化能源使用结构，减少不必要的浪费与排放。余祖鹏和王孝行（2023）[⑤] 进一步证实了这一点，他们发现流通数字

[①] 丁华，丁宁. 交通基础设施对商贸流通效率的影响研究 [J]. 商业经济与管理，2023（7）：28 – 39.

[②] 谢莉娟，张鹏宇，庄逸群. 数字化情境中的流通效率实现机制——基于匹配与扩张视角的案例研究 [J]. 北京工商大学学报（社会科学版），2024（2）：16 – 30.

[③] 杨向阳，李月月，徐从才. 数字化转型对流通企业全要素生产率的影响 [J]. 商业经济与管理，2023（3）：5 – 21.

[④] 韩晶，陈曦，冯晓虎. 数字经济赋能绿色发展的现实挑战与路径选择 [J]. 改革，2022（9）：11 – 23.

[⑤] 余祖鹏，王孝行. 流通数字化对流通产业碳排放的影响与作用机制 [J]. 中国流通经济，2023，37（12）：26 – 35.

化不仅显著降低了流通产业的碳排放量，还通过促进绿色技术创新、降低交易成本、提高劳动生产率等多重机制，为流通产业的可持续发展奠定了坚实基础。这一转变不仅响应了全球气候治理的迫切需求，也体现了流通产业在数字经济时代下的责任与担当。

三、数字经济对流通产业市场整合与国内外循环的促进作用

数字经济作为新时代经济发展的重要引擎，其影响力远远超越了单一产业的范畴，深刻促进了流通产业内部的转型升级与效率飞跃，同时，也对市场整合与国内外经济循环产生了全方位、深层次的变革性影响。

数字经济通过其独特的优势，成为推动市场整合的强大力量。赵霞与徐永锋（2024）[①] 的研究揭示，数字化流通的广泛应用，有效降低了国内省际贸易成本，打破了地域界限，促进了商品、资本、信息及人才等生产要素的自由流动，从而加速了全国统一大市场的形成。这一进程不仅优化了资源配置效率，还增强了市场的统一性与竞争力，为构建高效、开放、有序的市场体系奠定了坚实基础。汪阳昕和黄漫宇（2023）[②] 指出，数字经济不仅直接提升了流通效率，还通过优化营商环境，如简化行政审批流程、加强知识产权保护等，间接促进了市场主体的活力释放，为中国统一大市场的深化发展提供了强有力的支撑。

在推动国内外经济循环方面，数字经济同样展现出了不可替代的作用。流通数字化不仅巩固了国内市场的整合成果，还通过降低国际贸易成本，拓宽了国际市场的准入渠道，有效促进了国际循环的畅通无阻（赵霞和徐永锋，2024）[③]。这一过程中，数字经济以其高效的信息处理能力和全球化的网络覆盖，极大地缩短了国际交易的时间与空间距离，降低了跨国

---

① 赵霞，徐永锋. 数字化流通、全国统一大市场与国内国际循环 ［J］. 商业经济与管理，2024（3）：18－32.

② 汪阳昕，黄漫宇. 数字经济促进了中国统一大市场形成吗 ［J］. 山西财经大学学报，2023，45（1）：24－39.

③ 赵霞，徐永锋. 数字化流通、全国统一大市场与国内国际循环 ［J］. 商业经济与管理，2024（3）：18－32.

贸易的不确定性与风险。特别值得注意的是，杨肖丽等（2023）[①] 的研究表明，数字经济在农产品流通领域的广泛应用，显著提高了农产品的流通效率，确保了农产品的稳定供应，有效缓解了城乡市场之间的信息不对称问题，实现了城乡市场的高效对接与有机融合。这不仅提升了农产品的市场竞争力，也为推动农村经济发展、促进农民增收开辟了新路径，进一步强化了国内外经济循环的韧性与活力。

四、数字经济对流通产业区域发展的差异化影响与协同策略

在探讨数字经济对流通产业的广泛影响时，一个不可忽视的维度是其对区域发展的差异化塑造作用。鉴于各地区在数字经济发展阶段、流通产业基础、经济地理环境等方面存在的显著差异，数字经济对流通产业的促进作用呈现出鲜明的区域异质性特征。

盛斌等（2024）[②] 与祝合良等（2024）[③] 的研究表明，数字经济的市场整合效应并非均匀分布，而是显著受到地理区位、经济发展水平、城市规模、数字化基础设施完善程度及市场一体化水平等多重因素的影响。具体而言，中东部地区，得益于其相对成熟的数字经济发展环境，流通产业在数字化转型过程中受益尤为显著，实现了效率与效益的双重提升。相比之下，西部地区及部分欠发达地区，受限于数字经济基础薄弱、流通体系相对滞后等因素，其流通产业在享受数字经济红利时面临更多挑战与障碍，区域间的发展不均衡现象进一步凸显。

面对数字经济影响下流通产业区域发展的不均衡现状，构建有效的区域协同发展机制显得尤为重要。曾庆均等（2022）[④] 揭示了数字经济通过

① 杨肖丽，赵涵，牟恩东. 数字经济对农产品流通效率的影响——基于省域面板数据的实证分析［J］. 中国流通经济，2023，37（8）：28－38.
② 盛斌，吕美静，朱鹏洲. 数字经济与全国统一大市场建设：基于城市层面的研究［J］. 求是学刊，2024，51（3）：1－18.
③ 祝合良，李晓婉，王春娟. 统一大市场促进形成强大国内市场的机理与路径——基于交易成本的视角［J］. 财经理论与实践，2024，45（3）：100－108.
④ 曾庆均，唐菁，张娜. 数字经济、区域创新能力与农产品流通现代化——来自长江经济带的经验证据［J］. 中国流通经济，2022，36（8）：3－15.

空间外溢效应对邻近地区农产品流通现代化进程的积极影响，这为我们提供了区域协同发展的宝贵启示。政府应充分认识到数字经济在促进区域间经济联系与资源共享方面的重要作用，采取差异化政策策略，精准对接各地区流通产业的实际需求与发展潜力。具体而言，应鼓励数字经济发达地区发挥其技术、资金、人才等优势，向欠发达地区输出先进经验与技术支持，同时加大对中西部及偏远地区的数字经济基础设施建设投入，缩小区域间数字鸿沟，促进流通产业在全国范围内的均衡协调发展。

五、数字经济背景下流通产业创新发展的多维路径

在数字经济汹涌澎湃的时代浪潮中，流通产业既迎来了前所未有的发展机遇，也直面着复杂多变的挑战。现有文献为流通产业在数字经济环境下的创新发展提供了丰富的路径探索。

作为流通产业数字化转型的先决条件，数字基础设施的完善程度直接关系到转型的成效与深度（祝合良和李晓婉，2022）[①]。在此背景下，全面提升数字基础设施水平成为首要任务。特别是针对农村地区，张晓林（2024）[②] 强调，应加速完善农村数字流通基础设施，通过加大投资力度、优化布局结构，为农村流通数字化转型提供坚实的支撑平台。这不仅有助于缩小城乡数字鸿沟，还能激发农村市场潜力，促进城乡流通一体化发展。

流通业态的创新不仅是技术进步的产物，更是市场需求变化的直接反映。依绍华与吴顺利（2024）[③] 的研究深刻揭示了流通业态创新与品质消费之间的紧密互动关系，强调了模式创新在促进流通产业与消费市场协同发展中的核心作用。面对消费者日益多元化的需求，流通企业应勇于探索新零售、跨境电商、智慧物流等新兴业态，通过技术创新与管理优化，实

[①]　祝合良，李晓婉. 数字经济驱动强大国内市场形成的机理、动力与对策——基于我国强大国内市场形成基本条件与所面临困境［J］. 中国流通经济，2022，36（6）：25－36.

[②]　张晓林. 乡村振兴战略下数字赋能农村流通创新发展机理与路径［J］. 当代经济管理，2024，46（4）：47－53.

[③]　依绍华，吴顺利. 数字化背景下流通业态创新与品质消费的非对称互促关系：供给主导抑或需求引领［J/OL］. 财贸经济，2024：1－21.

现供应链的灵活配置与高效协同，为消费者提供更加个性化、便捷化的服务体验。

面对数字经济带来的新挑战，政府需扮演更为积极的角色，通过制定差异化发展策略，加强政策引导与支持，为流通产业的创新发展营造良好的外部环境（杨仁发和徐晓夏，2023）[1]。同时，鉴于技术性垄断与不正当竞争行为可能对流通市场秩序造成的不利影响，政府应进一步强化监管力度，建立健全相关法律法规体系，确保市场公平竞争，提升市场运行效率。此外，还应建立健全流通产业统计监测体系，为政策制定提供科学依据，促进流通产业的持续健康发展。

---

① 杨仁发，徐晓夏. 数字经济对商贸流通业高质量发展的影响［J］. 中国流通经济，2023，37（5）：28－40.

第三章　现代流通体系建设的基本理论

作为现代化经济体系不可或缺的重要构成部分，现代流通体系是经济体转入高质量发展阶段所呈现的流通体系形态，其内涵的科学诠释与目标的精准剖析，构成了后续深入分析的理论基石。本研究力图从体系构建的整体思路出发，通过严谨的学术探索，科学地揭示现代流通体系的特征属性、本质内涵及建设目标，旨在提升研究视野的整体性与系统性，为现代流通体系的理论研究与实践探索提供坚实的理论支撑。

第一节　现代流通体系的特征与内涵

面对全球经济格局和国内发展环境的深刻变革，中国经济正从高速增长阶段稳步过渡到高质量发展阶段（陈浩东和潘勇，2022）[①]。这一转型不仅代表了经济增长方式的根本性变化，也预示着发展重点的转移，从追求速度转向追求质量和效率的提升。在这一背景下，高质量发展已成为新时代中国经济的核心追求，这一理念强调的是更加均衡和可持续的发展方式，注重经济结构的优化与升级，以及环境保护和社会福祉的同步提高（张青，2024）[②]。高质量发展的实现，依赖于一个高效、畅通且具有强韧性的现代流通体系。流通体系是经济活动中的重要组成部分，它涉及商品

---

①　陈浩东，潘勇．双循环新发展格局下现代流通体系的构建、建设机理与发展路径［J］．商业经济研究，2022（12）：5－8.

②　张青．推动高质量发展——新时代中国特色社会主义经济建设［J］．教学与研究，2024（7）：115－126.

和服务从生产者到消费者之间的所有流动过程。一个先进的流通体系能够确保资源的最优配置和商品的高效流通，从而减少浪费、降低成本，并提高整体经济的运行效率。现代流通体系不仅包括物理的商品流动，还包括与之配套的服务、技术支持、市场建设和规制管理等多方面的系统性建设（彭艳，2022）①。相较于传统流通体系，现代流通体系展现出一系列显著特征。

（1）吸纳数字信息技术广泛嵌入。随着数字信息技术的快速发展和广泛应用，数字经济正在深刻改变现代流通体系的构成和运作方式（梁鹏和李宁宇，2022）②。这种技术的进步不仅仅带来了流通领域的效率革命，更为整个经济系统注入了新的活力，使之成为优化流通结构和提高经济活动效率的关键力量。数字技术如云计算、大数据、物联网和人工智能等，已成为现代流通体系中不可或缺的组成部分，它们使得商品及要素流通资源的配置更加合理，利用更加高效（高跃，2022）③。具体而言，数字信息技术的广泛应用，使得整个流通体系能够实现全环节的数字化运行，包括但不限于自动化的库存管理、实时的物流跟踪、精准的需求预测和个性化的客户服务。这些技术的应用不仅显著降低了流通成本，提高了流通效率，而且增强了流通体系的灵活性和韧性，使其能够更有效地适应市场环境的变化。例如，通过数据分析，企业可以准确预测市场趋势和消费者需求，及时调整生产和供应链策略，从而避免过度生产和库存积压（蒙天成和周利国，2021）④。另外，随着流通市场数据的持续扩大和质量的不断提升，生产、流通与消费各环节正日益形成一个紧密相连的数字化网络。这种网络化的流通体系能够实现资源的最大化利用和优化配置，减少资源浪费。

---

① 彭艳. 现代流通体系视角下外贸企业出口转内销的路径优化［J］. 商业经济研究，2022（20）：156 – 158.

② 梁鹏，李宁宇. 数字经济赋能现代流通体系建设理论机制探讨［J］. 商业经济研究，2022（3）：13 – 15.

③ 高跃. 数字经济对农村现代流通体系建设的驱动效应分析——基于共同富裕背景［J］. 商业经济研究，2022（23）：134 – 136.

④ 蒙天成，周利国. "双循环"新发展格局下现代流通体系发展态势与高质量推进策略［J］. 国际贸易，2021（8）：46 – 53.

数字平台通过提供实时数据交互和处理能力，有效地缩短了生产者与消费者之间的信息传递时间，减少了信息不对称的问题，使市场反应更加迅速和精确。此外，数字化流通体系还促进了跨行业和跨区域的协同合作，通过整合各方资源，形成更为强大的供应链网络。这不仅加强了行业内部的合作，还拓展了行业与行业之间的协作空间，比如制造业与服务业的融合，传统零售与电子商务的整合等，这些都极大地丰富了现代流通体系的功能和效能（张菊，2023）[①]。总体来看，数字信息技术的深度融合正推动现代流通体系朝着更高效、智能和可持续的方向发展，为社会经济的全面进步提供了坚实的技术支撑和理论基础。在未来，随着技术的进一步创新和应用深化，数字经济将继续扩大其在现代流通体系中的影响力，推动经济社会发展迈向新的高度。

（2）崇尚消费者至上价值导向。在传统的流通市场体系中，消费者往往处于被动接受的地位，权益和体验并未得到充分重视。然而，随着"互联网＋智慧流通"时代的全面到来，现代流通体系的建设已经迎来了以消费者为中心的核心价值导向的根本性转变。这种转变不仅是对市场趋势的积极响应，更是对消费者主权理念的深刻体现（李维莉和李谦，2024）[②]。在这个新的流通模式中，消费者的需求和体验被置于优先位置，而传统流通体系中存在的消费体验痛点和短板正成为推动流通体系进行深刻变革的重要变量。伴随着消费需求的个性化和多样化，现代流通体系正在通过数字化和智慧化的技术革新，不断适应和引领消费者需求的变迁。这一转型不仅体现在技术层面，更体现在对消费者需求的深度挖掘和精准满足上。现代流通体系的建设，是以消费者满意度为核心，致力于解决传统流通中的各种不便和限制，从而提升消费者的整体购物体验。在这一背景下，现代流通体系的建设着力于创造一个沉浸式的购物环境，强化线上与线下的无缝连接和交流互动，提供更为丰富和便捷的购物选项。通过引入先进的

① 张菊. 数字经济对流通业绿色发展的影响分析［J］. 商业经济研究，2023（13）：23－26.

② 李维莉，李谦. 新消费视角下现代流通体系建设对消费升级的影响［J］. 商业经济研究，2024（13）：53－56.

信息技术和智能化手段，如大数据分析、人工智能、虚拟现实等，现代流通体系能够实时感知消费者需求，并以极高的精准度作出响应。这些技术的应用不仅优化了商品的供应链管理和库存控制，还提升了营销活动的效率和效果，确保消费者可以获得更个性化的购物体验。此外，通过优化流通环节和提升服务质量，现代流通体系让消费者在流通活动中拥有更多的选择权和更大的话语权。消费者可以更直接地影响商品和服务的提供方式，参与到产品设计和改进的过程中，这不仅增强了消费者的购买满意度，也促进了企业与消费者之间的互动和关系的深化。最终，这些努力旨在提高消费者的长期消费幸福感，这也是现代流通体系追求的最高目标。通过不断优化和创新，现代流通体系正逐步成为支持经济社会全面进步的重要力量，为消费者创造更加美好和满意的购物环境（张俊娥，2018）①。

（3）注重商品流通服务增值化发展。在经济全球化和技术快速发展的背景下，传统的流通组织经历了重大的转型。传统模式通常依赖于商品进货和销售的价格差异来实现盈利，这种模式在现代经济环境中显示出一定的局限性（张鹏，2021）②。现代流通体系的构建与发展正在摆脱这种单一的盈利模式，转向更加多元化和复合型的盈利途径。这种转型不仅是对市场变化的响应，也是对消费者需求日益多样化和个性化的适应。现代流通体系的核心在于增值服务，这些服务不仅包括传统的商品销售，还包括为消费者提供定制化的流通服务。通过这些服务，流通体系可以更深入地了解并满足消费者的个性化需求，如提供专门定制的产品配置、优化的购物体验和个性化的客户关怀（孙华荣，2020）③。例如，通过数据分析，企业能够识别消费者的购买模式和偏好，据此推出针对性的产品和服务，增加消费者的满意度和忠诚度。此外，现代流通体系也在不断创新服务模式，致力于提升客户体验，从而创建一个更加便捷和优质的服务环境。这包括

---

① 张俊娥. 基于绿色消费视角的我国现代流通体系创新构建 [J]. 商业经济研究，2018（3）：36-38.

② 张鹏. 经济双循环背景下流通体系建设的战略重心与政策选择 [J]. 商业经济研究，2021（20）：17-20.

③ 孙华荣. 构建适应现代流通体系的支付模式 [J]. 中国金融，2020（24）：82-83.

利用最新的信息技术来简化购物流程、提供实时客户支持以及优化物流配送。这种服务的创新和优化不仅提高了消费者的购买便利性，也为企业带来了更高的效率和成本控制能力。现代流通体系通过精准的市场定位和有效的客户互动，能够更准确地识别并满足不同消费群体在不同情境下的消费期望（纪良纲，2023）①。这种深入的消费者洞察支持企业实施更为精准的市场策略，从而使企业提供更具吸引力的商品和服务。通过这些策略，企业不仅能增加消费者对流通渠道的黏性，还能显著提升消费者的复购率和整体满意度。最终，这种对增值服务的重视和对消费者需求的深入理解共同促进了流通体系的盈利模式的转型和创新。这不仅有助于激发商品市场的内需潜力，也为经济的长期稳定增长提供了有力支撑。总体来看，通过积极探索和实践流通服务的增值化，现代流通体系正在逐步构建起一种更加稳健和可持续的盈利模式，这对于推动经济高质量发展具有重要的战略意义。

（4）鼓励流通商业模式创新迭代。数字信息技术对现代流通体系方式的改变具有深远的影响，其发展与应用为流通体系带来了前所未有的变革机遇。这种技术进步不仅限于提升流通效率，更重要的是，它促进了流通方式的根本变革，为新的商业模式创造了可能（杨薇，2023）②。例如，通过利用互联网和移动通信技术，电子商务得以快速发展，这直接改变了商品销售和消费者购物的方式。然而，数字技术的单一应用并不能自动转化为商业成功。在不同的市场情境中，商业价值的实现往往需要与具体的流通创新模式和组织形式相匹配（Foss et al.，2017）③。在不同的市场情境中，适应性强的商业模式能够更好地利用数字技术，转化潜在机会为实际的市场价值。多样化的流通商业模式创新是现代流通体系的显著特征，这些模式包括但不限于在线零售、供应链整合、物流自动化等。这些创新模

①　纪良纲.科学把握现代流通体系的几个基本问题［J］.河北经贸大学学报，2023，44（3）：39－46.

②　杨薇.现代流通体系建设驱动商品交易市场发展的实践探索与经验证据［J］.商业经济研究，2023（16）：26－29.

③　Foss N J, Saebi T. Fifteen years of research on business model innovation：How far have we come, and where should we go？［J］. Journal of Management, 2017, 43（1）：200－227.

式不仅为数字技术的广泛应用提供了实践平台，也极大地推动了其在流通领域的深度嵌入。通过这些模式的创新迭代，可以更合理地调配市场资源，更有效地响应市场需求，提高资源利用效率，减少浪费。在推动全渠道流通的同时，这些模式也强调了包容性市场体系的构建，这不仅涵盖了更广泛的消费者接入渠道，也包括了为小型和中型企业提供更多的市场机会（宋志金和薛哲，2021）①。例如，通过平台经济模式，小型制造商和零售商可以利用已有的电商平台，成功拓展到原本难以触及的客户群体，这种模式的成功实施极大地依赖于其与市场需求和技术发展的匹配度。此外，我们还应特别关注流通创新商业模式的兼容性与实用性。在追求创新的同时，不应过度迷恋模式的新颖性而忽略其在实际市场环境中的可行性和持续性。有效的商业模式创新应当基于对市场深刻的理解和精确的消费者需求分析，确保新模式不仅在理论上具有吸引力，而且在实践中可行，能够持续产生商业价值。因此，探索既具有创新性又具备实际操作性的流通商业模式，成为现代流通体系建设的重要方向（谢莉娟和张昊，2022）②。这些模式应当能够有效整合新兴的数字技术，与市场需求密切匹配，同时兼顾社会责任和可持续发展，确保在真实的市场环境中能够实现长期的成功和价值创造。

（5）重视智慧物流体系精准配套。在现代流通体系建设中，智慧物流的标准化建设被极为重视，这是因为一个互联互通、精准匹配、智慧高效、安全便捷的现代化物流网络是流通体系现代化的重要标志，同时也是提升整体经济运行效率的关键环节。智慧物流通过利用先进的物流技术和创新的管理模式，旨在优化物流运营过程，提高服务质量和效率，减少资源浪费，从而降低成本并增加效益。此外，智慧物流体系的构建，不仅涵盖了技术的应用，如物联网（IoT）、大数据分析、云计算等，这些技术使得物流管理更加精确和实时。通过这些技术的应用，物流服务

---

① 宋志金，薛哲. 新旧动能转换背景下现代流通体系建设与流通企业品牌培育［J］. 商业经济研究，2021（13）：13 – 16.

② 谢莉娟，张昊. 全国统一大市场与现代流通体系建设：实践探索与关系演进［J］. 中国流通经济，2022，36（7）：3 – 11.

能够在接收、存储、转运、配送等各个环节实现信息的全程透明化，有效避免了传统物流中的应对错位和对接滞后问题（向雪和贾媛，2024）①。例如，通过实时跟踪技术，企业可以实时监控货物状态和位置，确保物流的高效和准时，极大地提高了物流服务的可靠性和预测性。标准化的智慧物流体系也推动了物流与生产、流通和消费各环节的深度融合。在这种模式下，物流不仅仅是简单的商品转移，更是价值链中的重要一环，能够实现与商流和资金流的有效对接，确保整个供应链的顺畅运作。这种整合不仅提高了供应链的响应速度，也增强了协同效率，为企业带来了更大的市场竞争力（王秀梅，2018）②。智慧物流的另一大优势是能够更准确地预测和响应用户需求。通过分析消费数据，智慧物流系统可以预测用户偏好，实现个性化服务，从而提升用户体验和满意度。这种预测性和响应性的提高，使得物流服务能够更快速地适应市场需求变化，有效地支持企业的市场战略。最终，智慧物流体系的实施不仅仅是技术的应用，更是一种全新的业务理念和运营模式的革新。它强调的是一种全方位、多层次的整合创新，旨在通过高度的自动化和智能化，推动流通体系的优化升级，为现代经济的发展提供有力支撑（唐任伍和张景森，2022）③。因此，加强智慧物流的标准化建设，不仅是提升物流效率的需求，更是现代流通体系战略布局的核心要素，对于推动经济的高质量发展具有不可估量的重要意义。

（6）强调流通全渠道低碳化运行。当前我国生态环境面临巨大压力，传统流通业的发展模式因在环保方面的不足而日益凸显其局限性。这种模式在运营过程中普遍存在的问题，如商品过度包装、能源消耗急剧增加以及污染物排放的持续上升，已成为制约流通体系现代化建设的重大环保挑

---

① 向雪，贾媛. 人工智能发展对我国现代商贸流通体系建设影响效应研究——基于技术人才和科技创新视角［J］. 商业经济研究，2024（6）：39-43.

② 王秀梅. "互联网＋"环境下农产品现代流通体系构建创新研究——以广东省为例［J］. 农业经济，2018（2）：138-140.

③ 唐任伍，张景森. 现代流通体系推动共同富裕实现的功能、作用和路径［J］. 中国流通经济，2022，36（1）：3-8.

战（卢越，2023）①。为响应国家"碳达峰、碳中和"的国际承诺，流通体系正在以空前的决心和力度推进全渠道低碳化转型（高啸宇，2022）②。这一转型过程不仅包括新技术的广泛采纳，如利用人工智能和大数据优化物流路径以减少能源消耗，还包括新能源的深入探索和应用，例如，在运输和仓储环节大力推广电动和太阳能驱动的设备。此外，这一转型着眼于在流通体系的每个环节中都融入对生态环境的深切关怀与责任感，力求通过技术创新和管理优化，实现流通活动的绿色化和可持续化。进一步而言，这种转型还体现在积极推广绿色包装材料的使用、优化商品的设计以降低资源消耗，以及推行更为高效的资源循环利用策略。例如，采用可生物降解或可回收材料进行包装，减少一次性塑料的使用，以及通过建立回收系统来重新利用产品和包装材料。社会公众在这一转型中扮演着重要的双重角色。作为消费者，他们的消费选择和行为直接影响流通体系的环保表现和效果；同时，作为生态环境资源的共同拥有者和守护者，公众的环保意识和参与对于推动流通体系的绿色转型至关重要。通过增强公众的环保责任感和参与感，可以有效促进绿色消费模式的形成与普及，这不仅有利于提高整体社会的环境质量，也能够带动更广泛的社会变革（汪鸣等，2022）③。因此，构建一个绿色、低碳、循环的现代流通体系，不仅是对当前生态挑战的积极回应，也是对未来可持续发展目标的深刻体现和实际操作。这种努力将有助于流通体系从以往依赖高碳增长的路径中脱颖而出，向着绿色发展的可持续轨道坚定迈进，实现经济发展与环境保护的和谐统一。这不仅符合全球环保趋势，也是我国履行国际责任、推动全球环境治理的重要举措。

（7）强化多元化金融服务支撑效用。现代流通体系的高效运行依赖于金融信用体系的全面支持，这种支持覆盖商贸、物流、交通等多个关键环

---

① 卢越. 地方推进现代流通体系建设新亮点、新问题并存亟待解决发展困境［J］. 中国经贸导刊，2023（12）：20－22.

② 高啸宇. 数智化创新推动大宗商品产业现代流通体系建设［J］. 中国物流与采购，2022（3）：56－57.

③ 汪鸣，贺兴东，刘伟. 高质量推进现代流通体系建设服务构建新发展格局［J］. 中国经贸导刊，2022（5）：16－18.

节。金融信用的强化是确保流通服务顺畅、高效的关键。为此，构建一个现代化的流通金融支持体系成为必要举措（李智，2012）①。这个体系不仅要推动流通信用市场环境的建设，而且要确保金融信用能够在流通体系中充分发挥其应有的支撑作用。在金融服务的具体实施层面，创新是核心（赵娴等，2021）②。通过引入金融创新，可以为流通主体提供多元化和定制化的金融工具，满足他们在不同发展阶段和层面上的融资需求。这包括传统的信贷产品和新兴的金融工具，如供应链金融和贸易融资。这些工具能够提供全方位、多层次的支持，助力流通体系持续发展，克服潜在的财务挑战。数字信息技术的运用也是现代金融服务中不可或缺的一部分。通过建立一个高效、安全的金融服务信息平台，可以实现资金配置的智能化和便捷化，从而提高资金使用效率和整体流通体系的运行效率（王建军，2022）③。这种技术平台不仅提升了金融服务的响应速度和准确性，还有助于降低运营成本和提高服务质量。在流通信用体系建设方面，持续完善重要商品的全程追溯系统是关键。这不仅扩大了可追溯商品的市场份额，还增强了消费者对流通体系的信任度和满意度，从而提升了流通体系的整体竞争力。通过这种系统，可以有效追踪商品从生产到最终销售的每一个环节，确保所有信息的透明度和可靠性，从而减少欺诈和错误。此外，推进流通主体的信用分级和分类监管工作也至关重要。构建一个科学、公正的商业信用奖惩机制，可以有效激励流通主体自觉维护信用和严格遵守契约精神（闵伟琼，2021）④。这种机制不仅促进了市场的公平竞争，还有助于形成健康、有序的市场环境。总体而言，现代流通体系的金融信用支持和信用体系建设是推动经济高质量发展的关键环节。通过这些措施，可以确

---

① 李智."中国特色"语境下的现代流通体系发展方略研究［J］. 中国软科学，2012（4）：1－10.

② 赵娴，冯宁，邢光乐. 现代流通体系构建中的供应链转型与创新：内在逻辑与现实路径［J］. 供应链管理，2021，2（8）：69－79.

③ 王建军. 建设内畅外联现代流通网络支撑构建新发展格局［J］. 中国经贸导刊，2022（5）：14－16.

④ 闵伟琼. 新发展格局下现代流通体系建设面临的挑战与对策［J］. 商业经济研究，2021（9）：15－18.

保流通体系的稳定性和持续性，为经济的长期稳定增长提供坚实的基础。

结合上述特征分析可知，现代流通体系的建设绝非单纯的新技术嵌入问题，而是一个植根于中国独特语境下的复杂系统工程。作为中国特色社会主义市场经济步入成熟阶段后的必然产物，现代流通体系沿着高质量发展的方向，经历了一系列创新性的演进与变革，形成了独具特色的形态。具体而言，其内涵可概括为以下几个方面。

首先，现代流通体系呈现出一种深度与广度并重的融合态势，其通过广泛且深入地应用大数据、云计算、人工智能、区块链等一系列前沿的数字信息技术，实现了与互联网的无缝对接与深度融合。这一融合不仅对传统流通产业进行了全面且深刻的改造与升级，更在极大程度上促进了商品流通能力的持续增强与优化，使得流通效率与效益均得到了显著提升，展现了强大的变革与推动作用。

其次，该体系在信息技术的有力支撑下，构筑了一套智慧化的学习、推理与决策系统。这一系统能够实时地汇聚并分析流通领域产生的碎片化信息，为商品供给与需求之间实现更高水平的动态适配提供了有力的数据支持与智能辅助。由此，市场效率与响应速度得到了有效提升，市场运行的灵活性与敏捷性也显著增强，进一步凸显了现代流通体系在优化资源配置、提升市场效率方面的重要作用。

再次，现代流通体系还展现出了强大的创新与重构能力。其通过匹配创新型的商业模式与流通业态，对供应链体系进行了深度的重构与优化，成功地从商品市场中萃取出了稀缺价值。同时，该体系还以消费者为中心，重塑了商业逻辑与运行规则，为消费者营造了一个优越的消费环境。这一变革不仅有效激发了消费市场的内需潜力与活力，还进一步推动了消费市场的繁荣与发展，彰显了现代流通体系在推动经济增长、优化消费环境方面的积极作用。

最后，现代流通体系在资源重组与聚合方面也展现出了卓越的能力。其通过不断地推进包容性创新，在资源禀赋的约束下不断强化流通职能，成功地获取了商品市场的价值溢价。更为重要的是，在多元目标的激励与引导下，该体系始终坚持以高效畅通、绿色低碳为逻辑主线，完成了自身的深刻变革与转型升级。这一转型不仅使现代流通体系展现出了强大的生命力与发展潜力，还为其在未来的持续创新与升级奠定了坚实的基础，预示着现代流通体系将在未来经济发展中发挥更加重要的作用。

第二节 新发展阶段现代流通体系建设的目标解构

流通领域的循环畅通决定着国民经济的运行质量与发展活力，唯有破解"结构性梗阻"，方能实现流通体系"气血充盈"。当前流通领域亟待克服的发展障碍不再是流通绝对规模的钳制，现有研究通常将流通创新发展的目标定位为"降本增效"。事实上，本研究认为不同时期流通体系的职能与使命必然有所差异，在构建新发展格局阶段，现代流通体系的建设目标应是以"促进经济循环高效稳定发展"为核心，以打造高质量的国内大循环基础骨架和国内国际双循环市场接口为创新导向，以效率变革、质量变革、动力变革等为跃迁轨迹（邓雪莉，2024）[①]。较之"降本增效"这显然有更深层次的考量。

首先，提升流通经济效率始终是推进我国流通体系建设的重点目标。习近平总书记强调，"在社会再生产过程中，流通效率和生产效率同等重要，是提高国民经济总体运行效率的重要方面"[②]。在构建现代流通体系的宏伟蓝图中，流通效率作为其核心的综合表征，蕴含了丰富而深刻的多维度意蕴，具体而微地涵盖了流通市场效率、流通组织效率以及流通要素效率等多个层面。这一综合性的效率指标，不仅全面映射出流通体系运行节奏的显著加速、流通价值实现速度的实质性提升，还深刻揭示了流通资源损耗强度的有效降低，从而多维度地刻画了流通体系的高效运行状态（俞

[①] 邓雪莉. 双循环背景下扩大内需与现代流通体系建设关联性分析 [J]. 商业经济研究，2024（1）：5-8.

[②] 新华社. 习近平主持召开中央财经委员会第八次会议强调：统筹推进现代流通体系建设，为构建新发展格局提供有力支撑 [EB/OL]. 北京：新华网，2020-09-09 [2024-08-10]. https://www.gov.cn/xinwen/2020-09/09/content 5542047.htm.

彤晖，2016)①。鉴于此，为了构建一个既高效又畅通，且具备持续竞争优势的现代流通体系，我们必须将流通经济效率的提升，置于目标体系的至高无上位置。这一决策不仅源于流通效率是衡量流通体系运行质量的关键标尺，更源于其在推动经济循环、促进市场繁荣以及优化资源配置等方面所发挥的不可替代的核心作用。流通效率的高低，直接关系到流通体系能否在复杂多变的市场环境中持续展现出强大的竞争力（徐振宇，2023)②。因此，在理论与实践的双重维度上，我们都应坚定不移地将提升流通经济效率作为构建现代流通体系的基石，以确保其在面对各种挑战时，都能够保持稳健的运行态势，持续展现出强大的生命力和竞争力。

其次，改进流通运行质量是更好发挥流通体系对国民经济先导引领作用的关键之举（王晓东和谢莉娟，2022)③。流通运行质量的持续优化是一个系统工程，它要求我们在多个层面进行深入的把控与科学的谋划。在微观层面，我们必须实施精准的把控策略，确保每一个流通环节都能达到高效运行的状态；在中观层面，则需以策略性的眼光审视并优化流通产业的组织结构与市场布局，进行科学的规划与设计；而在宏观层面，更需具备总体的布局思维，以全局性的视角来指导和调控流通体系的运行，确保其在宏观经济环境中的稳定与协调。具体而言，各级各类流通企业必须积极应对库存及债务风险，通过精细化的管理手段，确保流通基础单元能够拥有先进的存货周转水平和稳健的资产负债结构。这不仅对于提升企业的抗风险能力至关重要，更是流通供应链安全稳定发展的坚实保障。在现代流通产业的发展前景上，我们必须紧跟绿色的导向，以科学的态度进行长远的规划。这意味着要着力强化低碳技术的推广应用，通过技术创新降低流通环节的能耗与排放，严防高能耗、高污染、高排放对流通经济发展潜力的阻滞作用。同时，我们还应积极推进流通全渠道的低碳环保化运行，致

①　俞彤晖. 中国流通效率区域差异演进趋势分析［J］. 北京工商大学学报（社会科学版），2016，31（1）：31 - 40.

②　徐振宇. 新发展格局下高质量推进现代流通体系建设的挑战与方略［J］. 长沙理工大学学报（社会科学版），2023，38（3）：61 - 75.

③　王晓东，谢莉娟. 现代流通体系支撑构建新发展格局的政治经济学分析［J］. 教学与研究，2022（6）：42 - 55.

力于构建一个绿色、可持续的流通体系，以适应未来经济的发展趋势（黄国雄，2011）①。此外，我们还需要充分考虑到经济基础、资源禀赋、市场条件等因素的空间非均衡分布特征，这些因素可能导致各地区流通发展水平的不均衡成为一种常态化的现实。因此，在提升流通运行质量的过程中，我们必须给予城乡、区域流通经济的统筹协调发展以充分的关注。这意味着我们要严谨地谋划具有空间异质性特征的优化方略，科学有序地布局城乡、区域间的流通资源，以确保流通经济能够行稳致远，实现长期、稳定、可持续的发展。通过这样的布局与优化，我们可以更好地发挥流通体系在国民经济中的基础性地位，进一步推动经济的整体繁荣与社会的全面进步。

再次，积蓄流通创新动力是引领流通体系持续变革和实现流通媒介机制全面升级的根本规律（高道友，2009）②。在流通领域的广泛嵌入与深度渗透，数字信息技术为提升流通媒介的交互能力开辟了前所未有的可能性，并极大地强化了流通产业与互联网的深度融合，进而激发了流通体系持续且深刻的变革。这一变革的核心机制在于，数据驱动的现代流通体系通过构建高效、畅通的信息传递与反馈机制，得以显著消解流通市场中普遍存在的信息孤岛现象，实现了商品供给与消费需求之间的动态匹配与精准对接，进而有效增强了流通服务的需求感知力、商情洞察力以及价值创造力，展现了数字信息技术在流通领域的强大潜力。进一步而言，在"互联网+智慧流通"这一创新逻辑的引领下，辅以精心设计的流通商业模式，我们能够更为高效地调动并优化配置流通资源，使其更加积极地参与到市场交易活动中，从而推动流通体系的创新融合发展。这一过程不仅涉及技术层面的革新，更深刻地涵盖了商业模式、组织结构以及市场机制的全面变革，共同塑造了一个更加智能化、高效化和可持续的现代流通体系。因此，我们有充分的理由相信，数字信息技术在流通领域的广泛应用

---

① 黄国雄．关于推进我国现代流通体系建设的几点建议［J］．财贸经济，2011（3）：5-10，136.

② 高道友．构建我国农村现代流通体系的瓶颈及对策［J］．中国流通经济，2009，23（12）：14-16.

与深度融合，将为流通产业的未来发展带来前所未有的机遇与挑战，也必将引领流通体系迈向一个全新的、更高层次的发展阶段，展现数字时代流通体系的崭新面貌与无限潜力。

又次，延展流通体系有效规模是强化流通在国民经济中基础性地位的重要途径。传统流通产业历来展现出的是显著的规模经济效应，然而，在新形势的深刻变革与挑战下，流通体系绝对规模扩展所带来的边际收益正逐渐显现出递减的趋势，这一趋势不容忽视。这意味着，若一味地、盲目地追求流通规模的简单提升，而忽略其内在质量与效益的优化，势必将引发规模不经济现象的发生，进而导致资源配置的低效、浪费乃至失衡。特别是在数字经济这一新兴背景的深刻影响与推动下，流通体系正逐步开启一场由传统的"规模经济"范式向"价值经济"范式的深刻创新与演变（祝合良等，2021）①。这一演变不仅深刻体现了流通体系发展理念的与时俱进与深刻变革，也昭示着流通体系发展模式与路径的根本转型与重塑。当然，我们并不能因此全面否定规模经济在流通体系中的重要作用，保持并持续延展足够体量的流通体系有效规模，始终是发挥流通基础性经济效应、确保流通网络辐射能力、提升流通体系整体效能的重要渠道与关键保障。因此，在建设现代流通体系的进程中，我们必须秉持一种更为理性、更为审慎的科学态度，既要避免流通规模的同质化无序扩张，又要确保流通体系有效规模的持续延展与优化提升，实现规模与效益的双重提升。这要求我们在推进流通体系建设的实践中，既要注重规模扩张的合理性与科学性，又要强调规模扩张与效率提升、价值创造的有机统一与协同演进，以科学规划与战略布局为引领，实现流通体系的可持续发展与高效运行，进而推动整个经济社会的繁荣与进步。

最后，完善流通基础配套是满足现代流通发展需要的硬件保障。积极谋划并致力于构建区域协同化、城乡一体化的流通基础设施网络，无疑是当前流通体系建设的核心要务。在此过程中，因地制宜地合理配置流通配

---

① 祝合良，杨光，王春娟. 双循环新发展格局下现代流通体系建设思路［J］. 商业经济与管理，2021（4）：5–16.

套资源，规避"一刀切""均摊化"的简单粗放模式，成为确保流通体系高效运行与持续优化的关键所在。具体而言，需深入考量各地区的经济基础、地理位置、市场需求等多重因素，科学规划并精心布局流通基础设施的建设与发展，以期充分发挥各层级流通基础设施的整体联动效应与协同共享机制。如此，方能确保各流通环节之间的无缝衔接与高效协同，进而促进物流通达能力的显著提升，为商品和服务的顺畅流通提供坚实而有力的支撑体系。与此同时，流通领域数字基础设施建设的持续推进，更是引导商情数据信息在流通全渠道充分传递、实现信息共享的重要基石与保障。在数字经济时代背景下，数字基础设施的建设与完善，对于提升流通效率、优化资源配置、降低交易成本等方面，均展现出了不可替代的关键作用与价值。因此，将流通基础配套的构筑与完善作为现代流通体系建设的核心目标之一予以聚焦与推进，显得尤为迫切与重要。这一目标的实现，不仅需要政府、企业和社会各界的共同努力与协作，更需要在技术创新、政策引导、资金投入等多个维度上形成合力与协同效应，以推动流通基础设施网络的全面升级与优化重构，为构建更加高效、智能、可持续的现代流通体系奠定坚实的支撑。

第四章 数字经济与现代流通体系建设的水平测度

第一节 数字经济发展水平综合测度

一、指标体系的构建原则

为了确保评价数据、方法以及结果的可靠性与可信性，构建一套科学的评价指标体系至关重要。合理且科学的指标体系能否准确反映研究对象的特征与变化，是决定研究成果可靠性的关键因素。在指标体系的构建过程中，如果缺乏科学的框架和方法论，无论数据的准确性和分析方法的先进性如何，最终的研究结论都可能偏离预期目标。为科学量化数字经济赋能现代流通体系建设的实证检验，本研究分别构建了数字经济与现代流通体系建设的评价指标体系。本节将详细论述这一评价指标体系的构建原则。

关于指标体系的构建原则，不同研究者提出了各自的侧重点和多种表述方式。一些研究强调指标的全面性、不重叠性和易取得性；另一些研究则强调指标的科学性、合理性和适用性；还有一些研究注重指标的代表性、易获得性和可操作性。在构建"数字经济赋能现代流通体系建设"的评价指标体系时，本研究借鉴了赵涛和俞彤晖等的综合评价指标体系构建原则（赵涛等，2020；俞彤晖和崔许锋，2023)[1][2]，遵循目的性、完备性、

---

① 赵涛，张智，梁上坤. 数字经济、创业活跃度与高质量发展——来自中国城市的经验证据［J］. 管理世界，2020，36（10）：65－76.

② 俞彤晖，崔许锋. 中国现代流通体系建设水平测度及时空演化特征研究［J］. 财贸研究，2023，34（7）：1－15.

可操作性、独立性、显著性与动态性等六个原则。通过选取相关性强、代表性高、内涵全面、易于量化的统计指标，确保了数字经济与现代流通体系建设评价指标体系的科学性、可靠性和可信度，为后续的实证分析奠定了坚实基础。本研究严格遵循指标构建流程，借鉴相关研究成果，并采用专家评价法来保证指标的科学性。

第一，目的性原则。评价指标应准确反映评价目的，涵盖实现评价目的所需的基本内容，并在实现评价目标方面具有明确的导向性。本研究构建的指标体系旨在客观评价数字经济对现代流通体系建设的赋能效果，深入研究其赋能机理。围绕这一研究主题和提出的假设，本研究将对数字经济的应用水平、现代流通体系的发展程度、二者的耦合协调性进行全面测量，并依据这些评价目标构建相应的评价指标体系。

第二，完备性原则。评价指标体系应尽可能全面地反映评价对象的重要属性和主要特征。对于复杂的评价对象系统，指标体系还应区分不同的类别和层次。科学且完备的指标体系是确保分析结果科学有效的基础，因此，完备性是指标体系构建中至关重要的原则之一。在构建数字经济赋能现代流通体系建设的评价指标体系时，系统全面地体现了流通体系和数字经济的特征类别及层次，确保体系的系统性和全面性。

第三，可操作性原则。评价指标的数据应能够被有效采集和赋值，并通过公开渠道获取，以确保数据的真实性和可靠性。鉴于本研究旨在评价数字经济对现代流通体系建设的影响，数据获取渠道必须权威且易于操作。本研究的样本数据主要来源于政府部门公开发布的相关统计数据，这些数据具有易获得性和高度权威性，符合可操作性原则的要求。

第四，独立性原则。评价指标应具有清晰的内涵和界限，避免指标之间的交叉重叠或逻辑矛盾。在构建数字经济与现代流通体系建设的评价指标体系时，本研究将数字经济和流通体系作为两个子系统分别构建，保持二者指标的独立性，各评价要素相对独立，指标层级的隶属关系清晰且明确。

第五，显著性原则。所有评价指标应尽可能全面地反映出评价对象的特征。显著性原则要求在筛选指标时优先保留主要指标，剔除次要和冗余指标，使得指标体系简洁高效。在构建数字经济赋能现代流通体系建设的评价指标体系时，本研究首先保证了指标体系的全面性，并在此基础上，通过专家评审剔除次要指标，最终保留最具代表性的关键指标。

第六，动态性原则。评价指标应具备动态适应性，能够根据评价目标和外部环境的变化进行及时调整。本研究选取的指标主要源自相关统计数据，这些指标能够随着时间和评价目标的变化灵活调整和更新，确保指标体系的动态适应性和长期有效性。

二、数字经济的指标体系构建

科学衡量数字经济的发展规模和发展指数对全面深刻理解数字经济的发展现状、趋势以及区域差异具有重要意义。目前针对数字经济的测度大多采用数字金融普惠指数或者互联网指标，相关研究较为片面（王彬燕等，2018）①。本研究认为数字经济发展是涵盖基础设施、产业发展、技术创新、发展环境多层面一体的全面发展。此外，随着数字经济发展和实体经济的深度融合，数字技术等越来越改变着公众的消费意识和消费习惯，因此，对于数字经济发展水平的评价也应该纳入公众对其的关注程度。本研究借鉴相关研究（徐维祥等，2022）②，从数字基础设施、数字产业发展、数字创新潜力、数字普惠金融及数字经济关注程度5个方面构建数字经济发展指数，指标体系见表4-1。（1）数字基础设施（钞小静等，2024；程钦良等，2024；刘修岩和王雨昕，2024）③④⑤。数字经济的发展离不开良好基础设施支撑，基础设施是数字经济持续健康发展的必要条件。该指标主要使用数字经济发展所必需的移动互联采用宽带互联网普

① 王彬燕，田俊峰，程利莎，等. 中国数字经济空间分异及影响因素 [J]. 地理科学，2018，38（6）：859-868.

② 徐维祥，周建平，刘程军. 数字经济发展对城市碳排放影响的空间效应 [J]. 地理研究，2022，41（1）：111-129.

③ 钞小静，廉园梅，元茹静，等. 数字基础设施建设与产业链韧性——基于产业链恢复能力数据的实证分析 [J]. 数量经济技术经济研究，2024，41（11）：112-131.

④ 程钦良，宋彦玲，张勋. 数字基础设施建设、时空成本与制造业空间布局 [J]. 经济学动态，2024（6）：64-80.

⑤ 刘修岩，王雨昕. 数字基础设施与中国城市的空间重构 [J]. 经济地理，2024，44（4）：55-63.

及率、移动互联网普及率来衡量。（2）数字产业发展（张兆鹏，2024；李小玉和李华旭，2022；宋旭光等，2022）①②③。中国在数字产业化、产业数字化以及数字经济发展规模等方面取得了极大的成就。2021 年，中国数字经济规模达到45.5 万亿元，数字经济在国民经济中的地位更加稳固、支撑作用更加明显（黄永林，2022）④。本研究从信息产业、电信产业和电商产业 3 个产出进行测度，分别用计算机服务和软件从业人员占比、人均电信业务收入和人均邮政业务收入来表征。（3）数字创新潜力（左万水等，2024；李源和刘承良，2024；余传鹏等，2024）⑤⑥⑦。数字技术创新是数字经济发展的源头。因此，主要从数字创新要素支撑和数字技术创新水平进行测度，分别用科学技术支出、数字经济相关专利数进行表征。（4）数字普惠金融（段军山和高雯玉，2022；周利，2020）⑧⑨。采用北京大学数字金融研究中心和蚂蚁集团研究院共同开发的中国数字普惠金融指数来测度，包括数字金融覆盖广度、使用深度和数字化程度 3 个维度。（5）数字经济关注程度⑩⑪⑫（张一凡和许宪春，2024；洪俊杰等，2024；李剑培

① 张兆鹏. 我国数字产业化发展水平的统计测算及时空演化特征 ［J］. 中国流通经济，2024，38（8）：43 - 55.

② 李小玉，李华旭. 长江中游城市群数字经济产业协同发展水平评价研究 ［J］. 经济经纬，2022，39（6）：88 - 97.

③ 宋旭光，何佳佳，左马华青. 数字产业化赋能实体经济发展：机制与路径 ［J］. 改革，2022（6）：76 - 90.

④ 黄永林. 我国数字经济发展的成效与未来方向 ［J］. 人民论坛，2022（23）：79 - 83.

⑤ 左万水，古恒宇，周麟，等. 中国市域数字经济创新空间格局演化及其驱动机制 ［J］. 经济地理，2024，44（6）：102 - 112.

⑥ 李源，刘承良. 中国城市数字技术创新的时空演化及影响因素 ［J］. 地理科学，2024，44（5）：754 - 765.

⑦ 余传鹏，黎展锋，林春培，等. 数字创新网络嵌入对制造企业新产品开发绩效的影响研究 ［J］. 管理世界，2024，40（5）：154 - 176.

⑧ 段军山，高雯玉. 数字金融发展对企业全要素生产率的影响研究 ［J］. 当代财经，2022（5）：51 - 62.

⑨ 周利，冯大威，易行健. 数字普惠金融与城乡收入差距："数字红利"还是"数字鸿沟" ［J］. 经济学家，2020（5）：99 - 108.

⑩ 张一凡，许宪春. 数字经济相关指数和指标体系研究 ［J/OL］. 财贸经济，2024：1 - 15.

⑪ 洪俊杰，李研，杨曦. 数字经济与收入差距：数字经济核心产业的视角 ［J］. 经济研究，2024，59（5）：116 - 131.

⑫ 李剑培，时洁，顾乃华. 数字政府建设对企业数字化转型的溢出效应研究——来自政府采购合同大数据的证据 ［J/OL］. 南方经济，2024：1 - 22.

等，2024）。该指标关注到了企业和个人对数字经济发展的关注程度，选取公众数字意识和企业数字化转型 2 个维度进行考量，公众数字意识采用百度"数字经济"搜索指数表征，用上市公司年报"数字化转型"词频表征企业数字化转型。为了测度数字经济发展水平的综合指数，需要确立相关指标并赋予权重，考虑到主观赋权可能会导致不准确的测度结果，采用熵值法对上述 5 个维度进行综合计算，得到数字经济发展水平综合指数。

表 4 - 1　　　　　　　数字经济发展水平的指标体系构建

目标层	准则层	指标层	变量测度	属性
数字经济发展	数字基础设施	宽带互联网普及率	每百人互联网宽带接入用户数（个）	+
		移动互联网普及率	每百人移动电话年末用户数（户）	+
	数字产业发展	信息产业发展	计算机服务和软件从业人员占比（%）	+
		电信产业发展	人均电信业务收入（万元）	+
		电商产业发展	人均邮政业务收入（万元）	+
	数字创新潜力	数字创新要素支撑	科学技术支出（万元）	+
		数字技术创新水平	数字经济相关专利数（个）	+
	数字普惠金融	覆盖广度	数字普惠金融覆盖广度指数	+
		使用深度	数字普惠金融使用深度指数	+
		数字化程度	数字普惠金融数字化程度指数	+
	数字经济关注程度	公众数字意识	百度"数字经济"搜索指数	+
		企业数字化转型	上市公司年报"数字化转型"词频	+

三、数字经济发展水平的测度指标体系

熵值法是一种能够充分利用原始数据信息的数据分析方法，其依赖于各项指标数据的分布和差异程度来计算权重，无须人为设定初始权重，因此，可以避免由于人为主观判断带来的偏差，保证了结果的客观性（赵姝

和刘军，2023；梁俊芬等，2022；高学东等，2022)[1][2][3]。相比其他复杂的方法，熵值法的计算步骤较为简单明了，容易理解，便于实际操作。同时，其结果也比较易于解释，可以为决策者提供直观的决策依据。

（1）对原始数据展开处理，假设有 m 个待评价单元、n 个指标，则 a_{ij} 表示第 i 个评价单元的第 j 项的指标值。囿于各指标的量纲、量级存在差异，本研究采用极差标准化方法对原始数据进行无量纲化处理：

$$a'_{ij} = \frac{a_{ij} - \min(a_{ij})}{\max(a_{ij}) - \min(a_{ij})} \qquad (4-1)$$

$$a'_{ij} = \frac{\max(a_{ij}) - a_{ij}}{\max(a_{ij}) - \min(a_{ij})} \qquad (4-2)$$

式（4-1）、式（4-2）分别表示对正负指标的标准化过程，其中，a_{ij} 是指评价单元 i 第 j 个指标的原始值，a'_{ij} 是评价指标经标准化后的结果。

（2）评价指标归一化处理：

$$p_{ij} = \frac{a'_{ij}}{\sum_{i=1}^{m} a'_{ij}} \qquad (4-3)$$

（3）计算第 j 项指标的信息熵 e_j：

$$e_j = -\frac{1}{\ln(m)} \sum_{i=1}^{m} \{p_{ij} \ln(p_{ij})\} \qquad (4-4)$$

（4）计算第 j 项指标的权重 w_j：

$$w_j = \frac{1 - e_j}{\sum_{j=1}^{n} (1 - e_j)} \qquad (4-5)$$

（5）计算各城市的结果变量 E_i：

$$E_i = \sum_{j=1}^{n} w_j a_{ij} \qquad (4-6)$$

① 赵姝，刘军. 中国城市营商环境优化了吗？——来自时序演变与空间交互的证据 [J]. 产业经济研究，2023（4）：54-68.
② 梁俊芬，蔡勋，刘序，等. 广东省乡村产业发展水平测度及区域差异研究 [J]. 科技管理研究，2022，42（23）：81-91.
③ 高学东，潘莹雪，薄启欣. 中国省际就业质量影响因素的空间计量分析 [J]. 地域研究与开发，2022，41（4）：13-18.

经过熵值法的测算，对 2004~2021 年我国数字经济发展水平进行了系统评估，并将研究对象 287 个地级市划分为东部、中部、西部和东北部四个区域。通过深入分析，探讨了中国数字经济发展总体态势及区域演变特征。基于各年度数字经济发展水平的平均值，绘制了全国及东部、中部、西部和东北部地区的时间演变趋势图（见图 4-1）。从图中可以明显看出，中国数字经济发展水平在区域间存在显著差异。

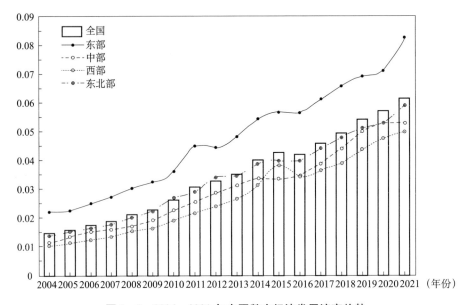

图 4-1　2004~2021 年中国数字经济发展演变趋势

整体来看，在整个研究期间，我国数字经济的综合效率呈现出显著的上升趋势。全国 287 个地级市的数字经济发展水平从 0.015 提高至 0.062，年均增长率达 8.71%。除 2016 年略低于前一年外，其他年份均保持增长态势，这表明在过去十几年间，中国的数字经济在技术进步和政策支持的推动下取得了显著发展，且这一趋势预计将持续（吴海珍等，2024）[①]。从区域层面来看，东部、中部、西部和东北部地区的数字经济发展水平均呈现出一致的上升趋势，但不同区域之间存在较大差异。东部地区的数字经

———————————
　　① 吴海珍，韩兆安，云乐鑫.数字经济赋能地区创新质量的路径与特征研究［J］.科研管理，2024，45（7）：59-67.

济发展具有"高位低速增长"的特征，其发展水平显著高于全国平均水平，并在四个区域中表现最佳，数字经济发展水平从 0.022 提升至 0.083，年均增长率达 8.12%。值得注意的是，由于 2011 年增速较高，2012 年受制于基数效应导致发展略显滞后。中部地区则表现出"均衡发展，高速增长"的特征，尽管其数字经济发展整体落后于其他地区，且低于全国平均水平，但其数字经济发展水平从 0.010 上升至 0.050，年均增长率达到 9.93%，增速在四个区域中最高。与全国趋势类似，中部地区在 2016 年也出现了小幅下降。西部地区的数字经济发展水平略优于中部地区，从 0.011 提升至 0.053，年均增长率为 9.70%，但在 2015 年较前一年有所下降。东北部地区的数字经济发展水平在四个区域中位居第二，仅次于东部，但仍低于全国平均水平，数字经济发展水平从 0.014 上升至 0.059，年均增长率达 8.83%，2016 年也同样出现了小幅下降。其中，东部地区凭借雄厚的经济基础、先进的科技创新能力和有利的政策环境，成为中国数字经济发展的领头羊（廖小菲和申雨瑶，2024）[①]。这种领先地位不仅反映出区域内部强大的产业结构和技术资源，同时也展示了东部地区在吸引高端人才和资本方面的优势。中部地区由于资源利用效率较低，实体产业的数字化发展仍有较大提升空间。中部作为承接东部产业溢出效应的重要区域，应结合自身经济发展状况，吸引数字经济相关行业的高技术人才，推动数字产业高质量发展，逐步缩小与东部地区的差距。西部地区依托国家西部大开发等战略，尤其是近年来"东数西算"工程的实施，集中优势资源提升了区域数字经济的发展效率（吉天帅，2023）[②]。尽管中部和西部地区起步较晚，但得益于国家政策的支持以及互联网基础设施的逐步完善，这些地区的数字经济显示出较强的增长潜力。然而，中西部地区在数字经济领域仍然面临基础设施落后、产业结构单一、技术资源不足等多重挑战，需要通过进一步的政策支持和资源投入来缩小与东部地区的差距。此外，2015 年和 2016 年数字经济水平的回落，主要受到中国经济进入

---

① 廖小菲，申雨瑶. 数字经济对中国城市低碳转型的影响机理及效应 [J]. 经济地理，2024，44（6）：31–41.

② 吉天帅. 我国数字经济发展时空演变及驱动因素研究 [D]. 唐山：华北理工大学，2023.

"新常态"的影响，宏观经济增速放缓可能对数字经济的发展产生了一定的抑制作用，尤其是在投资和消费领域，资金紧缩可能导致对数字技术和基础设施投入的减少。综合上述分析可见，我国数字经济发展水平整体呈现出"东部＞东北部＞西部＞中部"的格局，东部地区数字经济发展水平最高，是全国数字经济发展的核心区域，而中部、西部和东北部地区与全国平均水平存在一定差距，区域间的数字经济发展水平存在显著差异。然而，若从年均增长率来看，则呈现出"中部＞西部＞东北部＞东部"的反向趋势，这表明未来各区域之间的数字经济发展水平差距可能会逐步缩小。

四、数字经济的区域差异及来源

从上述的中国数字经济发展水平的测度结果可以看出，各区域之间的数字经济发展水平存在明显差异。因此，进一步分析这种区域差异的程度具有重要的学术价值和现实意义。目前，在区域差异的统计分析中，泰尔指数、基尼系数和 Dagum 基尼系数等方法被广泛应用（欧阳金琼和靳佳珠，2023；王青等，2023）[1][2]。其中，Dagum 基尼系数相比泰尔指数和传统基尼系数，不仅能够有效衡量区域差异的大小，还能解决样本间可能存在的交叉和重叠问题，使区域差异分析的结果更具准确性和科学性。在已有研究中，Dagum 基尼系数已广泛应用于服务业、旅游业、生态、农业等多个领域的区域差异分析。因此，本研究将采用 Dagum 基尼系数对中国数字经济发展水平的区域差异程度进行量化与深入分析。

Dagum 基尼系数作为衡量区域差异程度的主要方法之一，通过将整体区域差异进一步分解为区域内差异、区域间差异和超变密度三个部分，能够更精确地识别和分析区域差异的来源（刘华军，2012）[3]。依据 Dagum

---

① 欧阳金琼，靳佳珠. 中国共同富裕的区域差异与结构分解 [J]. 华东经济管理，2023，37（9）：11 - 21.

② 王青，傅莉媛，孙海添. 中国工业生产能源消费碳排放的区域差异、动态演进与影响因素 [J]. 资源科学，2023，45（6）：1239 - 1254.

③ 刘华军，赵浩，杨骞. 中国品牌经济发展的地区差距与影响因素——基于 Dagum 基尼系数分解方法与中国品牌 500 强数据的实证研究 [J]. 经济评论，2012（3）：57 - 65.

的相关理论框架，并结合本研究的研究内容，可以将用于分析中国数字经济发展水平区域差异的 Dagum 基尼系数定义为：

$$G = \frac{\sum\limits_{i=1}^{k} \sum\limits_{h=1}^{k} \sum\limits_{j=1}^{n_j} \sum\limits_{r=1}^{n_h} |y_{ij} - y_{hr}|}{2n^2\bar{y}} \tag{4-7}$$

其中，n 为样本城市的个数，本研究取 $n = 287$；k 为区域划分的个数，本研究取 $k = 4$；j 和 h 代表不同区域，i 和 r 代表不同城市，y 代表不同区域内城市的数字经济发展水平，$\bar{y}$ 为所有样本城市的数字经济发展水平均值；G 为总体基尼系数，取值越大表明数字经济发展水平越不平衡，区域差异程度越大。

为进一步探究中国数字经济发展水平的区域差异来源，需要对总体基尼系数 G 进行分解（刘文革等，2024）[①]。即将总体基尼系数分解为区域内差异 G_w、区域间差异 G_{nb} 和超变密度 G_t 三个部分：

$$G = G_w + G_{nb} + G_t \tag{4-8}$$

其中，将第 i 个区域的区域内基尼系数 G_{ii} 和区域内差异 G_w 表示为：

$$G_{ii} = \frac{\dfrac{1}{2\bar{y}_i} \sum\limits_{j=1}^{n_i} \sum\limits_{r=1}^{n_i} |y_{ij} - y_{ir}|}{n_i^2} \tag{4-9}$$

$$G_w = \sum\limits_{j=1}^{k} G_{jj} P_j S_j \tag{4-10}$$

将第 i 个区域和第 h 个区域的区域间基尼系数 G_{ih} 和区域间差异 G_{nb} 表示为：

$$G_{ii} = \frac{\dfrac{1}{2\bar{y}_i} \sum\limits_{j=1}^{n_i} \sum\limits_{r=1}^{n_i} |y_{ij} - y_{ir}|}{n_i^2} \tag{4-11}$$

$$G_{nb} = \sum\limits_{i=2}^{k} \sum\limits_{m=1}^{i-1} G_{im}(P_i S_h + P_h S_i) D_{ih} \tag{4-12}$$

---

① 刘文革，何斐然，赵亮. 中国收入分配水平的区域差异及收敛性研究——基于高质量发展视角［J］. 经济问题探索，2024（6）：19-36.

将超变密度 G_t 表示为：

$$G_{nb} = \sum_{i=2}^{k} \sum_{m=1}^{i-1} G_{im}(P_iS_h + P_hS_i)D_{ih} \qquad (4-13)$$

其中，$P_i = n_i/n$，$S_i = n_i\overline{y_i}/n\overline{y}$，$i = 1, 2, \cdots, k$。$D_{ih}$ 表示第 i 个区域和第 h 个区域之间数字经济发展水平的相对影响，具体公式如下：

$$D_{ih} = \frac{d_{ih} - p_{ih}}{d_{ih} + p_{ih}} \qquad (4-14)$$

$$d_{ih} = \int_0^\infty dF_i(y) \int_0^y (y-x)dF_h(x) \qquad (4-15)$$

$$p_{ih} = \int_0^\infty dF_h(y) \int_0^y (y-x)dF_i(y) \qquad (4-16)$$

其中，d_{ih} 表示区域间数字经济发展水平的差值，即第 i 个区域和第 h 个区域中所有满足 $y_{ij} - y_{hr} > 0$ 的样本值求和的数学期望；p_{ih} 表示超变一阶矩，即第 i 个区域和第 h 个区域中所有满足 $y_{ij} - y_{hr} < 0$ 的样本值求和的数学期望；F_i 和 F_h 为第 i 个区域和第 h 个区域的累积密度分布函数。

（一）总体差异分析

图 4-2 展示了 2004～2021 年中国数字经济发展水平的总体基尼系数及其演变趋势。可以看出，研究期间中国数字经济发展水平的总体差异呈现出不稳定的波动态势。具体而言，中国数字经济总体基尼系数从 2004 年的 0.354 逐渐下降至 2021 年的 0.260，其间的均值为 0.291，年均下降幅度为 1.79%。其中，基尼系数的最低值出现在 2020 年，为 0.228，最高值则出现在 2004 年，为 0.354。在具体变化方面，总体基尼系数在 2006 年经历了一次上升后，随即连续四年下降，至 2011 年再次回升。此后两年，基尼系数呈现下降趋势，接着又连续两年上升。2015～2020 年，基尼系数出现了连续的下降趋势，而 2021 年基尼系数出现反弹，数字经济水平较2020 年增长了 14.30%。整体来看，尽管研究期间总体差异波动频繁，但近年来，中国数字经济产业全要素生产率指数的区域差异显示出逐步缩小趋势。

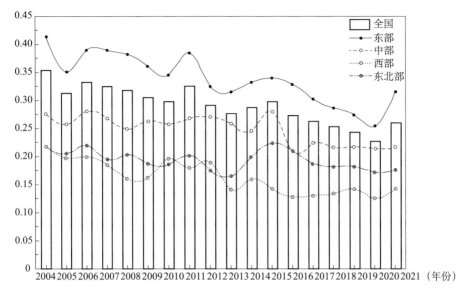

图 4 - 2　2004～2021 年中国数字经济发展水平总体和区域内基尼系数变化趋势

（二）区域内差异分析

图 4 - 2 同时报告了 2004～2021 年中国数字经济发展水平的区域内基尼系数及其演变趋势。研究结果表明，中国数字经济的区域内差异总体呈现出"东部地区 > 西部地区 > 东北部地区 > 中部地区"的分布特征。

从横向比较来看，各区域内的数字经济差异分布明显。具体而言，在研究期内，东部地区的数字经济区域内基尼系数均值为 0.338，高于全国总体基尼系数均值，并且在四大区域中最大；相比之下，西部、东北部和中部地区的数字经济区域内基尼系数均值分别为 0.248、0.194 和 0.163，均低于全国总体基尼系数均值。值得注意的是，这种区域差异特征在研究期结束时愈加明显。例如，到 2021 年，东部地区、西部地区、东北地区和中部地区的区域内基尼系数分别为 0.315、0.216、0.176 和 0.142。这表明，在横向比较中，东部地区内部城市间的数字经济发展水平差异显著大于其他区域。

从纵向比较来看，四个区域内部各城市之间的数字经济发展水平呈现出差异逐渐缩小的趋势。具体而言，中国数字经济的区域内基尼系数在研究期间表现出较大的波动性，整体呈现出波动式演变的态势。东部地区的数字经济区域内基尼系数从 2004 年的 0.414 下降至 2021 年的 0.315，累计下降幅度达 31.43%，年均下降率为 1.85%。在此期间，区域内基尼系数表现出多次波动，少数年份如 2006 年、2011 年、2014 年、2015 年和 2021 年出现上升趋势，尤其是在 2006 年、2011 年和 2021 年，增长幅度较为显著，而其余年份则总体呈现下降趋势。中部地区的数字经济区域内基尼系数从 2004 年的 0.218 降至 2021 年的 0.142，累计下降幅度达到 53.52%，年均下降率为 3.15%。中部地区的基尼系数呈现出反复波动的特征，尤其是在 2020 年达到低谷，降至 0.126。西部地区的数字经济区域内基尼系数从 2004 年的 0.275 降至 2021 年的 0.216，累计下降幅度为 27.31%，年均下降率为 1.61%。西部地区的区域内基尼系数在 2015 年达到峰值 0.281，随后在 2016 年降至低谷 0.210，并在此后保持相对平稳的状态，未出现显著波动。东北部地区的数字经济区域内基尼系数从 2004 年的 0.218 降至 2021 年的 0.176，累计下降幅度为 23.86%，年均下降率为 1.40%。东北部地区的基尼系数也呈现出波动变化，2013 年降至最低点 0.165，2015 年则升至最高点 0.224。综上所述，从纵向比较来看，东部地区内部各城市之间的数字经济发展水平相较于其他区域，表现出更为显著的差异缩小趋势。

（三）区域间差异分析

图 4 - 3 展示了 2004 ~ 2021 年中国数字经济发展水平的区域间基尼系数及其演变趋势。研究结果显示，各区域间的差异总体呈现出波动中逐步下降的趋势，但不同区域之间的差异仍然存在较大的异质性。

从横向比较来看，东部地区与其他地区之间的数字经济发展水平差异较为显著。具体而言，研究期间，东部地区与东北部地区之间的数字经济发展水平差异最大，区域间基尼系数均值为 0.355；其次为东部地区与西部地区之间，区域间基尼系数均值为 0.343；东部地区与中部地区之间的区域间基尼系数均值为 0.291。相较之下，西部与东北部、中部与西部及中部与东北部之间的区域间基尼系数均值分别为 0.230、0.221 和 0.211。综上所述，从横向比较的角度来看，东部地区与其他区域之间的数字经济

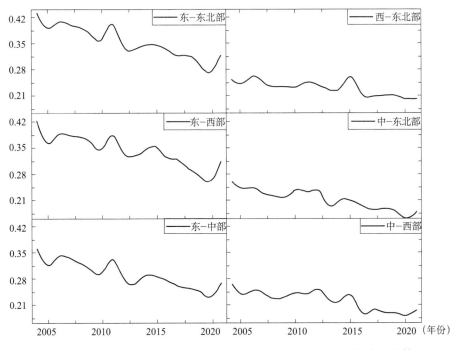

图 4 – 3 2004 ~ 2021 年中国数字经济发展水平区域间基尼系数变化趋势

发展水平差异相对较大。

从纵向比较来看，在研究期内，不同区域间的数字经济发展水平差异并不稳定，呈现出明显的波动性演变态势，但整体上均表现出下降的趋势。其中，东部地区与东北部地区之间的数字经济发展水平区域间基尼系数从 2004 年的 0.433 下降至 2021 年的 0.316，累计下降幅度为 31.03%，年均下降率为 2.18%。值得注意的是，该区域间基尼系数由 2004 年的峰值 0.433 在 2020 年降至低谷 0.271，下降了 59.78%。东部地区与西部地区之间的数字经济发展水平区域间基尼系数从 2004 年的 0.423 下降至 2021 年的 0.312，累计下降幅度为 35.58%，年均下降率为 2.09%。该区域间基尼系数从 2004 年的峰值 0.423 在 2020 年降至低谷 0.261，显示出明显的下降趋势。东部地区与中部地区之间的数字经济发展水平区域间基尼系数从 2004 年的 0.362 下降至 2021 年的 0.267，累计下降幅度为 26.24%，年均下降率为 1.54%。该区域间基尼系数在 2004 年达到峰值

0.362，并在 2020 年降至低谷 0.230。总体而言，东部地区与其他地区之间的区域间差异受东部地区较高的数字经济发展水平影响，呈现出相似的下降趋势。此外，西—东北部地区、中—西部地区和中—东北部地区的数字经济发展水平区域间基尼系数相对较小。具体而言，西—东北部地区的区域间基尼系数下降趋势较缓，而中—东北部地区的区域间基尼系数下降趋势则较为明显。综上所述，从纵向比较来看，东部地区与其他地区之间的数字经济发展水平差异呈现出相对明显的缩小趋势。

（四）区域差异来源分析

图 4 - 4 展示了 2004 ~ 2021 年中国数字经济发展水平总体差异的来源及其贡献。研究结果表明，整体差异的区域内差异贡献相对稳定，整体上呈现出"区域间差异 > 超变密度 > 区域内差异"的特征。

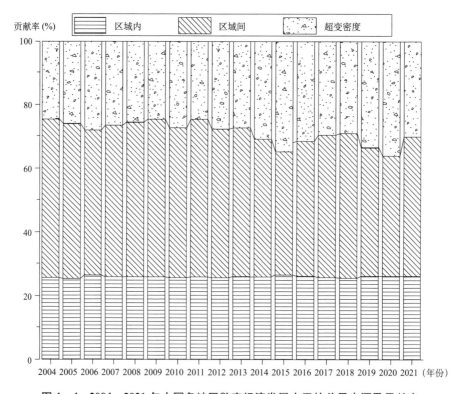

图 4 - 4　2004 ~ 2021 年中国各地区数字经济发展水平的差异来源及贡献度

从横向比较来看，基尼系数各分解项对中国数字经济发展水平总体差异的贡献率呈现出明显的"区域间差异＞超变密度＞区域内差异"的特征。具体而言，在研究期内，区域间差异对中国数字经济发展水平总体差异的贡献率始终最大，均值达到45.50%；超变密度的贡献率除个别年份（如2004年、2008年、2009年和2011年）外，通常高于区域内差异，贡献率均值为28.60%；相比之下，区域内差异对总体差异的贡献率较低，除上述特定年份外，贡献率均值为25.90%。综上所述，从横向比较来看，基尼系数的各分解项对中国数字经济发展水平总体差异的贡献总体呈现出"区域间差异＞超变密度＞区域内差异"的特点，这表明，不同区域之间存在的差异对中国数字经济发展水平的区域性差异具有相对较大的影响。

从纵向比较来看，相较于区域间差异和超变密度的贡献，区域内差异对中国数字经济发展水平总体差异的贡献相对较为稳定。具体而言，在研究期内，区域内差异的贡献率波动幅度较小，变动区间为25.35%～26.32%，这表明区域内差异对中国数字经济产业全要素生产率增长总体差异的贡献长期保持在约26%的稳定水平，未出现明显的波动，贡献率年均增长率为0.22%。相比之下，区域间差异和超变密度的贡献率波动幅度较大，变动区间分别为37.84%～49.87%和24.37%～35.98%，其年均增长率分别为－0.75%和1.23%。这表明，区域间差异和超变密度对总体差异的贡献在研究期间存在较大的波动性。综上所述，从纵向比较来看，区域内差异对中国数字经济产业全要素生产率增长总体差异的贡献较为稳定，未出现显著波动，而区域间差异和超变密度的贡献则表现出较大的变动幅度。

综合上述，中国数字经济发展水平的总体差异具有一定缩小趋势，区域间差异对总体差异的贡献最大，整体呈现"区域间差异＞超变密度＞区域内差异"的特征。但从区域内差异和区域间差异来看，相比于中部地区、西部地区与东北部地区，东部地区的区域内差异和区域间差异均比较大。

第二节　现代流通体系建设水平综合测度

一、现代流通体系建设水平的测度指标体系

鉴于现代流通体系是一个具有多元内涵的复合型概念，本研究旨在通过构建综合测度指标体系，以全面、客观地评估现代流通体系建设水平。为实现这一目标，本研究从流通经济效率、流通运行质量、流通创新动力、流通发展规模以及流通基础配套等五个关键维度出发，选取了17项基础指标，构建了衡量中国城市现代流通体系建设水平的测度指标体系。具体指标体系见表4－2。在对各城市现代流通体系建设水平指数的测算过程中，本研究首先对17个基础指标的原始数据进行了标准化处理，以消除指标之间因量纲差异带来的影响。此外，本研究采用了熵值法来确定各基础指标的权重。熵值法的选用能够确保权重分配的客观性，有效规避了主观赋权可能引发的偏差，从而提高了指标体系测度结果的科学性与可信度。

表4－2　　　　　　　　　现代流通体系建设的指标体系构建

准则层	基础指标	指标含义	单位	属性
流通经济效率	流通企业经营效率	限额以上批发零售贸易业商品销售总额／限额以上批发零售贸易企业数	万元/个	+
	批发零售业生产效率	社会消费品零售总额／批发零售贸易业从业人员数	元/人	+
	物流业生产效率	地区货运量／交通仓储邮电业从业人员数	吨/人	+
	流通从业人员人均年销售额	限额以上批发零售贸易业商品销售总额／批发零售贸易业从业人员数	元/人	+
流通运行质量	流通产业创业活跃度	每万人新注册流通企业数量	个	+
	流通产业集聚指数	流通产业聚集水平区位熵指数	—	+
	流通产业空气污染指数	每万元流通业增加值二氧化硫排放量	吨	－
	流通产业专业化水平	流通业从业人员数／年末单位从业人员数	%	+

准则层	基础指标	指标含义	单位	属性
流通创新动力	数字化人力资本	信息传输、计算机服务和软件业从业人员数／年末单位从业人员数	%	+
	城市科技创新实力	每万人专利授权数	件	+
	科教经费投入	（科学支出＋教育支出）／年末总人口数	元/人	+
流通发展规模	人均社会消费品零售总额	社会消费品零售总额／年末总人口数	元/人	+
	人均货物周转量	地区货运量／年末总人口数	吨/人	+
	人均邮政业务总量	邮政业务总量／年末总人口数	元/人	+
流通基础配套	交通基础设施	单位国土面积公路里程数	公里	+
	金融配套服务	年末金融机构存款余额／地区生产总值	%	+
	物流通达能力	地区货运量／年末总人口数	吨/人	+

流通经济效率维度旨在衡量流通体系在资源配置与利用方面的效率，评估各城市在流通领域的经济表现，通过以下基础指标进行测度（杨肖丽等，2023；周正柱和冯博文，2024）①②。流通企业经营效率：该指标通过"限额以上批发零售贸易业商品销售总额与限额以上批发零售贸易企业数"的比值来衡量，反映了每个流通企业的平均经营效益。较高的数值表明企业的经营效率较高，能够更有效地利用资源创造价值。批发零售业生产效率：此指标计算"社会消费品零售总额与批发零售贸易业从业人员数"的比值，评估批发零售业的人均生产效率。该指标高意味着劳动力在零售和批发贸易中的生产力较强，有助于经济效益的提升。物流业生产效率：通过"地区货运量与交通仓储邮电业从业人员数"的比值来衡量，反映物流行业的人均生产效率。较高的指标值显示物流行业的资源利用效率高，运输和仓储能力强。流通从业人员人均年销售额：该指标通过"限额以上批发零售贸易业商品销售总额与批发零售贸易业从业人员数"的比值来衡

①　杨肖丽，赵涵，牟恩东．数字经济对农产品流通效率的影响——基于省域面板数据的实证分析［J］．中国流通经济，2023，37（8）：28-38．

②　吕建兴，叶祥松．中国农产品流通效率及其演变特征——基于流通环节的视角［J］．世界农业，2019（6）：46-57．

量，反映了流通行业从业人员的人均销售贡献。该指标高意味着员工对销售的贡献度大，企业盈利能力强。

流通运行质量维度主要评估流通体系在运行过程中表现出来的质量和可持续性，具体通过以下基础指标进行测量（杨向阳，2023；）①②。流通产业创业活跃度：此指标衡量"每万人新注册流通企业数量"，反映流通产业中创业活动的活跃程度。较高的值表明市场活力强，企业创新和市场进入壁垒较低。流通产业集聚指数：通过流通产业聚集水平的区位熵指数来衡量，评估产业集群效应的强度。该指标高表明流通产业的空间集聚性强，能够有效促进区域经济的增长。流通产业空气污染指数：该指标通过"每万元流通业增加值的二氧化硫排放量"来衡量，反映流通产业对环境的影响。较低的数值表示行业在可持续发展方面表现较好，污染物排放少。流通产业专业化水平：此指标计算"流通业从业人员数与年末单位从业人员数"的比值，衡量行业的专业化程度。该指标高表明行业内的专业化程度较高，有利于提高产业竞争力。

流通创新动力维度侧重于评估流通体系的创新能力与未来发展潜力，通过以下基础指标进行评估（王世进等，2024；余祖鹏和王孝行，2023）③④。数字化人力资本：此指标衡量"信息传输、计算机服务和软件业从业人员数与年末单位从业人员数"的比值，反映流通产业的数字化程度。较高的值表明行业中数字化人力资源丰富，具备较强的技术创新能力。城市科技创新实力：通过"每万人专利授权数"来衡量，评估城市在科技创新方面的实力。该指标高意味着城市在技术研发和创新成果转化方面具有较强的竞争力。科教经费投入：此指标计算"科学支出与教育支出

① 杨向阳，汪洁，刘备. 中国流通业高质量发展水平测度、地区差异与动态演进［J］. 经济纵横，2023（7）：87 – 99.

② 周正柱，冯博文. 长三角城市群商品流通发展的时空演变特征、区域差异及分布动态演进［J］. 上海交通大学学报（哲学社会科学版），2024，32（2）：24 – 47.

③ 王世进，任杰，司增盟. 流通数字化与流通产业链韧性：机理与实证［J］. 北京工商大学学报（社会科学版），2024，39（5）：67 – 79.

④ 余祖鹏，王孝行. 流通数字化对流通产业碳排放的影响与作用机制［J］. 中国流通经济，2023，37（12）：26 – 35.

总和除以年末总人口数",反映城市在科技和教育方面的投入力度。较高的值表明城市对知识经济的重视程度高,为未来创新提供了坚实的基础。

流通发展规模维度用于衡量流通体系的整体规模及其对经济的贡献,通过以下基础指标进行测量(夏春玉,2006;朱信凯,2017)①②。人均社会消费品零售总额:该指标通过"社会消费品零售总额与年末总人口数"的比值来衡量,反映人均消费品零售规模。高值意味着该地区的消费市场规模大,流通体系发达。人均货物周转量:通过"地区货运量与年末总人口数"的比值衡量,反映区域内货物运输的频率和强度。较高的指标值显示该区域的物流活动活跃,支撑了经济的流通发展。人均邮政业务总量:该指标衡量"邮政业务总量与年末总人口数"的比值,反映邮政系统的服务规模。高值表明邮政体系覆盖面广、服务质量高,能够有效支持区域经济的运行。

流通基础配套维度评估支持流通体系的基础设施和服务保障情况,通过以下基础指标进行衡量(周佳,2019;任保平和张陈璇,2023)③④。交通基础设施:通过"单位国土面积公路里程数"来衡量,反映区域内交通基础设施的完善程度。高值表明区域交通网络发达,为流通体系提供了有力的支持。金融配套服务:此指标衡量"年末金融机构存款余额与地区生产总值的比值",评估区域内金融服务的配套情况。较高的数值意味着该地区的金融体系发达,能够有效支持流通体系的发展。物流通达能力:通过"地区货运量与年末总人口数"的比值来衡量,反映区域内物流系统的通达能力。高值表明区域物流网络密集,物流服务能力强,能够确保货物流通的高效性。

---

① 夏春玉. 流通、流通理论与流通经济学——关于流通经济理论(学)的研究方法与体系框架的构想 [J]. 财贸经济,2006(6):32–37,96.

② 朱信凯. 建设农产品现代流通体系 推进农产品流通现代化——《中国农产品流通现代化研究》评介 [J]. 经济纵横,2017(10):129.

③ 周佳. "互联网+流通"背景下公益性流通基础设施发展对策研究 [J]. 首都经济贸易大学学报,2019,21(5):22–33.

④ 任保平,张陈璇. 数字产业链助推中国产业链现代化的效应、机制与路径 [J]. 财经科学,2023(2):54–64.

二、现代流通体系建设的水平测度

图4-5展示了2004~2021年中国现代流通体系建设水平的变化趋势，并进一步分为东、中、西、东北四个区域，从而揭示了各区域流通体系建设的差异性及其背后的深层次原因。通过对这些数据的深入分析，可以更好地理解各区域发展中的成就与挑战，并为未来的政策制定提供依据。

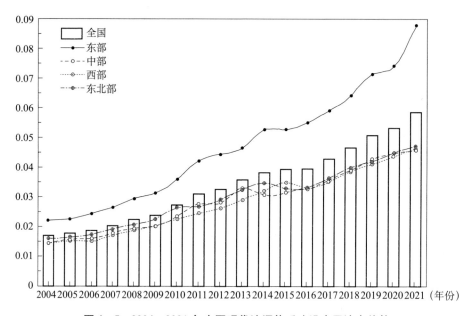

图4-5 2004~2021年中国现代流通体系建设水平演变趋势

（1）从全国层面来看，中国现代流通体系建设水平呈现出持续上升的趋势，由2004年的0.017上升至2021年的0.059，年均增长率达7.56%。尤其是在2010年之后，现代流通体系的建设水平显著加速，到2021年达到新的高点。这种现象可以归结为多个方面的因素：首先，政府政策支持是关键动力，"十二五"和"十三五"期间，国家加大了对交通、物流网络及供应链管理的投资，夯实了现代流通体系现代化的基础。其次，技术进步助推了体系快速发展，信息技术的广泛应用显著降低了物流企业成本，提高了服务质量。最后，经济增长带动市场需求扩大，特别是在电商蓬勃发展的背景下，进一步推动了现代流通体系快速发展。

（2）东部地区在整个观察期内始终保持着最高的现代流通体系建设水平，并且从 2010 年开始，增长速度显著加快，其由 2004 年的 0.022 上升至 2021 年的 0.088，年均增长率达 8.40%。这种现象主要受到以下几个因素的影响：首先，东部地区经济基础雄厚，拥有北京、上海、广州、深圳等全国最发达的城市群，集中了优质物流资源，如港口、机场、铁路枢纽等基础设施，使其在流通体系建设中占据领先地位（封永刚，2023）[①]；其次，东部地区市场需求旺盛，尤其在电商快速发展的推动下，物流需求大幅增加，以江浙沪为例，其电商交易额长期居全国前列，进一步促进了流通体系的建设和完善；此外，东部地区的政策环境优越，地方政府积极出台政策支持现代物流发展，如建立物流园区、推动智慧物流等，为流通体系建设提供了强有力的保障。

（3）中部地区的现代流通体系建设水平表现出"逐步追赶，发展稳健"的现象，2004~2021 年除个别年份（2006、2016 年）外也呈现出持续上升的趋势，平均水平为 0.028，处于四个区域中的最低水平，但总体发展稳健，年均增长率达 7.18%。中部地区的这种发展主要得益于以下几个方面。首先，中部地区近年来在国家政策的支持下，交通基础设施建设得到显著提升。以"中部崛起"战略为契机，国家在中部地区加大了高速公路、铁路和机场等基础设施的建设力度，这为现代流通体系的发展奠定了基础。其次，中部地区作为中国重要的工业基地，物流需求相对较高。随着产业转移和区域经济一体化进程的推进，中部地区的物流业得到快速发展，区域内的物流网络逐步完善。然而，中部地区在流通体系建设中仍面临一些挑战。例如，内陆地区交通运输成本较高，物流企业的运营效率相对较低等（俞彤晖和崔许峰，2023）[②]。这些问题需要在未来的发展中得到进一步解决。

（4）西部地区的现代流通体系建设水平除 2014 年外均为上升趋势，

---

① 封永刚. 我国现代流通体系建设的行业拉动与就业带动能力［J］. 中国流通经济，2023，37（8）：39–53.

② 俞彤晖，崔许锋. 中国现代流通体系建设水平测度及时空演化特征研究［J］. 财贸研究，2023，34（7）：1–15.

但整体水平较低，仅略高于中部地区，2004～2021 年的年均增长率为 7.00%。与东部和东北部地区相比，西部地区的经济发展相对滞后，基础设施建设也相对薄弱，这使得该地区的现代流通体系建设面临较大的挑战。首先，西部地理条件复杂，交通基础设施建设难度较大。尽管"西部大开发"战略带来了大量资金投入，但受历史和地理因素限制，西部交通网络建设仍滞后于东部地区。其次，西部经济发展水平较低，市场需求有限，人口密度低、经济活动不活跃，导致流通企业投资意愿较低，建设进展缓慢。尽管如此，近年来在政策支持下，西部现代流通体系建设有所提升，特别是随着"一带一路"倡议的推进，西部在国际物流中的地位逐步上升，为该地区现代流通体系发展提供了新机遇。

（5）东北地区的现代流通体系建设水平除 2015 年有所下降外，均保持增长趋势，整体水平低于东部地区，增长幅度较小，2004～2021 年的年均增长率为 6.51%。东北地区在流通体系建设中面临的主要挑战可以归结为以下几个方面：首先，经济结构单一，过度依赖传统产业，尤其是重工业，导致在全国经济结构调整中，经济增长压力大，市场需求不足，现代流通体系建设动力不足；其次，人口流失和老龄化问题严重，尤其是年轻人口大量外流，导致消费能力下降，物流需求增长乏力；此外，基础设施建设滞后，特别是物流网络不够发达，制约了现代流通体系的发展。尽管国家近年来对东北振兴给予了政策支持，但效果尚未完全显现，现代流通体系建设仍面临较大挑战。

综上所述，虽然全国范围内现代流通体系建设水平整体呈现上升趋势，但在区域之间，存在明显的差异。东部地区的建设水平遥遥领先，东北地区的建设水平相对滞后，中部和西部地区逐步追赶。

三、现代流通体系建设的区域差异及来源

（一）总体差异分析

图 4-6 为全国的现代流通体系建设水平总体层面的基尼系数的演变过程。从静态视角来看，考察期内全国现代流通体系建设水平总体差异处在 0.216～0.279，均值为 0.251，且基尼系数始终维持在 0.250 以上，表明考

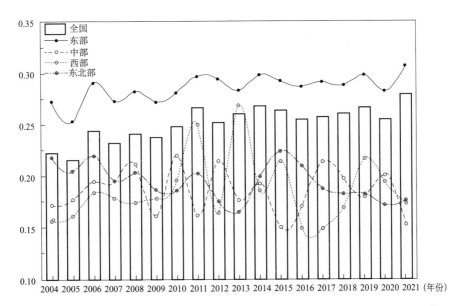

图 4 - 6　2004～2021 年中国现代流通体系建设的总体和区域内基尼系数变化趋势

察期内全国流通体系建设水平的空间非均衡性较为显著，究其原因可能是
西部和东北地区的现代流通体系建设水平一直较低，与东部和中部之间有一
定的差距。西部和东北地区的现代流通体系建设水平长期处于较低水平，与
东部和中部地区之间存在明显差距。这种区域发展不平衡性导致了全国范围
内的空间非均衡性较为显著。由于西部和东北地区在经济发展、基础设施建
设和技术创新方面落后于东部和中部地区，这种差距在考察期内未能显著缩
小，反而在一定程度上加剧了全国流通体系建设水平的差异。

　　从动态视角来看，全国现代流通体系建设水平的总体差异呈现出波动
中上升的态势，其基尼系数从 2004 年的 0.216 上升至 2021 年的 0.279，年
均增长 1.35%。这一现象表明，尽管考察期内全国现代流通体系建设水平
的总体差异在扩大，空间差异进一步加剧，但这一转变的速度相对缓慢且不
稳定，总体差异水平仍然相对较低。其原因可能在于东部和中部地区的现代
流通体系建设水平较高，但增长速度相对较快；而西部和东北地区的现代流
通体系建设水平较低，增长速度较慢且不均衡，导致总体层面的基尼系数出
现波动并逐步扩大。东部和中部地区在很大程度上依赖于高效的物流和现代

化的流通体系，因此，这些地区在流通体系发展方面投入较大，发展也更为关键。相较之下，西部和东北地区由于产业结构相对传统，流通体系的现代化进程较为缓慢，导致整体差异在长期内逐步扩大。

（二）区域内差异分析

图 4-6 同时报告了 2004~2021 年中国现代流通体系建设水平的区域内基尼系数及其演变趋势。结果显示，中国流通体系建设的区域内差异整体呈现"东部地区 > 中部地区 > 西部地区 > 东北地区"的空间分布特征。

从静态视角来看，中国流通体系建设的区域内差异呈现出明显的分布特征，即"东部地区 > 中部地区 > 西部地区 > 东北地区"。这表明东部地区的流通体系建设水平在区域内表现出较大的不均衡性，而中部、西部和东北地区的区域内差异相对较小。在研究期内，东部地区流通体系建设的区域内基尼系数均值为 0.286，显著高于全国总体基尼系数均值，且在四大区域中最高。这反映出东部地区虽然整体发展水平较高，但内部各城市之间的差距也最大。相较之下，中部、西部和东北地区的区域内基尼系数均值分别为 0.187、0.186 和 0.171，均低于全国总体基尼系数均值，说明这些地区内部的流通体系建设水平相对更为均衡。东部地区作为中国经济最发达的区域，拥有更多的资源和更先进的技术，这推动了部分城市的快速发展。然而，东部地区内的城市在资源获取、政策支持和市场需求等方面存在显著差异，导致流通体系建设水平的区域内差异较大。而中部、西部和东北地区经济发展相对滞后，城市间发展水平较为接近，因此，区域内的差异相对较小。

从动态视角来看，东部、中部和东北地区的区域内差异在波动中呈现扩大的趋势，年均增长率分别为 0.70%、0.59% 和 2.12%。其中，东北地区的流通体系建设水平的区域内差异扩展最快，显示出该地区城市间的流通体系发展不均衡性加剧。与其他地区不同，西部地区的流通体系建设的区域内差异呈现出缩小的趋势，年均减少 0.68%。这表明西部地区的城市在流通体系建设上的差距正在逐步缩小，区域内的均衡性有所增强。东北地区的流通体系建设水平区域内差异扩大最快，可能与该地区经济转型的挑战和资源分配不均有关。随着传统产业的衰退和新兴产业的崛起，不同城市的适应和发展能力出现显著差异，导致区域内流通体系建设水平的差距迅速拉大。尤其是在经济结构调整中，部分城市可能获得更多政策支持和资源投入，而其他城市则可能因产业基础薄弱而落后，进一步加剧了区域内的不平衡。西部地区的区域内差异呈现出缩小趋势，可能是由于国家政策的倾斜和基础设施建设的均衡推进，使得西部各城市在流通体系建设上的发展更加均衡。近年来，国家对西部地区的基础设施建设投入大幅增加，区域内的资源分配相对均衡，各城市之间的发展差距逐步缩小。此外，西部地区的城市在流通体系现代化过程中起点较低，但在政策支持下实现了较为均衡的发展，导致区域内差异逐渐缩小。

（三）区域间差异分析

图 4－7 报告了 2004～2021 年中国现代流通体系发展水平的区域间基尼系数及其演变趋势。结果显示，不同地区之间的差异具有较大的异质性。除了中部与西部地区之间的差异是波动中下降外，其他各区域间的差异均呈现为波动中上升的趋势。

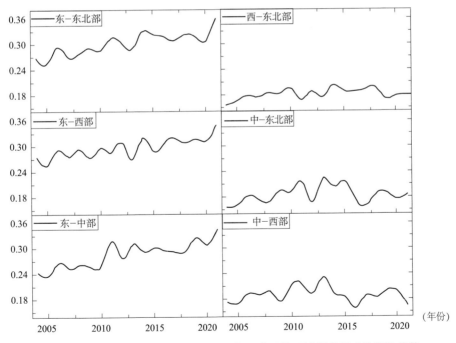

图 4－7 2005～2020 年中国现代流通体系建设的区域间基尼系数变化趋势

在研究期内,东部地区与东北部地区之间差异最大,区域间基尼系数均值为0.302;东部地区与西部地区之间差异次之,区域间基尼系数均值为0.297;东部地区与中部地区之间的区域基尼系数均值为0.286;之后是中—西部、中—东北部及西—东北部,区域间基尼系数均值分别为0.191、0.186和0.182。这表明,我国现代流通体系东部区域的建设相较于其他区域而言具有绝对的优势,这可能得益于东部区域雄厚的资金支持与基础设施基础。

从各区域间差异的演变角度分析,不同区域间的数字经济发展水平差异均不稳定,呈现明显的波动式演变态势。具体而言,中部与西部之间的差异在研究期内呈现出波动下降的趋势,整体差异在缩小,从2004年的0.174下降到2021年的0.165。这可能是中国政府实施了一系列促进区域平衡发展的政策,特别是西部大开发战略,这一系列政策加大了对西部地区基础设施和物流体系建设的投资。例如,西部地区建设了更多的高速公路、铁路、机场和物流中心,这些基础设施的改善直接促进了西部地区流通体系的现代化。此外,中部产业升级造成部分流通产业的西向转移,刺激我国西部区域流通体系的建设,因此与中部之间的差异逐渐缩小,但由于基础薄弱,西部追赶能力有限,与中部之间的差异呈现微小收缩。除了中部与西部区域间差异在波动下降外,其他子空间分区之间的差异均在波动中上升。一方面,对东部地区而言,该区域集聚了大量的国内外企业,形成了强大的产业链和供应链网络。这种企业集群效应加强了区域内部的商业互动,提高了流通体系的效率和响应速度。同时,东部地区的基础设施更完善,特别是在交通、通信和物流设施方面,这直接影响了流通效率和成本。因此,东部地区在流通发展中更为迅速,这造成东部地区与其他区域的差异扩大。另一方面,由于东北地区的经济一直较为依赖传统制造业和重工业,经济转型和产业升级速度相对较慢,这影响了流通体系的现代化步伐,这在一定程度上扩大了西部、东部地区与东北地区现代流通体系建设效率差值,造成地区间差异扩大。

（四）区域差异来源分析

图 4 - 8 刻画了 2004～2021 年中国现代流通体系建设水平的差异来源及贡献度，各差异来源贡献度的演变反映了现代流通体系建设中差异产生来源的变化情况。样本期内，现代流通体系建设水平的地区间差异贡献度为总体差异的第一来源，其贡献度远远高于地区内差异贡献度及超变密度贡献度。

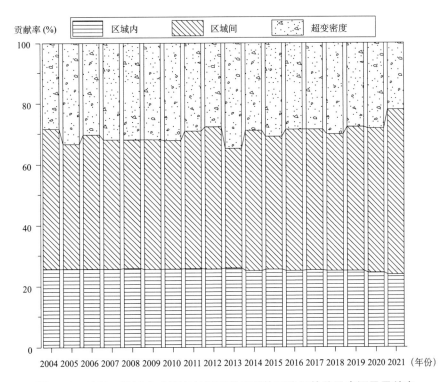

图 4 - 8 2004～2021 年中国各地区现代流通体系建设的差异来源及贡献度

从静态视角来看，区域间的差异对现代流通体系建设水平的总体差异贡献最大，其变动区间为 39.09%～53.98%，年均贡献率为 44.73%，表明区域间差异是总体差异的主要来源。这反映了在中国各区域之间，由于经济发展水平、基础设施完善程度、政策支持力度等方面的显著差异，现代流通体系建设水平存在较大不平衡。区域内差异的贡献率相对较为稳定，变动区间为 23.90%～26.09%，年均贡献率为 25.42%，这意味着尽管区域内部也存在一定的差异，但这些差异在整体流通体系建设水平上的影响较为有限。相比之下，超变密度的贡献率略高于区域内差异，变动区间为 22.12% ~ 34.82%，年均贡献率为 29.85%，这说明区域内外的不均衡发展对流通体系的影响是多层次的，并且存在一定的跨区域传导效应。结合图 4 - 8 的结果，本研究认为，中国及四大区域在整体流通体系建设中存在的差异问题，必须重点从缩小区域间差异的角度进行解决。为此，应更加重视东部地区与中西部地区之间的发展不平衡问题，尤其是通过发挥中西部地区中心城市的辐射带动作用，形成东部、中部、西部区域之间的良性互动关系，从而提升全国流通体系的整体水平。

从动态视角来看，考察期内区域间差异的贡献率呈现出先下降后上升的态势，并且上升和下降的幅度几乎一致，这表明在不同阶段，区域间的发展差异可能因政策调整、经济周期或外部环境变化的影响而有所波动。同时，超变密度的贡献率表现出频繁波动但幅度较小的特征，表明尽管区域间差异在不同年份有所波动，但对整体流通体系的影响相对有限。区域内差异贡献率则整体保持相对稳定的特征，呈现出先上升后下降的趋势，但下降幅度仅为 0.80%，这说明在样本考察期内，区域内差异变动较小，流通体系的内部均衡性较为稳定。总体而言，缩小区域间差异仍然是提升中国现代流通体系建设水平的关键，同时，这也是进一步推动全国经济协调发展、提升整体竞争力的必要前提和重要路径。

第三节 数字经济发展水平的时空演化特征分析

一、数字经济的空间格局分布特征

（一）空间自相关分析

莫兰指数（Moran's I）是一种广泛用于衡量空间数据自相关性的统计工具，它主要用于探测区域社会经济活动的空间自相关性及其分布特征

（陆文聪等，2008；薛鹏飞等，2021）①②。该研究方法能够有效揭示地理空间数据的分布模式及其集聚或离散趋势，并分析数据中存在的相似特征。莫兰指数的计算公式如下：

$$Global\ Moran's\ I = \frac{n \sum_{i=1}^{n} \sum_{j=1}^{n} w_{ij}(x_i - \bar{x})(x_j - \bar{x})}{(\sum_{i=1}^{n} \sum_{j=1}^{n} w_{ij}) \sum_{i=1}^{n} (x_i - \bar{x})^2} \quad (4-17)$$

其中，n 为观测值的数量，在本研究中，n 为287，x_i 和 x_j 为区域 i 和区域 j 的综合指数值，$\bar{x}$ 为所有观测值的平均值，w_{ij} 为空间权重矩阵，表示区域 i 和区域 j 之间的邻近关系，表示这两个区域间的空间相关性。需要说明的是，莫兰指数的数值范围为 [-1, 1]，其中，数值越接近1表示正向空间自相关越强，数值越接近 -1 表示负向空间自相关越明显，数值为0表示不存在空间自相关，即观测值在空间上是随机分布的（Ma et al.，2019；李耀，2024）③④。

本研究在综合考虑地理距离的邻接矩阵基础上，对中国数字经济的莫兰指数进行计算。研究样本覆盖了中国287个城市，并将这些城市依据其地理位置分为东部、中部、西部以及东北四大区域，以探讨全国及四大区域数字经济的关联程度，结果见表4-3。具体地，表4-3详细展示了2004~2021年中国不同区域（全国、东部、中部、西部、东北部）数字经济发展的莫兰指数（Moran's I）及其显著性（P值）。

从全国层面看，2004~2021年我国城市全局莫兰指数数值均为正数，这表明全国范围内的数字经济发展水平在空间上呈现出正向相关关系，侧

① 陆文聪，梅燕，李元龙. 中国粮食生产的区域变化：人地关系、非农就业与劳动报酬的影响效应 [J]. 中国人口科学，2008（3）：20-28，95.
② 薛鹏飞，李国景，罗其友，等. 中国农业科技资源水平区域差异及空间结构研究 [J]. 农业技术经济，2021（5）：108-120.
③ Ma L, Long H, Chen K, et al. Green Growth Efficiency of Chinese Cities and Its Spatio-Temporal Pattern [J]. Resources, Conservation and Recycling, 2019, 146：441-451.
④ 李耀. 东北地区城市发展测度及影响因素分析 [D]. 沈阳：辽宁大学，2024.

面反映出数字经济在各城市之间的集聚现象（罗军和邱海桐，2022）[①]。这些聚集区域往往具有更好的通信技术基础设施、较高的经济发展水平和政府政策的支持。此外，样本研究期内的莫兰指数不仅一直保持正值，而且 P 值均为 0.000，在统计意义上均通过了 1% 的显著性检验，这进一步验证了我国数字经济的集聚特征明显，存在空间依赖性。值得注意的是，莫兰指数从 2004 年的 0.088 下降至 2021 年的 0.036，表明虽然空间集聚仍在继续，但集聚程度有所下降。全国层面的空间集聚和依赖性可能受多个因素驱动的影响，首先，技术和资本的集中投入使得某些城市成为数字经济的发展高地，吸引更多的企业和人才聚集。其次，政策的支持，如高新技术产业开发区和经济特区的设立，进一步增强了这种集聚效应。最后，区域间的协作和竞争也可能促进了数字经济在空间上的正相关性（李琳等，2024）[②]。这些集聚区域的形成和发展对于制定针对性的地区发展策略和推动区域经济的均衡发展具有重要意义。

表 4 – 3　　　　　　　全国及四大区域数字经济莫兰指数

年份	全国		东部		中部		西部		东北部	
	Moran'I	P 值	Moran'I	P 值	Moran'I	P 值	Moran'I	P 值	Moran'I	P 值
2004	0.088	0.000	0.120	0.000	− 0.048	0.205	0.015	0.223	0.008	0.001
2005	0.103	0.000	0.137	0.000	− 0.021	0.420	0.013	0.249	− 0.014	0.078
2006	0.105	0.000	0.172	0.000	− 0.013	0.492	0.039	0.082	− 0.023	0.263
2007	0.092	0.000	0.131	0.000	− 0.056	0.152	0.021	0.200	− 0.030	0.473
2008	0.113	0.000	0.161	0.000	0.061	0.039	0.100	0.003	− 0.016	0.106
2009	0.099	0.000	0.138	0.000	0.078	0.018	0.081	0.008	− 0.013	0.062
2010	0.091	0.000	0.129	0.000	0.048	0.078	0.027	0.157	− 0.028	0.425
2011	0.060	0.000	0.059	0.000	0.052	0.060	0.007	0.324	− 0.026	0.360
2012	0.094	0.000	0.141	0.000	0.071	0.023	0.056	0.041	− 0.031	0.476

---

① 罗军，邱海桐. 城市数字经济驱动制造业绿色发展的空间效应 [J]. 经济地理，2022，42（12）：13 – 22.

② 李琳，郭东，乔璐. 数字经济如何影响新型城镇化：机制与检验 [J]. 经济问题探索，2024（3）：17 – 36.

年份	全国		东部		中部		西部		东北部	
	Moran'I	P 值	Moran'I	P 值	Moran'I	P 值	Moran'I	P 值	Moran'I	P 值
2013	0.103	0.000	0.161	0.000	0.067	0.028	0.025	0.186	-0.028	0.437
2014	0.092	0.000	0.145	0.000	0.061	0.030	0.065	0.024	-0.033	0.389
2015	0.086	0.000	0.147	0.000	0.043	0.081	0.092	0.005	-0.037	0.277
2016	0.089	0.000	0.142	0.000	0.042	0.072	0.075	0.016	-0.011	0.042
2017	0.094	0.000	0.141	0.000	0.037	0.125	0.090	0.004	-0.033	0.424
2018	0.094	0.000	0.147	0.000	0.028	0.130	0.054	0.053	-0.030	0.484
2019	0.080	0.000	0.136	0.000	0.028	0.133	0.101	0.003	-0.027	0.387
2020	0.071	0.000	0.119	0.000	0.022	0.182	0.096	0.004	-0.039	0.224
2021	0.036	0.000	0.027	0.002	0.021	0.172	0.076	0.017	-0.045	0.104

从四大区域看，东部地区的莫兰指数始终保持正值，这反映了东部地区城市数字经济发展的显著空间集聚特性。作为中国经济最发达的区域，东部地区数字经济的莫兰指数不仅高于其他地区，而且在研究期内显示出相对较高的稳定性，波动较小。这种稳定性的主要原因是东部地区的技术基础设施较为完善和创新能力较强，这吸引了大量高科技企业和顶尖人才，从而进一步加强了该地区数字经济的集聚效应。而东部地区的数字经济集聚，得益于其先进的产业基础和政策优势。例如，高新技术产业发展、金融服务业以及对外经贸的便利条件。此外，东部沿海的地理优势也为其提供了与国际市场连接的节点，使其在全球化进程中扮演了枢纽角色。这些因素共同作用，使得东部地区在数字经济的创新和商业模式转型方面，拥有了先行优势。东部地区的莫兰指数在样本研究期内虽有所波动但整体呈下降趋势，从2004年的0.120逐渐降低到2021年的0.027，这可能反映出东部地区城市间在数字经济发展方面的空间关联性减弱。此外，东部地区的莫兰指数通过了严格的显著性检验，其P值为0，这进一步验证了其空间集聚效应的统计显著性。这一数据不仅反映了东部地区数字经济内部的紧密联系，也说明了这种集聚效应在统计学上是可信的，具有代表性和普遍性。因此，东部地区的数字经济发展模式及其成功经验，为其

他地区提供了可借鉴的范例,尤其是在推动地区数字经济集聚和促进地方经济整体升级方面。中部地区的莫兰指数在样本研究期内虽有所波动,但整体呈现出上升趋势。具体而言,该指数经历了从负值到正值的显著转变,尤其是在2008年前后的变化尤为突出。2004~2007年,莫兰指数持续呈现负值,反映出该时期内地区特征的负相关性较强。然而,2008~2021年,莫兰指数值均保持在正值区域,并显示出逐年上升的趋势,表明地区间的相似性逐渐增强。整体来看,莫兰指数从2004年的 −0.048上升至2021年的0.021,年均增长率达到8.46%,反映了地区间相对一致性的逐步提高。从P值的角度分析,2005~2008年的P值相对较高,甚至超过0.05,表明在这一阶段,莫兰指数的变化在统计上不具有显著性,这可能与地区间特征的不稳定性或样本特性的变化有关。然而,从2009年开始,P值频繁地下降至0.05以下,尤其在2009年和2010年,莫兰指数的变化在统计上显著不同,该指标显著性的增强可能与区域发展策略的调整或区域内部相互作用的加强有关,这一趋势的持续可能表明区域间的同质化趋势加强。

西部地区的莫兰指数虽然呈现一定的波动性,但自2004年以来整体趋势是逐渐上升的,尤其从2008年开始,莫兰指数值的显著增加标志着该地区内部的空间相似性和一致性显著增强。这种上升趋势可能受到多种因素的影响,随着互联网基础设施的改善和数字技术的广泛应用,西部地区经历了区域发展策略的调整、经济活动的空间重组与人口流动模式的变化。这些因素共同作用,推动了地区间的协同发展和经济一体化,加速了区域内部的数字化转型。然而,随着莫兰指数的显著提升,2008年后多个年份的P值持续低于0.05的阈值,表明该时期莫兰指数的变化在统计上不仅显著,而且更具有实际的地理学意义。这一统计显著性揭示了西部地区空间集聚的加强,反映出地区间同质性和相互依赖性的增强。这种趋势不仅表明地理空间的集中化趋势,也指向了潜在的区域发展动力。另外,较低的P值与较高的莫兰指数值,反映出西部地区的空间集聚趋势越发明显,地区内的同质性和相互依赖性增强。东北地区的莫兰指数在大部分年份表现为负值,这揭示了该区域内部的显著空间异质性或分散性。具体来说，除了 2004 年为正值外，其余年份莫兰指数均为负值。并且 2004～2021 年，莫兰指数逐渐下降，显示出负向空间自相关性的增强趋势，即区域内部的不均匀性和非集聚性特征愈发明显。从统计显著性的角度看，P值的时间序列变化反映了这些空间异质性趋势强弱。2004 年的 P 值（0.001）最低，表明该年莫兰指数的结果非常显著。然而，该年之后年份，P 值逐渐增大，个别年份超过了 0.05 的阈值，这表明这些年份的空间自相关性的统计显著性较低。总的来看，随着时间的推移，尽管东北地区数字经济整体上得到发展，但区域内的参与度和受益程度却显得不均衡。从莫兰指数逐年下降及 P 值的波动可以看出，地区间的经济差距可能因数字化转型的不平衡而进一步扩大。对此，提升较落后地区的数字接纳能力，促进高速互联网和移动通信的普及，以及加强当地居民和企业的数字技能培训，将有助于缩小区域内的数字鸿沟，推动经济的均衡发展。

（二）标准差椭圆分析

标准差椭圆又称为方向分布，是由美国学者 Welty Lefever 在 1926 年提出的一种考察数据点分布特征的工具（白冰等，2021）[①]。该方法通过综合重心坐标、方位角、长半轴与短半轴等关键参数，定量地描绘出研究区域内地理要素的分布格局及其时空演变趋势（赵作权，2014；杨利等，2021）[②][③]。通过重心—标准差椭圆分析，研究者可以深入理解区域内的空间组织和动态变化，为进一步的地理空间分析和决策提供科学依据。详细公式如下：

$$\overline{X_w} = \frac{\sum\limits_{i=1}^{n} w_i x_i}{\sum\limits_{i=1}^{n} w_i} \quad \overline{Y_w} = \frac{\sum\limits_{i=1}^{n} w_i y_i}{\sum\limits_{i=1}^{n} w_i} \tag{4-18}$$

---

① 白冰，赵作权，张佩. 中国南北区域经济空间融合发展的趋势与布局 [J]. 经济地理，2021，41（2）：1-10.

② 赵作权. 空间格局统计与空间经济分析 [M]. 北京：科学出版社，2014.

③ 杨利，石彩霞，谢炳庚. 长江流域国家湿地公园时空演变特征及其驱动因素 [J]. 经济地理，2019，39（11）：194-202.

$$tan\theta = \frac{(\sum_{i=1}^{n} w_i^2 x_i^2 - \sum_{i=1}^{n} w_i^2 y_i^2) + \sqrt{(\sum_{i=1}^{n} w_i^2 x_i^2 - \sum_{i=1}^{n} w_j{}^2 y_i^2)^2 + 4\sum_{i=1}^{n} w_i^2 x_i^2 y_i^2}}{2\sum_{i=1}^{n} w_i^2 x_i^2 y_i^2}$$

$$(4-19)$$

$$\sigma_x = \sqrt{\frac{\sum_{i=1}^{n} (w_i \overline{x_i} cos\theta - w_i \overline{y_i} sin\theta)^2}{\sum_{i=1}^{n} w_i^2}}$$

$$(4-20)$$

$$\sigma_y = \sqrt{\frac{\sum_{i=1}^{n} (w_i \overline{x_i} sin\theta - w_i \overline{y_i} cos\theta)^2}{\sum_{i=1}^{n} w_i^2}}$$

其中，$\overline{X_w}$、$\overline{Y_w}$ 为重心坐标，w_i 为权重，θ 为椭圆方位角，$\overline{x_i}$、$\overline{y_i}$ 表示研究对象到平均重心的偏差，σ_x、σ_y 分别表示沿着 x 轴和 y 轴的标准差。

（1）标准差椭圆空间分布的形状。本研究通过计算得到数字经济在全国及分区层面的标准差椭圆长半轴、短半轴距离结果，见图 4–9。结合标准差椭圆的空间分布可知，在全国层面，标准差椭圆空间分布形状经历了以下几个阶段：第一阶段（2004～2009 年），长轴呈现"东北—西南"方向的轻微扩张趋势，短轴呈现出"西北—东南"方向上的轻微扩张趋势；第二阶段（2009～2016 年），长轴呈现出"东北—西南"方向上的轻微收缩趋势，短轴呈现出"西北—东南"方向上的轻微收缩趋势；第三阶段（2016～2021 年），长轴呈现出"东北—西南"方向上的轻微收缩趋势，短轴呈现出"西北—东南"方向上的轻微扩张趋势，且"西北—东南"方向扩张力度大于"东北—西南"方向收缩力度。研究期内全国层面的数字经济水平主要来自短轴"西北—东南"方向的拉动作用。在子空间分区层面，其分布变化均呈现两个阶段的分布特征，分别是第一阶段的 2004～2009 年，第二阶段的 2009～2021 年，但不同空间分区在这两阶段中呈现出不同的特征。就东部地区而言，第一阶段，长轴呈现"东北—西南"方向的扩张趋势，短轴呈现出"西北—东南"方向上的轻微扩张趋势；第二阶段，长轴呈现出"东北—西南"方向上的轻微收缩趋势，短轴继续呈现出"西北—东南"方向上的扩张趋势。短轴"西北—东南"方向的持续扩张对数字经济发展起到显著的拉动作用。中部地区与西部地区呈现出相同的演变特征，在第一阶段，均表现为长轴"西北—东南"方向上的扩张趋势与短轴"西南—东北"方向上的收缩趋势；第二阶段则呈现出长轴"西北—东南"方向上的收缩趋势与短轴"西南—东北"方向上的扩张趋势。但考察研究期，中部地区的长轴与短轴均呈现收缩趋势，这说明在中部地区数字经济的发展具有显著集聚效应；而西部地区的长轴扩张带来的拉动作用小于短轴的收缩效应，中部地区数字经济发展在"西北—东南"表现为扩张趋势，在"西南—东北"表现为明显地收缩。在东北地区，第一阶段，长轴呈现"东北—西南"方向的轻微扩张趋势，短轴呈现出"西北—东南"方向上的轻微收缩趋势；第二阶段，长轴呈现出"东北—西南"方向上的持续扩张趋势，短轴呈现出"西北—东南"方向上的扩张趋势。研究期内，东北地区数字经济发展受到长轴方向上的拉动影响。

（2）标准差椭圆空间分布的方向。利用标准差椭圆的方向角对其分布方向进行分析（见表4-4）。正北方向与标准差椭圆长半轴间的夹角为数字经济空间分布的方向角，代表了数字经济的主要增加方向。从方向角的大小来看，全国层面上，方向角经历了"上升—下降—再上升"的波动变化，但整体上表现为从2004年的15.677°增加至2021年的21.775°，这表明全国层面标准差椭圆的整体分布呈顺时针旋转。由此可以看出，中国东部城市的数字经济增速更快，"东北—西南"的分布走向较为明显。在子空间分区中，东部、西部及东北部地区整体上与全国层面相似，表现为东向数字经济发展更为迅速，只有中部城市的标准差椭圆整体上呈现出相反态势，方向角从2004年的170.294°减小至2021年的169.421°，呈逆时针旋转。由此可知，中部地区的数字经济近年来在西向增速较快，但空间分布的方向变动较小，仍体现出了总体的"西北—东南"方向，这与上一节我们分析中部地区在数字经济发展在"西北—东南"表现为扩张趋势的结论一致。

（3）标准差椭圆空间分布的集聚程度。为了能够准确地对标准差椭圆的空间分布范围进行分析，计算得到历年标准差椭圆的面积（见表 4 - 4）。在全国层面上，数字经济发展的标准差椭圆经历了先上升后下降的两个阶段，第一个阶段从 2004 年的 3186752 平方千米上升至 2009 年的 3259268 平方千米，第二个阶段从 2009 年的 3259268 平方千米下降到 2021 年的 3137582 平方千米。整体来看，研究期内，全国层面的标准差椭圆呈下降趋势，说明数字经济的发展趋于集聚分布。就东部地区而言，数字经济发展的标准差椭圆在研究期内，面积从 2004 年的 1074015 平方千米上升到 2021 年的 1168526 平方千米，并且一直保持着扩张的特征，这表明在我国东部地区的数字经济趋于离散分布。中部地区与西部地区同全国保持着相同的发展特征，研究期内，数字经济发展均趋于集聚分布。对于东北地区，数字经济发展的标准差椭圆经历了先下降后上升的两个阶段，第一个阶段是从 2004 年的 333441 平方千米下降至 2009 年的 324119 平方千米，第二个阶段从 2009 年的 324119 平方千米上升到 2021 年的 368114 平方千米。整体来看，研究期内，东北地区的标准差椭圆呈上升趋势，说明数字经济的发展趋于离散分布。

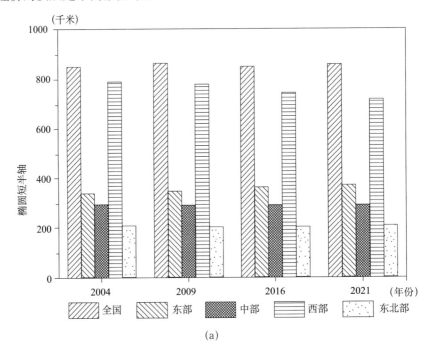

(a)

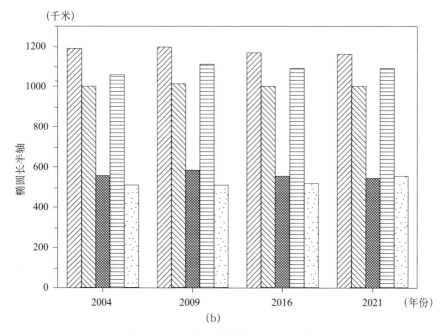

（b）

图 4 - 9　数字经济椭圆空间分布形状

（4）标准差椭圆空间分布的转移轨迹。为了能够准确地对标准差椭圆移动轨迹进行分析，计算得到标准差椭圆的重心及其坐标（见表 4 - 4）。在全国层面上，从重心坐标的经度来看，标准差椭圆重心转移轨迹持续向东部转移，经度从 2004 年的 114°10′E 转移到 2021 年的 114°28′E，2004年与 2021 年的经度差为 18′；从重心坐标的纬度来看，标准差椭圆重心转移轨迹变动较大，从 2004 年 31°55′N 转移到 2021 年的 33°6′N，整体表现为向东北方向迁移，这一现象可能是以下几种原因导致的。首先，东北地区历来是中国的重工业基地，随着国家振兴东北老工业基地的政策推动，该地区在基础设施和政策支持方面得到了显著改善（张自然等，2024）[①]。这为数字经济的发展创造了有利条件。其次，东北地区在过去几年中逐渐转型，从传统制造业向高科技和服务业倾斜。数字经济作为新兴产业的代表，受到了地方政府的高度重视。例如，吉林、辽宁和黑龙江等省份纷纷

① 张自然，马原，杨玉玲. 新质生产力背景下中国新型基础设施的测度与分析 [J]. 经济与管理研究，2024，45（8）：17 - 39.

出台了吸引互联网和高新技术企业的政策，提供税收优惠、资金支持和人才吸引计划（杨勇和岳依洋，2024）①。最后，随着东北与周边国家的经济交流日益频繁，其地理位置优势开始凸显。东北地区作为连接中国与东北亚其他国家的桥梁，具有开展跨境电商和数字贸易的潜力。东部地区重心转移轨迹保持持续向东部转移，经度从 2004 年的 116°27′E 转移到 2021 年的 116°54′E，纬度从 2004 年的 31°55′N 转移到 2021 年的 33°6′N，东部地区的数字经济优势更为凸显。中部地区重心转移轨迹向西转移，经度从 2004 年的 114°15′E 转移到 2021 年的 114° 9′E，重心坐标的纬度从 2004 年的 31°42′N 转移到 2021 年的 31°59′N。西部地区重心转移轨迹向西转移，经度从 2004 年的 104°45′E 转移到 2021 年的 105°10′E，重心坐标的纬度从 2004 年的 33°11′N 转移到 2021 年的 33°13′N。综合中部与西部数字经济标准差椭圆转移情况，随着中国中部地区的经济快速发展，土地、劳动力等成本逐渐上升，一些成本敏感的数字经济企业开始寻找成本更低的地区以保持竞争力，西部地区相对较低的成本结构成为吸引企业迁移的重要因素。此外，接近中部地区的地区得到了技术、基础设施建设等方面的支持，这些地区的数字化需求迅速增长，为数字经济的发展提供了广阔的市场。因此，造成了中部地区数字经济西向转移，西部地区数字经济的东向转移。在东北地区，经度从 2004 年的 124°54′E 转移到 2021 年的 125°57′E，重心坐标的纬度从 2004 年的 43°20′N 转移到 2021 年的 43°52′N。综上，除中部地区外，全国层面及其他三大子区域的数字经济重心均呈现向东迁移的特征，这与我国当下的数字基础设施分布特征相关，东部显著的技术、经济及基建优势造成信息交换更为频繁，数字经济的发展更为迅速（李娜等，2024）②。

---

① 杨勇，岳依洋. 中国省际数字经济发展不平衡的特征、测度及演化趋势［J］. 华东经济管理，2024，38（9）：28 – 40.

② 李娜，张田雨，孙毅，等. 我国省级地区数字经济核心产业规模及其差异演变［J］. 调研世界，2024（6）：73 – 86.

表 4 - 4 　　　　　　　　　数字经济标准差椭圆信息

区域	年份	面积（平方千米）	中心坐标	方位角
全国	2004	3186752	(114°10′E, 31°55′N)	15.677°
	2009	3259268	(114°13′E, 32°38′N)	17.101°
	2016	3113561	(114°16′E, 32°45′N)	16.587°
	2021	3137582	(114°28′E, 33°6′N)	21.775°
东部	2004	1074015	(116°27′E, 28°24′N)	9.155°
	2009	1110963	(116°45′E, 29°9′N)	8.982°
	2016	1142994	(116°53′E, 29°18′N)	9.400°
	2021	1168526	(116°54′E, 29°20′N)	9.536°
中部	2004	517258	(114°15′E, 31°42′N)	170.294°
	2009	531481	(114°7′E, 32°1′N)	168.120°
	2016	500050	(114°9′E, 31°59′N)	168.434°
	2021	491065	(114°7′E, 31°56′N)	169.421°
西部	2004	2633296	(104°45′E, 32°35′N)	171.741°
	2009	2714355	(105°3′E, 33°11′N)	174.822°
	2016	2549163	(105°17′E, 33°21′N)	171.769°
	2021	2442325	(105°10′E, 33°13′N)	171.830°
东北部	2004	333441	(124°54′E, 43°20′N)	26.140°
	2009	324119	(125°22′E, 43°31′N)	28.771°
	2016	335638	(125°25′E, 43°33′N)	29.325°
	2021	368114	(125°57′E, 43°52′N)	30.247°

二、数字经济的动态演进趋势

（一）核密度估计分析

本研究采用 Kernel 密度函数估计对全国的数字经济和现代流通体系建设水平绝对差异的分布进行探索，该方法旨在对随机变量的概率密度进行估计，利用平滑的连续密度曲线描述其动态演进（Cui et al.，2023；张颖和黄俊宇，2019）[1][2]。重点呈现研究对象的空间分布位置、态势、延展性和极化的现象（安康等，2012；李旭辉和王经，2023）[3][4]。设随机变量 X 的密度函数 $f(c)$ 在 c 点的公式为：

$$f(c) = \frac{1}{N_\rho} \sum_{i=1}^{N} K\left(\frac{C_i - \bar{c}}{\rho}\right) \tag{4-21}$$

其中，N 为观察值的个数；C_i 为独立同分布的观测值；$\bar{c}$ 为均值；ρ 为带宽，带宽反映了密度函数曲线的平滑程度和精度，带宽越小，估计精确度越高，曲线越不光滑；$K(\cdot)$ 为核函数，本研究选择比较常用的高斯核函数对全国的数字经济和现代流通体系建设水平的分布动态演进进行估计，核函数表达式为：

$$K(c) = \frac{1}{2\pi} \exp\left(-\frac{c^2}{2}\right) \tag{4-22}$$

1. 全国视角下数字经济发展水平的 Kernel 密度估计

通过 Dagum 基尼系数的分析，我们对中国数字经济发展水平的空间差异及差异来源有了较为直观的认知，但基尼系数难以把握数字经济发展水平的分布动态及演进规律，因此，本研究将借助 Kernel 密度估计方法，完成对样本考察期内全国数字经济发展水平动态演进特征的全面刻画。图 4-10～图 4-14 展示了总体及各个分区的数字经济发展水平的 Kernel 密度估计图。接下来的部分，我们将分别针对 Kernel 密度分布曲线的位置、形态、延展性及极化特征等展开详细的分析。

从核密度曲线的分布位置进行深入分析，可以清晰地观察到，全国数

① Cui X，Zhang J，Huang W，et al. Spatial Pattern and Mechanism of the Life Service Industry in Polycentric Cities：Experience from Wuhan，China. Journal of Urban Planning and Development. 2023，149.

② 张颖，黄俊宇. 金融创新、新型城镇化与区域经济增长——基于空间杜宾模型的实证分析［J］. 工业技术经济，2019，38（12）：93-101.

③ 安康，韩兆洲，舒晓惠. 中国省域经济协调发展动态分布分析——基于核密度函数的分解［J］. 经济问题探索，2012（1）：20-25.

④ 李旭辉，王经伟. 共同富裕目标下中国城乡建设绿色发展的区域差距及影响因素［J］. 自然资源学报，2023，38（2）：419-441.

字经济发展水平的分布呈现出一种显著的右移趋势。这一趋势明确表明，在考察的时间段内，各地区数字经济发展水平均有所提升，且这一观察结果与前文所陈述的客观事实高度一致。具体而言，在 2004～2016 年的时间段内，核密度曲线的主峰稳定地位于 0～0.050 的区间内，且主峰向右迁移的速度相对较为缓慢，这充分反映了在此阶段，全国数字经济发展水平的提升进程呈现出一种平稳且有序的状态。然而，值得注意的是，在 2016 年之后，核密度曲线的主峰移动速度出现了显著的加快，并且主峰所处的区间也过渡至 0.050～0.100 的区间内。这一明显的加速趋势和主峰区间的过渡性变化，这表明在此时间段内，全国的数字经济发展水平实现了更为迅速且显著的提升，展现出了强劲的发展势头（乔涵等，2023）①。

通过对核密度分布形态的深入剖析，我们可以观察到全国数字经济发展水平的主峰呈现出一种显著的下降态势，与此同时，其宽度逐渐拓宽。这一变化模式明确地揭示了在此考察期间，全国各城市数字经济发展水平的绝对差异正在经历一个不断扩大的过程。具体而言，2004～2013 年，主峰的高度呈现出一种逐年下降的显著趋势，且下降的幅度较大，与此同时，主峰的宽度也在持续地拓宽。这一显著的现象清晰地反映出，在此期间全国各城市的数字经济发展水平之间的绝对差异正呈现出一种不断扩大的趋势，且这种趋势具有相当的稳定性和持续性。然而，值得注意的是，在此后的三年内，主峰的高度呈现出一种略微上升的趋势，这在一定程度上表明城市间的数字经济发展差异有所缓解，但这种缓解趋势是否具有长期性仍需进一步观察。此后，2016～2021 年，主峰的高度再次呈现出一种下降的趋势，同时，其宽度也在继续拓宽。这一现象进一步有力地表明，在此期间，城市间的数字经济发展水平绝对差异再次呈现出一种持续增大的态势，这无疑为我们提供了更为深入和全面的洞察。

从分布延展性的深层次维度进行剖析，全国数字经济发展水平的核密

---

① 乔涵. 我国数字产业技术进步水平时空演变趋势及影响因素［J］. 中国流通经济，2023，37（8）：14-27.

度曲线揭示了一个由初始的无延展性状态逐步过渡至延展性增强的动态变化趋势。此现象深刻地昭示出，伴随时间的推移，那些在数字经济发展领域占据显著优势的城市区域，其领先地位正经历着一个不断巩固与扩大的过程。其中，中心城市凭借其较高的数字经济发展水平，正引领并强化着核密度曲线右拖尾形态的形成与发展。尤为值得学术界关注的是，近三年来，右拖尾现象的显著性进一步增强，这不仅映射出区域间在数字经济发展水平上非均衡性的加剧，更深层次地揭示出，优势区域的数字经济正经历着持续且迅猛的增长，而与此同时，其与相对滞后地区的发展差距亦在不断拉大，从而凸显出数字经济发展在空间布局上不均衡特征的日益显著与复杂化。

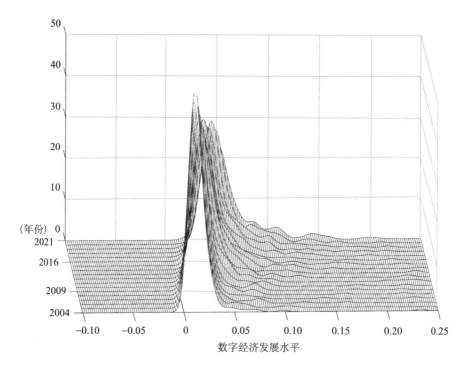

图 4 – 10　全国数字经济发展水平动态分布

从极化特征的维度进行深度剖析，全国数字经济的发展状况并未显著展现出极化现象。在特定的考察期限内，通过对其核密度分布的细致观察，我们发现仅存在一个明显的主峰，尽管有较低的侧峰出现，但这些侧峰并未发展到足以与主峰并立的地步,从而未能形成多极分化的格局。这一观察结果有力地表明,尽管数字经济的发展在空间布局上确实存在一定程度的非均衡性,但并未呈现出多极分化的显著特征。换言之,数字经济的发展虽然在不同区域间呈现出一定的差异性,但并未形成多个显著的发展极点,整体发展态势并未呈现出极端的两极或多极分化现象,进一步凸显了全国数字经济发展格局的复杂性和多样性。

2. 区域视角下中国数字经济发展水平的 Kernel 密度估计

(1)东部地区数字经济发展水平的 Kernel 密度估计。从核密度曲线的分布位置进行深入剖析,可以清晰地观察到,东部地区的核密度曲线展现出一种显著的右移态势,这一变动趋势深刻地反映出该地区数字经济发展水平在宏观层面上的稳步提升。与全国范围内的核密度曲线变动趋势呈现出高度的相似性,东部地区的核密度曲线亦存在明显的加速右移节点,这些关键的时间节点分别出现在 2009 年和 2014 年,这一发现有力地表明数字经济的发展历程并非一成不变,而是经历了若干阶段的显著加速增长。尤为值得关注的是,在数字经济发展的前期阶段,核密度曲线的主峰稳定地维持在 0 ~ 0.050 的区间内,这一现象表明了数字经济发展水平的一个相对集中且稳定的区间。然而,随着时间的推移,在数字经济发展的后期阶段,主峰的位置发生了显著的迁移,跨入了 0.05 ~ 0.100 的区间,这一变化进一步印证了东部地区数字经济在近年来实现了加速发展。

通过对东部地区的核密度分布形态的观察与分析,我们发现,东部区域的主峰在总体上呈现出一种梯度下降的趋势,与此同时,主峰的宽度也在逐渐拓宽。这一显著的变化态势深刻地揭示了东部区域数字经济发展水平的分布格局正在经历一个由相对集中向相对分散的演变过程,而城市间在数字经济发展水平上的绝对差异也呈现出进一步扩大的趋势。探究其背后的原因,可能是东部区域多为沿海城市,如上海、广州和深圳等,这些城市经济发达,数字基础设施建设完善,因而数字经济发展较快,形成了区域内的数字经济高地。而与此同时,区域内的其他城市在数字经济发展上却存在显著的滞后现象,这种发展的非均衡性无疑加剧了区域间绝对差异的进一步扩大。值得注意的是，2017～2019 年，主峰出现了一个尤为明显的上升区间，这一现象有力地表明，在此期间东部地区的数字经济发展呈现出一种集聚性加强的趋势，而区域间的绝对差异也在此期间有所减小。对于这一变化，我们可以进行深入的剖析，它可能受到了特定政策、大规模投资或重大技术创新等多重因素的共同影响，使得部分城市的数字经济发展速度显著加快，进而在整体上带动了整个区域的数字经济发展集聚性的提升。

从分布延展性的维度进行更为深入的剖析，我们可以清晰地观察到，东部区域的核密度曲线展现出显著的右拖尾现象，并且这一延展性特征呈现出逐年增强的趋势，凸显出东部地区在数字经济发展格局中的动态变化。尤为值得关注的是，右拖尾的核密度曲线似乎正逐步演化出侧峰的形态，这种形态变迁蕴含着丰富的经济内涵。它明确指示出，在东部地区存在着一定数量的城市，其数字经济发展水平显著较高。这些城市凭借更为优越的资源禀赋，正逐步扩大与其他城市在数字经济发展层面的差距，形成了一种鲜明的"马太效应"。进一步地，随着时间的推移，右拖尾的曲线与主峰之间的距离在逐渐拉大，这一动态演变过程深刻地揭示了东部地区数字经济发展非均衡性的加剧态势。具体而言，这意味着在东部地区的中心城市，诸如上海、南京和深圳等，其数字经济水平正在经历一个迅猛提升的过程，成为引领区域数字经济发展的高地。然而，其他大多数城市在数字经济发展的道路上则显得相对滞后，未能及时跟上这一快速的发展步伐，从而不可避免地导致了区域内数字经济发展水平的差异进一步拉大，形成了一种"强者愈强，弱者愈弱"的发展格局。从极化特征的角度进行深入分析，我们可以观察到，东部地区的数字经济发展并未呈现出显著的极化趋势。仅在 2020 年和 2021 年间，出现了小规模的侧峰现象，这表明在这两年中，可能有部分城市的数字经济有所突起，但整体上并未形成明显的两极分化格局。

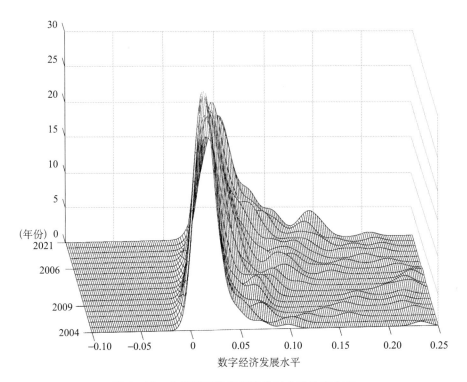

图 4 - 11　东部地区数字经济发展水平动态分布

（2）中部地区数字经济发展水平的 Kernel 密度估计。从分布位置的角度进行剖析，中部地区的核密度曲线展现出一种显著的右移态势，此态势表现得颇为平缓，并未观测到加速或减速右移的显著区间，这一变动趋势映射出该地区数字经济发展水平在宏观层面上的稳步提升态势。此现象的缘由，可归结于中部地区城市密布，作为经济发展的核心腹地，该区域的城市在经济发展和政策推行层面均展现出较为缓和的节奏，这也促使数字经济的发展呈现出一种缓慢而稳健的推进态势。尤为值得关注的是，在考察期间，核密度曲线的主峰始终稳定地维持在 0 ~ 0.050 的区间内，此现象表明数字经济发展水平的一个相对集中且稳定的区间，但同时也表明，该地区的数字经济发展水平仍旧处于偏低的态势。

从分布形态来深入剖析，中部地区的主峰展现出一种梯度下降的态势，其宽度逐渐拓宽，这一显著特征表明，该地区数字经济的发展水平在绝对差异上正呈现出逐步扩大的趋势。相较于东部地区，尽管中部地区的数字经济核密度曲线同样呈现出下降的趋势，然而，其下降的速度却更为缓慢，幅度也相对较小。探究这一现象背后的原因，或许可以归因于西部地区在数字经济发展策略上采取了更为稳健的步伐，或者在政策扶持、资源分配等方面实现了更为均衡的布局，从而有效地减缓了数字经济发展水平下降的速度和幅度。另一方面，随着时间的推移，中部地区的核密度曲线宽度正逐渐拓宽，这一动态变化明确地显示出中部区域内数字经济发展的城市间绝对差异正在不断扩大。深入剖析其背后的原因，可能在于中部地区城市众多，各城市在数字经济发展初期的基础条件、资源禀赋以及政策环境等方面存在着显著的差异。一些城市可能由于历史积淀、地理位置优势、产业结构优化等因素，在数字经济领域拥有更为优越的发展条件，从而能够更为迅速地推动数字经济的发展。而相对落后的城市则可能面临更多的挑战和限制，导致其数字经济发展的速度相对较慢，进而加剧了城市间数字经济发展的绝对差异。

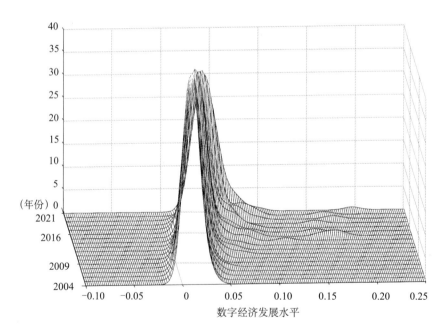

图 4 - 12　中部地区数字经济发展水平动态分布

　　从分布延展性的维度进行深入分析，2004～2015 年，中部地区的核密度曲线并未展现出右拖尾现象，这一观测结果意味着在该时间段内，中部地区各城市的数字经济发展水平相对趋近，并未有显著突出的高水平发展城市出现。这一时期恰好对应中国数字经济发展的初期至中期阶段，数字经济在全国范围内仍处于探索与推广的关键时期。中部地区的各城市可能均处于相似的数字经济发展起点，同时，得益于区域内部的协同发展策略，各城市在数字经济发展上呈现出较为一致的步伐，难以形成显著的领先者。然而，随着时间的推移，中部地区的数字经济发展格局开始发生变化，右拖尾现象逐渐显现。这表明有部分城市的数字经济发展已初见成效，其发展水平迅速提升，与其他城市之间的差距逐渐拉开。更值得关注的是，右拖尾现象呈现出拓宽的趋势，这进一步表明高水平发展的城市数量在增多，中部地区的数字经济发展开始出现显著的差异化和集群化特征。从极化特征的角度来分析，中部地区的数字经济发展水平的核密度曲线主峰旁边并未出现明显的侧峰，这一观测结果表明中部地区在当前并未呈现出极化现象。同时，这一特征也预示着在未来几年内，中部地区的数字经济发展不太可能出现显著的极化趋势。

　　（3）西部地区数字经济发展水平的 Kernel 密度估计。从分布位置的维度进行深入剖析，西部地区的核密度曲线呈现出一种平缓的右移态势，未见显著的加速或减速区间，此变动趋势昭示着西部区域数字经济发展水平在宏观层面上的稳步提升。尤为值得注意的是，西部地区的数字经济增长态势与全国整体态势趋于一致，这或许映射出全国性政策推动、技术革新及市场扩张等因素对西部地区亦产生了相仿的积极效应。然而，尽管有所增进，西部地区的数字经济总体水平仍旧处于相对较低的位置，其核密度曲线的主峰稳定地维持在 0～0.050 的区间内，此现象表明，相较于全国其他地区，西部地区的数字经济可能仍处于相对滞后的状态，蕴含着较大的发展空间与潜力。综上所述，西部地区的数字经济发展状况展现出三个核心特征：其一，整体发展水平有所提升，但提升过程平稳无突变，彰显出一种稳健的发展态势；其二，与全国整体发展趋势保持高度一致，反映出广泛性的宏观经济与政策影响因素的作用；其三，尽管实现了一定程度的增长，但其总体水平依然不高，预示着未来数字经济发展仍拥有广阔的提升空间与迫切的发展需求。

从分布形态的维度进行深度剖析，西部地区核密度曲线的主峰展现出一种先下降后上升再下降的复杂波动态势，与此同时，主峰的宽度亦经历了先拓宽、后收缩、再拓宽的显著变化过程。这一复杂的动态演变模式，深刻地揭示了西部地区数字经济发展水平的绝对差异，在经历了一段时期的增大之后，出现了缩减的趋势，随后再度呈现出扩大的态势。具体而言，主峰初期的下降态势，可能隐含着在某一特定时期，西部地区数字经济发展水平的集中趋势有所削弱，即地区间的差异开始逐渐增大；而随后的上升态势，则清晰地表明这种差异在经历了一段时期的扩大之后，开始逐步收敛，地区间的数字经济发展趋于一种相对均衡的状态；最终的下降态势，则再次显示出地区间的差异开始重新扩大，呈现出一种新的不均衡态势。这种波动变化可能深受多种因素的交织影响，诸如政策调整的导向作用、技术进步的推动作用以及市场变动的调节作用等，它们共同作用于西部地区的数字经济，导致其发展水平的绝对差异，呈现出如此复杂多变的趋势。

从分布延展性的维度进行深入分析，西部区域的核密度曲线展现出显著的右拖尾现象，且这一延展性特征随着时间的推移，呈现出逐年增强的趋势。这一动态变化表明，西部数字经济的发展呈现出更为显著的分散特征，即地区间的数字经济发展的绝对差异逐渐加大，高水平的数字经济活动愈发集中于某些特定区域。尤为值得关注的是，右拖尾的核密度曲线似乎正逐步演化出侧峰的形态。具体而言，侧峰的形成意味着在西部地区，开始涌现出一批数字经济发展水平显著较高的城市或区域。例如，成都和重庆等城市，凭借其经济的快速发展和数字产业的迅猛增长，使得这些城市的数字经济水平得以快速增长并处于领先地位，从而进一步强化了西部地区的右拖尾现象。这一现象揭示了西部地区数字经济发展的新态势，即中心城市的引领作用日益凸显。因此，为了推动西部地区数字经济的全面发展，应充分发挥这些中心城市的引领带动作用，通过政策扶持、技术创新和市场拓展等措施，促进数字经济在西部地区的快速发展。从极化特征的角度进行深入分析，可以发现，与中部地区相似，西部地区的数字经济发展水平的核密度曲线主峰旁边并未出现明显的侧峰。这一观察结果表明，在当前的发展阶段，西部地区并未呈现出显著的极化现象，即数字经济的高水平发展并未明显集中于某些特定城市或区域，而是呈现出相对均衡的分布态势。

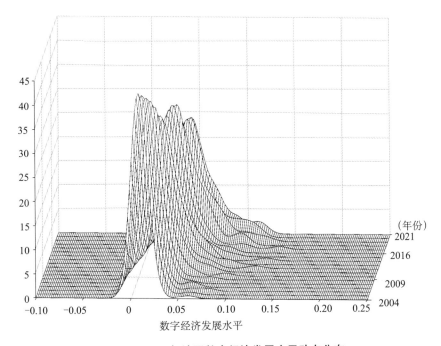

图 4 – 13　西部地区数字经济发展水平动态分布

（4）东北地区数字经济发展水平的 Kernel 密度估计。通过对分布位置的深入剖析，可以清晰地观察到，东北地区的核密度曲线展现出一种显著的右移态势，这一变动趋势映射出该地区数字经济发展水平在宏观层面上的稳步提升。与全国范围内的核密度曲线变动趋势相比较，二者呈现出高度的相似性，这不仅表明东北地区的数字经济发展是全国整体发展不可或缺的组成部分，同时，也凸显了其受全国数字经济发展大环境的影响。进一步观察发现，东北地区的核密度曲线亦存在明显的加速右移节点，这一重要发现有力地表明，数字经济的发展经历了若干阶段的显著加速增长，展现出强劲的发展动力。尤为值得关注的是，在数字经济发展的前期阶段，核密度曲线的主峰稳定地维持在 0 ~ 0.050 的较低区间，显示出当时整体发展水平尚待提升。然而，随着时间的推移，主峰位置显著迁移至 0.05～0.100 的区间，这一深刻变化有力地证明了东北地区数字经济在近年来实现了前所未有的显著加速发展。此现象的成因可能是多方面的，包括基础设施的不断完善、政策的逐步落地实施、市场需求的快速增长以及技术创新的持续推动等，这些因素共同作用，为东北地区数字经济的发展注入了强大的动力。

从分布形态来看，东北地区的主峰高度经历了稳定、下降和上升这三个阶段，展现出与其他区域不同的变动趋势。具体而言，2004～2009年，主峰处于一个相对稳定的阶段，未表现出显著的上升或下降趋势，且主峰的宽度也保持不变。这一特征表明，在此期间，东北地区的数字经济发展水平趋于稳态，但整体而言，其发展水平仍然较低。随后，2009～2019年，主峰呈现出波动下降的趋势，同时主峰的宽度逐渐拓宽。这一变化意味着数字经济发展的区域间绝对差异在进一步扩大，经历了由相对集中向相对分散的空间格局演变。这可能反映了该时期内数字经济发展在不同区域间的非均衡性加剧。然而，在2019年之后，主峰的高度出现了上升趋势，同时区域间的绝对差异开始缩小，这表明数字经济的发展在空间分布上变得更加集中。这一转变可能归因于多种因素的共同作用，如政策的调整、基础设施的进一步完善以及技术创新在更广泛区域内的推广和应用，这些因素共同推动东北地区数字经济整体水平的提升和区域间差异的缩小。

从分布延展性的维度进行深入分析，2004～2016年，东北地区的核密度曲线并未展现出右拖尾现象。这一观测结果意味着在该时间段内，东北各城市的数字经济发展水平相对趋近，并未有显著突出的高水平发展城市出现。然而，随着时间的推移，东北地区的数字经济发展格局开始发生变化，右拖尾现象逐渐显现。这表明有部分城市的数字经济发展已初见成效，其发展水平迅速提升，与其他城市之间的差距逐渐拉开。这可能是由于这些城市在数字经济发展方面采取了更为积极有效的策略，或者拥有更为优越的发展条件。更值得关注的是，右拖尾现象呈现出拓宽的趋势，这进一步表明高水平发展的城市数量在增多，东北地区的数字经济发展开始出现显著的差异化特征。这意味着在东北地区内部，数字经济开始形成具有显著差异和集群效应的发展格局。从极化特征的角度来分析，东北地区的数字经济发展水平的核密度曲线主峰旁边并未出现明显的侧峰。这一观测结果表明，在当前阶段，东北地区并未呈现出明显的极化现象，即没有出现极少数城市数字经济发展极快，与其他城市形成鲜明对比的情况。这可能与东北地区整体的数字经济发展策略、资源分配以及城市间的协同发展等因素有关。

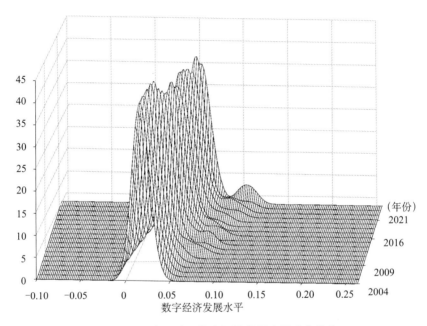

图 4 - 14 东北地区数字经济发展水平动态分布

（二）Markov 链分析

Markov 链是一种时间和状态均为离散的随机过程，通过把数据离散化为 k 种类型，并计算相应类型的概率分布及其随时间的变化来刻画某变量的演变过程（郑玉，2019；钟水映等，2016）[1][2]。在本研究中，通过对马

---

① 郑玉. 中国金融产业综合发展水平测度及其时空演化分析 [J]. 上海经济研究，2019 (10)：109 - 116.

② 钟水映，李强谊，徐飞. 中国农业现代化发展水平的空间非均衡及动态演进 [J]. 中国人口·资源与环境，2016，26 (7)：145 - 152.

尔科夫转移概率矩阵的构建，可以探究各城市数字经济水平分布随时间变化的动态转移趋势。其特点是无后效性（方志耕，2000；侯孟阳和姚顺波，2018）[1][2]，即状态 X_{t+1} 的条件分布仅依赖状态 X_t。本研究构造了时间跨度为 d 的转移概率矩阵，如果把数字经济水平划分为 λ 种类型，则可以构建出 $\lambda \times \lambda$ 阶转移概率矩阵，转移概率式为：

$$P_{ij}^{t,t+d} = P\{X_{t+d} = j \mid X_t = i\} = \frac{\sum\limits_{t=2005+d}^{2020} n_{ij}^{t,t+d}}{\sum\limits_{t=2005}^{2017-d} n_i^t} \qquad (4-23)$$

其中，$P_{ij}^{t,t+d}$ 为某一城市数字经济发展水平从 t 年的 i 类型转移到 $t+d$ 年的 j 类型的概率，$n_{ij}^{t,t+d}$ 表示在样本考察期 t 年中属于 i 类型的区域 d 年后变为 j 类型的个数，n_i^t 表示 t 属于 i 类型的地区个数。

空间 Markov 链是在上述传统马尔科夫链中引入了"空间滞后"概念，将 $\lambda \times \lambda$ 的转移概率矩阵转化成 $\lambda \times \lambda \times \lambda$ 的转移概率矩阵，通过空间权重矩阵建立了区域和周围邻居之间的空间关系来探究邻近区域的数字经济水平对本区域数字经济水平状态转移概率的影响（罗光强和宋新宇，2024；李天籽和韩沉刚，2022）[3][4]。

本研究运用 Matlab 2022b 软件测算得到了中国 287 个城市数字经济发展水平的传统及空间转移概率矩阵，以考察数字经济发展水平在不同等级之间的变化跃迁情况。其中，对角线上的数据表示数字经济发展水平没有发生转移的概率，非对角线上表示其发生转移的概率，具体结果反映在表 4-5 中。

---

① 方志耕. 具有多个概率转移要素的社会经济系统向量 MARKOV 链模型研究 [J]. 中国管理科学，2000（S1）：498-504.

② 侯孟阳，姚顺波. 中国城市生态效率测定及其时空动态演变 [J]. 中国人口·资源与环境，2018，28（3）：13-21.

③ 罗光强，宋新宇. 中国农业新质生产力：生成机理、时空特征与区域差异 [J/OL]. 中国农业资源与区划，2024：1-14.

④ 李天籽，韩沉刚. 武汉城市圈科技金融效率时空特征与趋同演化分析 [J]. 经济地理，2022，42（1）：61-69.

表 4－5 　　　　　　　　　　数字经济马尔可夫模型结果

空间滞后	类型	低水平	中低水平	中高水平	高水平	N
无滞后	低水平	0.802	0.190	0.005	0.004	1292
	中低水平	0.023	0.736	0.224	0.017	1286
	中高水平	0.000	0.036	0.755	0.209	1215
	高水平	0.001	0.010	0.067	0.922	1086
低水平	低水平	0.905	0.092	0.001	0.002	852
	中低水平	0.084	0.761	0.148	0.006	155
	中高水平	0.000	0.111	0.778	0.111	45
	高水平	0.091	0.000	0.091	0.818	11
中低水平	低水平	0.611	0.379	0.005	0.005	396
	中低水平	0.023	0.808	0.156	0.013	614
	中高水平	0.000	0.088	0.725	0.188	160
	高水平	0.000	0.036	0.084	0.880	83
中高水平	低水平	0.469	0.438	0.063	0.031	32
	中低水平	0.005	0.642	0.328	0.025	408
	中高水平	0.000	0.029	0.793	0.178	589
	高水平	0.000	0.011	0.120	0.869	267
高水平	低水平	0.667	0.250	0.083	0.000	12
	中低水平	0.009	0.642	0.321	0.028	109
	中高水平	0.000	0.019	0.710	0.271	421
	高水平	0.000	0.007	0.046	0.948	725

根据传统马尔可夫模型测度结果可知，在样本考察期内，中国 287 个城市数字经济发展水平转移概率矩阵的对角线数据介于 73.6% ~ 92.2%，明显大于非对角线上的数据，这表明数字经济发展水平在没有空间滞后的情景下，大多数城市维持原状的概率较大，呈现出"俱乐部收敛"的特征，换句话说，处于相似发展水平的地区倾向于保持其经济状态而不是向其他水平过渡。尤其是数字经济发展高水平地区表现出更强的稳定性，其维持原始状态的概率高达 92.2%，整体稳定性的大小排序为：高水平地区 < 低水平地区 < 中高水平地区 < 中低水平地区。这说明高水平地区具有

明显数字经济发展优势，由于其拥有更多的资本积累、技术优势和政策倾斜，因此，更能抵御经济波动（苏荟等，2024；徐胜和梁靓，2023)①②。相比之下，低水平和中低水平地区则因资源和能力限制，更易受到影响。

传统 Markov 链描述了中国 287 个城市数字经济发展水平随时间推移状态变化的特征，但在市场经济背景下，各地区的经济社会活动具有较强的关联，因此，本研究运用空间 Markov 链进一步研究不同的邻近区域水平对本区域的数字经济发展水平转移的影响。

在考虑空间滞后因素后，对角线上的元素仍远远大于非对角线上的元素，这表明即便考虑了"空间滞后"的影响，数字经济发展仍然具有"俱乐部收敛"的特征，且状态转移主要发生在相邻类型之间，跨类转移概率较小。这意味着，无论区域间存在多少相互作用，每个区域的发展轨迹仍旧倾向于按照原有的模式持续，特别是在数字经济发展高水平地区。此外，随着空间滞后类型的升高，低水平类型、中低水平区域及中高水平区域的稳定性波动在下降，而高水平区域的稳定性总体呈现上升态势。这可能因为高水平区域的数字经济基础坚实、政策环境稳定、技术和资本积累充足，使得其在面对空间滞后引起的外部压力时能够保持较高的稳定性低水平。具体而言，低水平类型下的对角线数据处于 76.1% ~ 90.5%，"俱乐部收敛"特征较为显著，随着空间滞后类型升高，低水平区域维持现状的概率从 90.5% 下降到 66.7%，同时向中低水平转移的概率从 9.2% 上升到 25.0%，向中高水平和高水平转移的概率较小，均低于 8.3%。中低水平区域维持现状的概率从 76.1% 下降到 64.2%，同时向中高水平转移的概率从 14.8% 上升到 32.1%，向高水平转移的概率均小于 3%。中高水平区域、高水平区域维持原状的概率在 71.0% ~ 94.8% 的区间内波动，其中，高水平区域随着空间滞后类型升高，其维持原有状态的概率呈波动上升趋势。总的来看，低水平区域具有明显向上转移的趋势，但其向更高水平跃

① 苏荟，任梦珂，时晓青. 中国数字经济与乡村振兴协同发展的时空差异及其演变趋势[J/OL]. 重庆大学学报（社会科学版），2024：1 - 18.

② 徐胜，梁靓. 数字经济对区域创新效率的空间溢出效应——基于创新价值链视角 [J]. 中国流通经济，2023，37（2）：55 - 67.

迁的障碍依然很大。究其原因，可能是由于不同水平区域在数字经济发展方面存在明显差异，考虑到数字基础设施的不平衡、技术创新和应用的差异、政策支持和资源配置的不均等，以及数字技能和知识的获取障碍等因素影响，低水平地区难以实现快速的数字化转型和经济跃迁，与高水平区域间形成明确的数字鸿沟，从而导致跨类型数字经济发展转换变得更加困难，阻碍该区域数字经济水平的快速提升。

第四节　现代流通体系建设水平的时空演化特征分析

一、现代流通体系建设的空间格局分布特征

（一）空间自相关分析

本研究采用2004～2021年中国287个城市的现代流通体系建设数据，运用Stata 17.0软件计算邻域空间权重矩阵下中国及其四大区域2004～2021年城市现代流通体系建设的莫兰指数，结果见表4-6。

表4-6　　　　　　　全国及四大区域现代流通体系建设莫兰指数

年份	全国		东部		中部		西部		东北部	
	Moran'I	P值	Moran'I	P值	Moran'I	P值	Moran'I	P值	Moran'I	P值
2004	0.087	0.000	0.201	0.000	-0.008	0.104	0.038	0.053	0.000	0.005
2005	0.082	0.000	0.198	0.000	-0.012	0.454	0.018	0.164	-0.014	0.079
2006	0.088	0.000	0.209	0.000	-0.005	0.028	-0.021	0.379	-0.021	0.223
2007	0.093	0.000	0.220	0.000	-0.005	0.019	-0.001	0.367	-0.025	0.338
2008	0.102	0.000	0.259	0.000	-0.007	0.064	0.037	0.055	-0.015	0.099
2009	0.097	0.000	0.236	0.000	-0.005	0.028	0.016	0.186	-0.020	0.191
2010	0.092	0.000	0.237	0.000	-0.013	0.474	0.027	0.104	-0.035	0.337
2011	0.089	0.000	0.193	0.000	-0.006	0.049	-0.007	0.443	-0.014	0.084
2012	0.101	0.000	0.216	0.000	0.000	0.001	0.102	0.000	-0.013	0.068
2013	0.066	0.000	0.221	0.000	-0.001	0.002	0.025	0.091	-0.036	0.310
2014	0.089	0.000	0.201	0.000	-0.008	0.051	0.097	0.000	-0.037	0.290

续表

年份	全国		东部		中部		西部		东北部	
	Moran'I	P 值	Moran'I	P 值	Moran'I	P 值	Moran'I	P 值	Moran'I	P 值
2015	0.098	0.000	0.223	0.000	− 0.014	0.367	0.043	0.031	− 0.015	0.110
2016	0.100	0.000	0.211	0.000	− 0.003	0.007	0.099	0.000	− 0.002	0.010
2017	0.101	0.000	0.221	0.000	− 0.003	0.008	0.126	0.000	− 0.007	0.025
2018	0.094	0.000	0.233	0.000	− 0.010	0.179	0.066	0.006	0.001	0.005
2019	0.113	0.000	0.256	0.000	− 0.007	0.081	0.119	0.000	0.014	0.000
2020	0.112	0.000	0.238	0.000	− 0.006	0.044	0.088	0.001	0.034	0.000
2021	0.126	0.000	0.269	0.000	− 0.009	0.141	0.054	0.017	0.001	0.005

从全国层面看，莫兰指数值在 2004～2021 年整体呈现波动性，但总体上保持在较高水平，表明全国范围内的空间集聚现象较为显著。尤其在 2016 年之后，莫兰指数有显著的上升趋势，达到了一个新的高点。由统计显著性可知，所有年份的 P 值均为 0.000，这表明每年的空间自相关性都非常显著，表明随着时间的推移，全国范围内的空间集聚性呈现增强趋势。这种持续的空间集聚趋势与政府对现代流通体系建设的重视密切相关。随着中国城市化进程加速和区域一体化战略的实施，特别是"一带一路"建设的推进，全国经济的地理布局得到了显著的优化。同时，基础设施建设的飞速发展，如高速铁路网、高速公路系统的扩张以及航空物流中心的建设，有效地支持了更快速、更经济的货物与信息流通（潘庆婕，2023)①。这些基础设施的改善不仅提高了地区间的互联互通，也推动了产业的空间重组，使得资源能够在更宽广的地域范围内得到更合理的配置。信息技术的融入，特别是云计算、大数据和物联网技术的应用，进一步提升了供应链的效率，实现了生产力的优化和经济活动的集聚。此外，通过政策引导加强了区域间的经济联系和协同发展。这种综合效应使得全国经济活动的自相关性和集聚性得以持续增强。

---

① 潘庆婕．高铁开通对技术创新"增量提质"的影响研究［J］．软科学，2023，37（4）：53－60.

从四大区域看，东部地区的莫兰指数在样本研究期内表现为波动上升趋势，莫兰指数在整个时期内均显著为正且大于 0.20，这揭示了东部地区具有明显的空间集聚特征。具体地，2004～2009 年，莫兰指数从 0.201 增加至 0.259，反映了在经济高速发展期间东部地区经济活动、人口密度和产业布局的集聚性显著提升。此阶段，现代流通体系的初步建设，尤其是物流、供应链管理和信息化基础设施的发展，为产业集聚提供了有效支撑。2010～2015 年，莫兰指数有所波动但整体稳定，指数值大致保持在 0.20～0.24。这一时期，尽管全球金融危机带来挑战，东部地区通过加快现代流通体系的完善和区域内物流网络的优化，有效地缓解了经济调整的压力，并支持了产业的稳定升级。物流中心的集中布局和高效供应链服务促进了资源的最优配置和产业的快速响应能力。2016～2021 年，莫兰指数再次呈上升趋势，并于 2021 年达到 0.269，显示出在新一轮科技和产业政策的推动下，东部地区的集聚性得到进一步强化。这一时期，东部地区在现代流通体系建设方面取得显著成就，尤其是数字化和智能化流通服务的广泛应用，如电子商务平台的扩展和智能物流系统的应用，这些都极大地提高了地区内的商业效率和市场的活力（张弘等，2024）[①]。此外，2004～2021 年的 P 值均为 0.000，这表明每年的莫兰指数结果在统计上的显著性，进一步强化了东部地区空间集聚现象的可靠性。这种持续的空间集聚不仅显示出东部地区经济活动的高度集中，也反映了现代流通体系对于加强区域经济一体化和提升整体经济效率的关键作用。随着电子商务和高技术产业的快速发展，东部地区的物流基础设施得到了显著改进，特别是互联网及物联网技术的广泛应用，极大地提高了供应链的透明度和效率，加速了商品和服务的流通速度，促进了产业聚集和经济规模的扩大，使得东部地区能够在全国范围内维持其经济活动的高度集聚性，不仅推动了地区经济的快速增长，也为中国经济的长远发展提供了坚实的支撑。中部地区的莫兰指数在研究期内大多为负值，且多个年份的莫兰指数接近零值，这意味

[①] 张弘，李宽，史磊. 流通业集聚对农业韧性的影响 [J]. 中国流通经济，2024，38（3）：33－44.

着该地区经济活动在空间上呈离散分布。此外，2004～2021 年 P 值较高，超过 0.05 的常用显著性水平，表明这些年份的空间自相关性在统计上不显著，即这种空间离散或集聚的模式可能是随机分布的（杨小军，2023）[①]。中部地区的基础设施建设不均、物流效率相对较低及信息流通不畅，尽管国家已经在提升交通网络和优化物流节点方面作出了努力，但由于地区间发展不均，这些措施的效果在中部地区效果并不显著。对此，政府应加大中部地区道路、铁路和航运网络的投资，尤其是提升物流枢纽的功能，如通过建设大型仓储和分拨中心，以降低运输成本，提高运输效率。同时，应推广信息技术及物联网技术在物流管理中的应用，以提高整个供应链的透明度和响应速度，进一步增强地区内部的经济联系。

西部地区的莫兰指数在多个年份显示为正值，从 2010 年开始，莫兰指数明显上升，尤其是在 2014 年之后，莫兰指数持续高于 0.05，达到 0.126 的高点，这种趋势表明西部地区的空间集聚性逐年增强。在样本研究末期 P 值较低，趋近于 0.000，空间集聚性随时间推移越发显著。西部地区在 2010 年后的莫兰指数显著提升和 P 值的降低可能与政府大力投资该地区的基础设施，推动新能源、旅游等关键产业的发展有关。这些投资改善了交通和通信基础设施，促进了产业集聚和经济活动的空间集中。东北地区的莫兰指数多为负值，表明东北地区经济活动在空间上呈现出分散性。自 2016 年开始，随着现代流通体系的加强，特别是通过升级物流基础设施、整合信息技术，以及优化供应链管理，莫兰指数逐渐转为正值，并在 2021 年达到 0.034，这一变化表明近年来流通体系建设逐渐在该地区集聚。此外，统计显著性分析显示，在整个数据序列中，P 值在多数年份低于 0.05 的统计显著性阈值，尤其是在莫兰指数由负转正的近几年中，P 值趋向于零值，这进一步证明了空间集聚性的显著增强。这种经济活动的空间集聚不仅提高了地区的经济效率，也为东北地区的经济振兴带来了积极影响，显示了现代流通体系建设在地区经济发展中的关键作用。

---

① 杨小军. 中国共同富裕水平的时空演变及其驱动因素 [J]. 上海经济研究，2023（11）：5 - 24.

（二）标准差椭圆分析

（1）标准差椭圆空间分布的形状。本研究通过计算得到流通产业体系在全国及分区层面的标准差椭圆长半轴、短半轴距离结果，如图4-15所示。在全国层面，标准差椭圆的长轴在研究期内一直呈现出"东北—西南"方向上的收缩趋势，短轴则经历了三个变化阶段：第一阶段（2004~2009年），短轴呈现出"西北—东南"方向上的轻微收缩趋势；第二阶段（2009~2016年），短轴呈现出"西北—东南"方向上的轻微扩张趋势；第三阶段（2016~2021年），短轴呈现出"西北—东南"方向上的收缩趋势。整体来看，全国层面流通产业效率的标准差椭圆短轴在"西北—东南"方向上收缩，且"东北—西南"方向收缩力度大于"西北—东南"方向收缩力度，因此，全国流通产业体系表现出显著"东北—西南"方向的集聚效应。在子空间分区层面，其分布变化呈现出不同的分布特征。就东部地区而言，研究期内其长轴在"东北—西南"方向呈现出持续收缩趋势，而短轴在"西北—东南"方向则表现为持续扩张趋势。这表明东部地区现代流通体系在"西北—东南"方向发展迅速，并伴有显著外溢效应，这可能是由于在"西北—东南"方向，沿海地区和一些经济特区因其开放的经济政策和良好的交通设施，吸引了大量的投资和技术，促进了流通产业的发展（孙静和宋玉禄；2024）[①]。同时，这一方向覆盖的区域包括多个经济活跃的省份和城市群，这些区域的联动效应进一步推动了流通效率的提高。而在"东北—西南"方向，经济发展较为领先城市的经济转型与产业升级，通过高科技和服务业的发展，已经开始从传统制造业向更高端的经济活动转型。这种转型通常伴随着对高效率流通系统的需求减少，因为高附加值产业更注重技术和服务而非大规模的物流需求，因此，东部地区流通产业在"东北—西南"方向持续收缩。中部、西部与东北地区均经历了三个阶段的变化。就中部地区而言，第一阶段是2004~2009年，长轴呈现"西北—东南"方向上的扩张趋势与短轴呈现"西南—东北"方向上的

① 孙静，宋玉禄. 流通数字化、产业结构升级与流通经济韧性［J］. 商业经济研究，2024（7）：10-13.

扩张趋势，在此阶段中部地区现代流通体系发展更多受到"西南—东北"方向的拉动作用；第二阶段是2009~2016年，表现为长轴与短轴分别在"西北—东南""西南—东北"方向收缩；第三阶段是2016~2021年，长轴与第二阶段呈现相同趋势，短轴在"西南—东北"方向扩张，但其扩张带来的拉动效应被"西北—东南"方向的集聚效应所抵消。在西部地区，第一阶段是2004~2009年，长轴呈现"西北—东南"方向上的扩张趋势与短轴呈现"西南—东北"方向上的扩张趋势；第二阶段是2009~2016年，长轴与短轴分别在"西北—东南"方向与"西南—东北"方向呈现收缩趋势；第三阶段是2016~2021年，短轴同第二阶段相似，长轴在"西北—东南"方向呈现扩张趋势。总体来看，西部研究期内，在"西北—东南"方向扩张，在短轴"西南—东北"方向收缩，但是其收缩程度远大于扩张程度，因此，西部区域表现为"西南—东北"方向的集聚。对东北地区来说，第一阶段是2004~2009年，长轴与短轴分别在"东北—西南""西北—东南"方向呈现收缩趋势；第二阶段是2009~2016年，长轴与短轴均与第一阶段表现出相反态势，在"东北—西南""西北—东南"方向呈现扩张趋势；第三阶段，长轴呈现"东北—西南"方向的轻微扩张趋势，短轴呈现出"西北—东南"方向上的轻微收缩趋势。研究期内，东北地区流通产业体系构建受到长轴方向上的拉动影响更为显著。

（2）标准差椭圆空间分布的方向。利用标准差椭圆的方向角对其分布方向进行分析（见表4-7）。从方向角的大小来看，全国层面上，方向角经历了"上升—下降—再上升"的波动变化，但整体上表现为2004年的19.610°下降至2021年的18.013°，这表明全国层面标准差椭圆的整体分布呈逆时针旋转。在子空间分区中，东部地区方向角呈现持续增长趋势，标准椭圆呈顺时针旋转；中部地区与东北地区的方向角虽有波动，但总体变化程度较小；西部地区在研究期内方向角显著减小，从2004年的173.764°下降至2021年的170.401°，呈逆时针旋转。

（3）标准差椭圆空间分布的集聚程度。在全国层面上，流通产业体系水平表现为持续下降态势，从2004年的3013464平方千米下降到2021年的2852380平方千米，集聚效应更加显著（见表4-7）。东部地区与全国

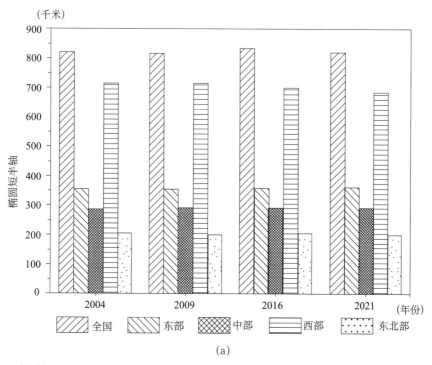

(a)

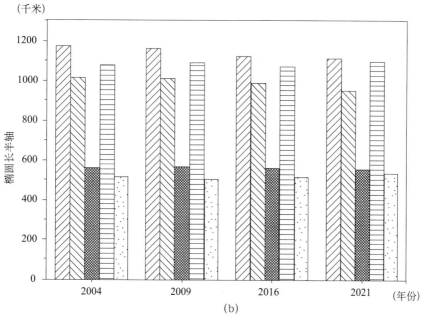

(b)

图 4 – 15　现代流通体系建设椭圆空间分布形状

的趋势一致。中部与西部地区表现出相同的变化特征，均为"上升—下降—再上升"的趋势，不同的是整个研究期内，中部椭圆呈逆时针旋转，西部椭圆呈顺时针旋转。对于东北地区，流通产业发展的标准差椭圆经历了先下降后上升的两个阶段，第一个阶段是从 2004 年的 327665 平方千米下降至 2009 年的 315400 平方千米，第二个阶段从 2009 年的 315400 平方千米上升到 2021 年的 338143 平方千米。整体来看，研究期内，东北地区的标准差椭圆呈上升趋势，说明流通产业的发展趋于离散分布。

（4）标准差椭圆空间分布的转移轨迹。为了能够准确地对标准差椭圆移动轨迹进行分析，计算得到标准差椭圆的重心及其坐标（见表 4 - 7）。在全国层面上，从重心坐标的经度来看，标准差椭圆重心转移轨迹持续向东部转移，经度从 2004 年的 114°11′E 转移到 2021 年的 114°39′E，2004 年与 2021 年的经度差为 28′；重心坐标的纬度从 2004 年的 32°39′N 转移到 2021 年的 32°27′N，整体表现为向东南方向迁移。这一现象可能是由于东南沿海地区的交通和物流基础设施较为完善，包括多个国际和国内大型港口、高速公路网和铁路网。这些优越的物流条件为商品流通提供了便利，降低了运输成本。东部地区重心转移轨迹保持持续向东部转移，经度从 2004 年的 116°53′E 转移到 2021 年的 117°30′E，纬度从 2004 年的 29°35′N 转移到 2021 年的 29°57′N，东部地区的流通更多向东北方向转移，形成长三角流通高值。中部与西部地区重心转移几乎未发生变动，只有轻微波动，较为稳定。在东北地区，经度从 2004 年的 125°13′E 转移到 2021 年的 125°16′E，重心坐标的纬度从 2004 年的 43°31′N 转移到 2021 年的 43°29′N。通过对全国与各子区域的分析，我们能够发现现代流通体系效率在我国东部区域集聚。

表 4 - 7　　　　　　　　　　现代流通标准差椭圆信息

区域	年份	面积（平方千米）	中心坐标	方位角
全国	2004	3013464	(114°11′E, 32°39′N)	19.610°
	2009	2975950	(114°18′E, 32°49′N)	19.745°
	2016	2935795	(114°17′E, 32°40′N)	16.812°
	2021	2852380	(114°39′E, 32°27′N)	18.013°

区域	年份	面积（平方千米）	中心坐标	方位角
东部	2004	1123516	(116°53′E, 29°35′N)	8.390°
	2009	1119344	(117°1′E, 29°53′N)	8.568°
	2016	1107608	(117°9′E, 29°48′N)	8.801°
	2021	1068132	(117°30′E, 29°57′N)	8.994°
中部	2004	501315	(114°15′E, 31°57′N)	170.185°
	2009	513838	(114°16′E, 32°1′N)	168.797°
	2016	507041	(114°15′E, 32°2′N)	169.693°
	2021	503943	(114°18′E, 31°57′N)	169.253°
西部	2004	2412020	(105°21′E, 32°29′N)	173.764°
	2009	2446001	(105°29′E, 32°42′N)	174.587°
	2016	2364600	(105°20′E, 33°4′N)	171.200°
	2021	2344038	(105°23′E, 32°32′N)	170.401°
东北部	2004	327665	(125°13′E, 43°31′N)	28.188°
	2009	315400	(125°15′E, 43°28′N)	27.992°
	2016	332214	(125°15′E, 43°31′N)	28.762°
	2021	338143	(125°16′E, 43°29′N)	29.162°

二、现代流通体系建设的动态演进趋势

（一）核密度估计分析

图 4-16～图 4-20 展示了总体及各个分区的现代流通体系建设的 Kernel 密度估计图。接下来的部分，我们将分别针对 Kernel 密度分布曲线的位置、形态、延展性及极化特征等视角展开的详细分析。

1. 全国视角下现代流通体系建设的 Kernel 密度估计

通过对核密度曲线分布位置的分析，可以清晰地观察到现代流通体系建设水平呈现出显著的右移趋势。这一趋势明确表明，在所考察的时间段内，各地区流通体系建设水平均有不同程度的提升。具体而言，在 2004～2016 年，核密度曲线的主峰稳定地位于 0～0.050 的区间内，且主峰的右移速度相对较为缓慢，充分反映出这一阶段现代流通体系建设水平的提升

进程较为平稳且有序。然而，值得特别注意的是，自2016年起，核密度曲线的主峰移动速度显著加快，并顺利过渡至0.050~0.100的区间。2016年成为核密度曲线右移加速的关键节点，此后，现代流通体系建设水平显著提升，呈现出较为快速的发展态势。

从分布形态的角度分析，可以观察到流通体系建设水平的主峰呈现出逐年下降的趋势，同时其分布宽度逐渐扩大。这一变化模式鲜明地揭示出，在此考察期间，流通体系建设从集中向分散演变的格局逐步形成，并且现代流通体系建设水平的绝对差异正在不断扩大。具体而言，在2004~2011年，主峰的高度显著下降，且下降幅度较大，与此同时，主峰的分布宽度也持续拓宽。这一现象反映了流通体系建设水平差异的加剧。然而，值得注意的是，在随后的三年内，主峰高度下降的速度有所放缓，这在一定程度上代表了城市间流通体系建设的绝对差异出现了暂时性的缓解。接下来，在2017~2021年，主峰的高度再次显著下降，并且宽度继续扩展。这一现象进一步表明，在此期间，流通体系建设的绝对差异再次加剧，呈现出持续扩大的态势。

从分布延展性的角度来看，现代流通体系建设的核密度曲线展示出从初始的无延展性状态逐步过渡到延展性逐渐增强的动态演变趋势。这一趋势表明，随着时间的推移，在流通领域中占据显著优势的城市区域，其领先地位正不断得到巩固和扩展。尤为值得关注的是，核密度曲线右拖尾部分逐渐演化出侧峰形态，这一变化蕴含着深刻的经济意义，表明全国范围内存在一批现代流通体系建设水平显著较高的城市。这些城市凭借更优越的资源禀赋，逐步拉大了与其他城市在数字现代流通体系建设方面的差距，形成了明显的"马太效应"。与此同时，其他大多数城市在现代流通体系建设的进程中相对滞后，未能及时跟上这一快速发展的步伐，导致区域内流通体系建设水平的差异进一步加剧。从极化特征来看，流通体系建设的核密度曲线主峰旁未出现明显的侧峰。这一观察结果表明，在当前阶段，流通体系建设尚未呈现出明显的极化现象。

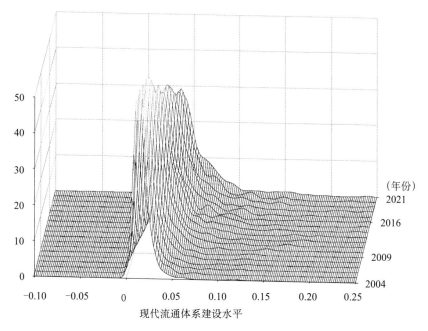

现代流通体系建设水平

图 4 – 16 全国现代流通体系建设水平动态分布

2. 区域视角下中国现代流通体系建设的 Kernel 密度估计

（1）东部地区现代流通体系建设的 Kernel 密度估计。从核密度曲线的分布位置进行深入剖析，可以清晰地观察到，东部地区的核密度曲线展现出一种显著的右移态势，这表明流通体系建设水平呈现出显著上升的趋势。东部地区作为中国经济最为发达的区域，拥有较为完善的基础设施、充足的资金投入和高效的市场机制。这些有利条件为流通体系建设提供了坚实的基础。此外，国家对东部地区的政策支持力度较大，这些政策包括对数字经济、物流网络和电子商务的支持，进一步推动了流通体系的加速发展。与全国范围内的核密度曲线变动趋势呈现出高度的相似性，东部地区的核密度曲线亦存在明显的加速右移节点，这表明东部地区的现代流通体系建设经历了若干阶段的显著加速增长。尤为值得关注的是，在流通体系建设的前期阶段，核密度曲线的主峰稳定地维持在 0 ~ 0.050 的区间内。然而，随着时间的推移，在现代流通体系建设发展的后期阶段，主峰的位置发生了显著的迁移，超过了 0.050，这代表东部地区流通体系建设在近年来实现了前所未有的加速发展。作为中国对外开放的前沿地区，东部地区在国际贸易、跨境电商等领域具有明显的优势。外部环境的变化，如全球供应链的调整和对外贸易政策的变化，也促使东部地区流通体系加快升级，以适应国际市场的需求。

通过对东部地区的核密度分布形态的分析，我们发现，东部区域的主峰在总体上呈现出一种显著下降的趋势，与此同时，主峰的宽度也在快速拓宽。这一显著的变化态势揭示了东部区域流通体系的分布格局正在经历一个由相对集中向相对分散的演变过程，而城市间在数字经济发展水平上的绝对差异也呈现出进一步扩大的趋势。探究其背后的原因，可能与东部地区的地理位置和经济结构密切相关。首先，东部地区多为沿海城市，如上海、广州和深圳等，这些城市不仅在经济上具有先发优势，还在全球贸易和数字经济领域占据重要地位。随着数字经济的快速发展，这些城市通过技术创新和产业升级，不断提升自身的流通体系建设水平，从而进一步巩固和扩大其在全国范围内的领先地位。然而，这种领先地位的巩固也带来了区域内城市发展不平衡的现象。尽管东部地区的整体经济水平较高，但在流通体系建设和数字经济发展上，不同城市之间的差异仍然显著。这导致了核密度曲线的主峰下降和宽度拓宽，反映出东部地区内部存在显著的经济分化，部分城市通过领先的技术和资源占据了优势地位，而其他城市则相对滞后，未能充分分享数字经济带来的发展红利。

从分布延展性的维度进行更为深入的剖析，我们可以清晰地观察到，东部区域的核密度曲线展现出显著的右拖尾现象，并且这一延展性特征呈现出逐年增强的趋势。尤为值得关注的是，右拖尾的核密度曲线似乎正逐步演化出侧峰的形态。它明确指示出，在东部地区存在着一定数量的城市，其流通体系建设水平显著高于其他城市。这些城市凭借更为优越的资源禀赋，正逐步扩大与其他城市在流通体系建设层面的差距。东部地区的部分城市，如上海、广州、深圳等，拥有更加优越的资源禀赋，包括发达的基础设施、强大的经济实力、高效的物流网络以及充足的资本投入。这些资源优势使得这些城市在流通体系建设上能够领先一步，并持续保持领先地位。另外，随着数字经济的快速发展，这些城市在信息技术、电子商务、智能物流等方面的发展更加迅速。数字经济的发展不仅提高了流通效率，还通过技术创新进一步增强了这些城市在全国范围内的竞争力，从而加速了与其他城市在流通体系建设水平上的差距扩大。从极化特征的角度进行深入分析，我们可以观察到，东部地区的流通体系建设并未呈现出显著的极化趋势。

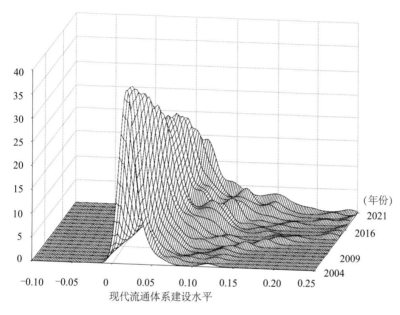

图4-17　东部地区现代流通体系建设水平动态分布

　　（2）中部地区现代流通体系建设的 Kernel 密度估计。从主峰的分布位置来看，中部地区的核密度曲线展现出显著的右移态势，这一态势表现得较为平缓，并未显示出加速或减速的显著变化。这一趋势深刻反映了该地区流通体系建设的稳步提升过程。其背后的原因，可能与中部地区城市密集、经济结构相对均衡有关。这种均衡性使得各城市在流通体系建设上具有相似的发展基础，从而推动整个区域内的流通体系建设以平稳的速度前行。与东部地区的激烈竞争和快速增长相比，中部地区更倾向于均衡发展，避免了经济剧烈波动所带来的不确定性。中部地区作为中国的地理中心，拥有连接东西、贯通南北的区位优势。这一地理优势使得中部地区在全国物流和流通网络中扮演着关键角色。通过合理配置资源与优化物流网络，中部地区在不追求过快增长的前提下，实现了流通体系建设的稳步提升。

从分布形态的角度深入剖析，中部地区的核密度曲线主峰总体上呈现出梯度下降的趋势，同时宽度逐渐拓宽。这一显著特征清晰地表明，该地区的流通体系建设正经历从集中向分散的空间格局演变。中部地区的资源分布和政策支持相对均衡，未出现资源或政策的高度集中，这导致流通体系建设的分布更加分散，反映在核密度曲线的宽度逐步拓宽上。此外，政策支持的均衡性虽然有助于整体发展的稳定性，但也可能削弱了部分城市快速发展的潜力，进而导致区域内差异逐渐扩大。相比全国整体趋势，中部地区的流通体系建设虽然同样表现出下降趋势，但其下降速度更为缓慢，幅度也相对较小。这意味着中部地区的流通体系建设在一定程度上保持了相对稳定，避免了大幅度的波动或急剧的变化。另外，随着时间的推移，中部地区核密度曲线的宽度持续拓宽，这一动态变化明确显示出中部区域内流通体系建设的城市间绝对差异正在不断扩大。

从分布延展性的维度进行深入分析，中部地区的核密度曲线未展现出显著的右拖尾现象，这表明在该时间段内，中部地区各城市的现代流通体系建设水平相对均衡，未有城市在发展水平上显著超越其他城市。换言之，中部地区的流通体系建设并未表现出高度集中或显著领先的城市群体。而中部地区缺乏类似上海、深圳等发展水平较高的城市，这导致区域内城市在流通体系建设水平上的差异较小，各城市之间未形成明显的梯队差异，从而未出现显著的极化现象。从极化特征的角度来看，中部地区的核密度曲线主峰旁并未出现明显的侧峰，这进一步表明该地区流通体系建设水平尚未表现出极化现象，即各城市的发展水平相对均衡。同时，这一特征也预示着在未来几年内，中部地区的流通体系建设不太可能出现显著的极化趋势，区域内的城市发展可能继续保持相对均衡的态势。此外，中部地区在市场规模、资源禀赋等方面相对均衡，缺乏极端优势或劣势城市。这种资源禀赋的均衡性抑制了极化现象的发生，进一步促进了区域内较为一致的发展水平。

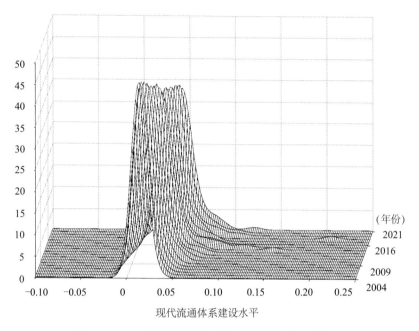

图4-18　中部地区现代流通体系建设水平动态分布

（3）西部地区现代流通体系建设的 Kernel 密度估计。从分布位置的角度深入分析，西部地区的核密度曲线呈现出平缓的右移态势，未显示出显著的加速或减速阶段。这一趋势表明，西部地区的流通体系建设正处于稳步提升的阶段，虽然进展相对缓慢，但整体上表现出持续向好的发展态势。西部地区的经济和流通体系建设起步较晚，基础设施相对薄弱，这导致其在现代流通体系建设方面的发展速度较为缓慢。尽管近年来取得了一定进展，但由于历史发展的滞后性，西部地区仍难以与东部沿海地区相提并论。虽然西部地区的流通体系建设有所提升，但其总体水平依然较低。核密度曲线的主峰稳定在 0~0.050 的区间内，这反映出西部地区在全国范围内的流通体系建设仍处于相对落后的水平，尚未达到更高的发展阶段。尽管西部地区受益于国家的西部大开发政策，但相较于东部地区，资源配置仍显不足。虽然政策支持的力度在不断增加，但仍难以完全弥补历史上的发展差距，这使得西部地区的流通体系建设在全国范围内依然处于落后状态。

从分布形态的维度进行深入剖析，西部地区核密度曲线的主峰呈现出先下降、后上升、再下降的复杂波动态势。西部地区的发展受到国家政策和投资力度的显著影响。在不同的政策阶段和投资周期中，西部地区现代流通体系建设的重点和资源配置可能有所调整，这种调整导致了流通体系建设水平的波动，并反映在核密度曲线主峰的波动变化上。西部地区的基础设施建设往往具有阶段性特征。在某一阶段，随着基础设施的大规模建设，流通体系的整体水平可能显著提升，但在建设完成后，若后续资源投入不足，可能会导致发展速度暂时放缓，从而出现主峰下降的趋势。与此同时，主峰宽度的变化过程，即先拓宽、后收缩、再拓宽的显著变化进一步表明，西部地区各城市间流通体系建设的绝对差异在经历波动后再次扩大。这意味着，在不同的发展阶段，西部地区城市间的流通体系建设水平出现了显著分化，区域内城市发展的均衡性逐渐减弱，差距逐步扩大。西部地区的政策支持和资源分配往往集中于特定区域或城市，在某一阶段，资源的集中投入使这些城市的流通体系建设水平迅速提升，而其他城市则相对滞后。这种非均衡的资源分配在不同时期导致了区域内城市间差距的扩大。

从分布延展性的角度考察，西部地区的核密度曲线显现出显著的右拖尾特征，且这一延展性趋势随着时间的推移越发明显。此动态变化表明，西部地区流通体系建设的发展呈现出日益显著的分散化特征，即区域间的流通体系建设水平差距逐渐扩大。具体而言，右拖尾的出现意味着西部地区中涌现出了一批流通体系建设水平显著高于其他区域的城市或地区。例如，成都和重庆等城市，凭借其经济的迅速崛起和流通产业的快速发展，使得这些城市的现代流通体系建设显著提升，并占据领先地位。这些城市的快速发展不仅提升了西部地区整体流通体系建设水平，同时也加剧了区域间的差距，导致右拖尾现象的形成与强化。进一步从极化特征的视角进行分析，可以观察到，西部地区流通体系建设的核密度曲线主峰附近并未出现明显的侧峰。这一观察结果表明，在当前发展阶段，西部地区的流通体系建设尚未表现出显著的极化趋势。

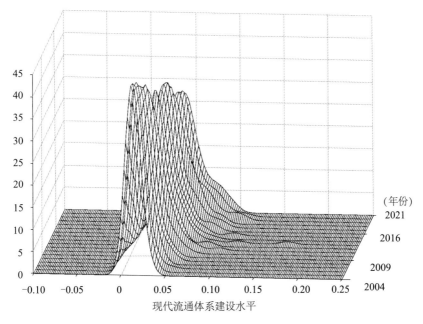

图 4 - 19   西部地区现代流通体系建设水平动态分布

（4）东北地区现代流通体系建设的 Kernel 密度估计。通过对分布位置的深入剖析，可以清晰地观察到，东北地区的核密度曲线主峰呈现出向右平移的态势，这表明该地区的流通体系建设水平在宏观层面上稳步提升。然而，整体来看，主峰向右转移的速度较为缓慢，且未出现显著的加速节点，表明该地区的发展虽然持续，但提升的速度相对缓慢而稳定。东北地区长期以来以重工业为主，经济结构较为单一，流通体系发展相对滞后。近年来，尽管该地区开始进行产业转型和结构调整，但这一过程面临诸多挑战，如转型成本高昂、传统产业调整缓慢等，导致流通体系建设提升的速度受到一定限制。在流通体系建设的初期阶段，核密度曲线的主峰稳定在 0 ~ 0.050 的较低区间，反映了当时东北地区整体发展水平较低，亟须提升。随着时间的推移，主峰位置显著迁移至 0.05 ~ 0.100 的区间，这一变化明确显示出近年来东北地区流通体系建设取得了显著进展，整体水平有了明显提升。

从分布形态来看，东北地区的核密度曲线主峰高度总体上呈现出下降的趋势，仅在 2014～2017 年出现了略微上升的迹象。这表明东北地区的现代流通体系建设水平正在经历从集中向分散的空间格局演变。东北地区传统上依赖重工业，经济结构相对单一。在现代流通体系建设过程中，随着产业结构的调整和新兴产业的崛起，流通体系建设的重心逐渐从少数核心城市向更多城市扩散。这一分散化趋势导致顶尖城市的主峰高度下降，而其他城市的流通体系建设水平有所提升，导致主峰高度整体下降。与此同时，主峰的宽度呈现出逐年拓宽的趋势，显示出区域间流通体系建设水平的绝对差异在不断扩大。这意味着东北地区城市之间的流通体系建设水平正变得更加多样化，发展非均衡的现象逐渐加剧。

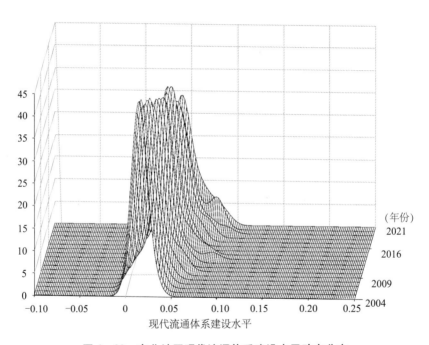

图 4 - 20　东北地区现代流通体系建设水平动态分布

　　从分布延展性的维度分析，2004～2019 年，东北地区的核密度曲线并未展现出右拖尾现象。这意味着在这一时间段内，东北各城市的流通体系建设水平相对趋同，没有出现显著突出的高水平发展城市，表明该时期内东北地区的流通体系发展较为均衡，各城市之间的发展水平差异较小。东北地区各城市的产业结构在这一时期可能相对类似，尤其是以传统重工业为主，导致各城市在经济发展和流通体系建设上的差异较小。这种结构的相似性抑制了某些城市在流通体系建设上快速超前发展，形成了较为均衡的发展格局。然而，随着时间的推移，东北地区流通体系建设的格局开始发生变化，右拖尾现象逐渐显现。这表明部分城市开始在流通体系建设上脱颖而出，发展水平明显高于其他城市，区域内的不均衡性开始加剧。从极化特征的角度来看，东北地区的数字经济发展水平的核密度曲线主峰旁未出现明显的侧峰。这意味着在当前阶段，东北地区的数字经济发展尚未呈现明显的极化现象。

（二）Markov 链分析

表 4－8 展示了 2004～2021 年中国 287 个城市现代流通体系建设水平的转移概率矩阵。在传统 Markov 状态转移概率矩阵的基础上加入空间滞后项即可得到空间 Markov 状态转移概率矩阵（见表 4－8）。

表 4－8　　　　　　　　产业流通效率马尔可夫模型结果

空间滞后	类型	低水平	中低水平	中高水平	高水平	N
无滞后	低水平	0.801	0.187	0.007	0.005	1292
	中低水平	0.023	0.722	0.237	0.019	1284
	中高水平	0.002	0.054	0.749	0.196	1207
	高水平	0.003	0.016	0.054	0.928	1096
低水平	低水平	0.905	0.087	0.002	0.005	804
	中低水平	0.074	0.757	0.162	0.007	136
	中高水平	0.000	0.060	0.821	0.119	67
	高水平	0.077	0.077	0.154	0.692	13
中低水平	低水平	0.642	0.338	0.012	0.007	408
	中低水平	0.025	0.794	0.166	0.015	519
	中高水平	0.013	0.103	0.686	0.199	156
	高水平	0.021	0.084	0.053	0.842	95
中高水平	低水平	0.547	0.438	0.016	0.000	64
	中低水平	0.010	0.673	0.293	0.024	505
	中高水平	0.000	0.047	0.790	0.163	577
	高水平	0.000	0.016	0.092	0.892	314

空间滞后	类型	低水平	中低水平	中高水平	高水平	N
高水平	低水平	0.625	0.313	0.063	0.000	16
	中低水平	0.008	0.581	0.387	0.024	124
	中高水平	0.000	0.044	0.703	0.253	407
	高水平	0.000	0.004	0.034	0.961	674

在不考虑现代流通体系建设水平空间溢出效应的条件下，传统马尔可夫转移概率矩阵中主对角线元素大于其他位置元素，意味着中国现代流通体系建设水平存在"俱乐部收敛"现象（刘程军等，2022；孙彦明等，2023）[1][2]。具体而言，传统马尔可夫转移概率的主对角线数据介于72.2% ~92.8%，显著高于非对角线上的概率值，这表明不同地区在现代流通体系建设水平方面的差异可能持续存在，较高水平地区和较低水平地区分别在各自的集群内部趋于稳定，难以实现跨集群的快速转变。值得注意的是，现代流通体系建设高水平地区维持原有状态的概率最大，达到92.8%，究其原因，高水平地区拥有完善的基础设施及丰富的资源要素，更容易持续维持高水平的流通体系（张自然等，2024）[3]。此外，现代流通体系建设低（高）水平区域向更高（低）水平区域转移的概率表现出明显的下降趋势。这种现象可能是由于各区域的发展稳定性、经济和技术障碍，以及不平等的政策和资源分配共同作用的结果。

在传统 Markov 状态矩阵中加入空间滞后项，转移概率矩阵中大部分元素的数值大小都发生变化，表明中国现代流通体系建设的转移趋势存在空间溢出效应，即当期本地区现代流通体系建设水平变化会受到前期邻近地区现代流通体系建设水平的影响。同时，主对角线上的元素仍大于非对角线上的元素，这表明即便考虑了"空间滞后"的影响，现代流通体系建设

---

① 刘程军，陈亦婷，陈秋驹，等. 中国双循环协调发展水平演化及其驱动机制［J］. 经济地理，2022，42（11）：1 – 8.

② 孙彦明，杨怡乐，李清立."双碳"目标下中国省域交通碳排放强度的时空演变分析［J］. 宏观经济研究，2023（11）：48 – 61.

③ 张自然，马原，杨玉玲. 新质生产力背景下中国新型基础设施的测度与分析［J］. 经济与管理研究，2024，45（8）：17 – 39.

仍存在明显的"俱乐部收敛"特征，且状态转移主要发生在相邻类型之间，跨水平的转移概率几乎为 0。由表 4-8 可知，不同空间滞后类型下的转移概率变动较为明显。从稳态水平来看，随着空间滞后类型的升高，我们观察到低水平、中低水平及中高水平类型的稳定性波动下降，而高水平区域的稳定性则呈现上升态势。考虑到低水平和中低（高）水平区域存在基础设施不足、资源配置有限、技术应用落后及政策支持不充分等问题，往往面临着诸多挑战和限制。这些区域在提升流通体系效率和应对外部经济变化时显得更为脆弱，因而其经济和流通体系的稳定性通常较低。

　　以不考虑空间滞后的传统 Markov 状态矩阵为基准，与中高水平区域相邻时，中高水平类型的固化能力增强，高水平更易向中高水平转移且中高水平更易向中低水平转移，表明以中高水平区域为邻会抑制本地区现代流通体系建设水平提升。与中低水平区域相邻时，低水平类型更易向中低水平转移，中低水平类型更易向中高水平类型发生转移，表明以中低水平省份为邻会抑制本地区现代流通体系建设水平的提升。此外，从马尔可夫状态转移概率的数值大小来看，低水平类型下的对角线数据处于 69.2% ~ 90.5%，"俱乐部收敛"特征较为明显，随着空间滞后类型升高，低水平区域维持现状的概率从 90.5% 下降到 62.5%，同时向中低水平转移的概率从 8.7% 上升到 31.3%，向中高水平转移的概率较小，从 0.2% 上升至 6.3%，向高水平转移的概率在中高水平与高水平空间滞后类型下演变为 0，表明在这两种滞后类型下现代流通体系建设不存在概率转移现象。中低水平区域维持现状的概率从 84.2% 下降到 64.2%，同时向中高水平转移的概率从 16.2% 上升到 38.7%，向高水平转移的概率均低于 2.4%，而在不同空间滞后类型下，向低水平转移的概率小于 7.4%。中高水平区域维持原有状态的概率变动范围为 68.6% ~ 82.1%，向高水平转移的概率上升至 25.3%，向中低水平转移的概率演变至 4.4%，而向中低水平转移的概率均为 0，不存在水平的跨越式发展。高水平区域维持原状的概率在 69.2% ~ 96.1% 的区间内波动，其中，高水平区域随着空间滞后类型升高，其维持原有状态的概率呈明显上升趋势。总的来看，相邻现代流通体系建设水平之间存在较为明显的概率转移现象，而跨越式发展的可能性几乎为零。究其原因，主要是高水平区域往往拥有较为先进的基础设施，如高效的物流系统和信息技术支撑，促使高水平区域能够更快速地适应市场变化和满足商业需求，同时，该区域能够享受到更多的政府激励和市场优势，进一步巩固其在现代流通体系中的领先地位。而低水平区域需要克服庞大的基础设施、资金、技术和政策支持等多方面的差距，才能实现向高水平的跨越式发展（周正柱和冯博文，2024）①。

---

① 周正柱，冯博文. 长三角城市群商品流通发展的时空演变特征、区域差异及分布动态演进 [J]. 上海交通大学学报（哲学社会科学版），2024，32（2）：24－47.

第五章　数字经济赋能现代流通体系建设的理论分析

第一节　数字经济对现代流通体系建设的直接赋能逻辑

本研究立足于数字经济赋能的视角，力图从体系构建的全局性思路出发，深入探索数字经济驱动现代流通体系建设的内在理论逻辑与核心机制，旨在构建一个既具整体性又富含系统性的赋能机理分析框架，这一框架能够成为理解和指导数字经济时代下流通体系变革的重要工具。此框架的构建，不仅是对现有理论的细致梳理与整合，更是对数字经济时代下流通体系变革路径的深刻洞察。具体的赋能逻辑主要体现在以下四个层面。

一、数字经济融合视角下流通体系的降本增效

在当前数字经济持续赋能的背景下，流通体系的数字化、智慧化转型已成为驱动流通经济发展的核心趋势，这一点已成为业界内外的广泛共识（师宁等，2019）①。这种转型不仅改变了传统的流通模式，更深刻影响了产业链的各个环节，催生了新的商业模式和市场机遇。随着网络信息技术的广泛普及与深度应用，流通主体与互联网的融合态势越发显著，展现出前所未有的活力与潜力，为流通体系的变革注入了强大的动力，这种融合

---

① 师宁，李泽萍，赵胜利，等. 基于互联互通的现代物流体系构建 [J]. 科技管理研究，2019，39（15）：191－197.

不仅仅体现在信息流的加速与数据资源的高效利用，更体现在流通效率、服务质量和客户体验的全面提升（王定祥等，2023）[①]。具体而言，物流企业凭借先进的物流管理系统，实现了自动化仓储与智能配送，这一转变极大地提升了物流效率，降低了运营成本；零售企业则依托电子商务平台，成功构建了线上交易渠道，不仅拓宽了市场边界，还增强了市场响应速度，为消费者提供了更为便捷的购物体验；批发企业通过构建电子采购平台，实现了采购与销售的快速响应与高效协同，进一步提升了供应链的整体效能（马海群和刘心蕊，2024）[②]。更为深远的是，流通市场主体在数字化转型的浪潮中，获得了更为充分且快捷的商情信息。这使得其能够在竞争日益激烈的市场环境中具备更为敏锐的市场洞察力和决策能力，这种信息的获取不仅限于实时的市场动态，还涵盖了多维度的消费者需求、供应链变化以及宏观经济趋势，使得流通主体能够更精准地识别商品及要素流通过程中的痛点与堵点，并及时作出应对措施。基于这一精准的信息获取能力，流通主体能够动态优化流通资源配置，实现资源的最大化利用，从而提升企业的运营效率与市场竞争力。在此基础上，流通体系全面提升了需求预测的准确性，通过大数据分析和人工智能算法，更加精确地捕捉市场需求变化，进而调整生产计划，实现生产引导的精准性（陈凯旋和张树山，2024）[③]。与此同时，库存管理也变得更加科学，企业能够通过实时数据监控和智能库存管理系统，合理规划库存水平，减少库存积压与浪费，提高资金周转效率（Kumar et al.，2024）[④]。此外，渠道整合的有效性得到了显著提升，线上线下渠道的无缝对接与融合，使得商品的流通更加畅通，供应链的运作更加协调。数据共享的高效性也为各环节的协同提供

① 王定祥，吴炜华，李伶俐. 数字经济和实体经济融合发展的模式及机制分析 [J]. 改革，2023（7）：90 – 104.

② 马海群，刘心蕊. 面向数字经济高质量发展的数据要素流通全流程场域构建研究 [J]. 信息资源管理学报，2024，14（4）：29 – 35.

③ 陈凯旋，张树山. 信息消费与数实融合——来自国家信息消费试点的经验证据 [J/OL]. 软科学，2024：1 – 10.

④ Kumar A，Shankar A. Building a Sustainable Future with Enterprise Metaverse in a Data-Driven Era：A Technology-Organization-Environment（TOE）Perspective [J]. Journal of Retailing and Consumer Services，2024，81：103986.

了强有力的支持，不仅加快了信息传递速度，还促进了各方之间的合作与创新。这一系列工作效能的提升，无疑为流通体系的降本增效提供了强有力的支撑，不仅促进了流通体系内部的协同优化，提升了体系的整体运行效率，还为其与外部经济环境的互动创造了更为有利的条件，增强了流通体系与外部环境的适应性（《中国流通经济》编辑部，2024）[1]。这种内外兼修的变革方式，不仅推动着流通经济向更高质量、更有效率的方向发展，还在公平性和可持续性方面取得了显著进展，为未来的经济增长奠定了坚实的基础。

二、数字技术革新视角下流通体系的包容创新

在数字技术广泛渗透与深度应用的背景下，流通媒介的交互能力实现了前所未有的全面提升，这一深刻变革为流通市场主体高效匹配创新型商业模式、组织业态和流通渠道奠定了坚实的基础。这种交互能力的提升不仅打破了信息孤岛的限制，还促使流通体系能够更加精准地捕捉市场动态需求，从而推动供需之间的高效匹配与资源的优化配置（王军进等，2024）[2]。这种精准捕捉市场动态的能力，使得流通体系能够更灵活地应对市场变化，进而驱动生产端实现柔性适配，确保生产过程能够迅速响应消费者需求的变化，最大限度地满足市场的多样化需求。由此，流通体系得以更为精准地捕捉市场动态需求，进而驱动生产端实现柔性适配，而这一过程的顺畅推进，则离不开数字技术所提供的必要支撑与保障。具体而言，物联网、人工智能、云计算等新兴技术的广泛应用，不仅打破了传统产业的固有壁垒，还极大地促进了流通资源的共享与高效协作，为流通体系的数字化、智慧化转型注入了强大的活力与动能。这些技术的应用，使得流通环节的各个方面都能够实现更高程度的自动化和智能化，极大提高了流通效率，降低了运营成本，同时，也为创造新的商业机会提供了无限

---

① 本刊编辑部．"有效降低全社会物流成本"研讨会专家观点综述［J］．中国流通经济，2024，38（5）：3-17.

② 王军进，许淞俊，刘家国．考虑转化效率的竞争企业产能共享策略研究［J/OL］．中国管理科学，2024：1-15.

可能。在这一转型进程中，诸如跨境电商、线上线下 O2O 深度融合（李伟等，2024）①、流通自有品牌精心打造、直播带货新兴模式、流通跨界融合以及智慧物流等一系列创新模式和新业态得以持续涌现，并成为推动流通体系变革的重要力量（胡俊和杜传忠，2020）②。这些新兴模式与业态的蓬勃兴起，不仅极大地丰富了流通体系的内涵与外延，还进一步提升了其适应市场变化的能力与韧性。这些创新带来的变化，使得流通体系能够更加从容地应对市场的不确定性与波动，确保在复杂多变的环境中依然保持高效运作和稳定发展。更为深远的是，新兴数字技术凭借其卓越的数据处理与分析能力，能够更为敏锐地洞察并应对日益多变的市场需求，从而为消费者提供更加精准、优质的个性化产品和服务。这种以消费者需求为导向的创新模式（刘娜，2023）③，不仅显著增强了流通体系的包容性与灵活性，还为其持续创新与发展提供了源源不断的内在动力与外在支撑。

三、数据资源嵌入视角下流通体系的职能强化

随着信息技术的迅猛发展与全面渗透，流通领域内商情信息的收集、分析与传播活动日益呈现出高频化与深度化的趋势。这一趋势不仅改变了传统的商业运作模式，还为流通体系带来了前所未有的机遇与挑战。在此背景下，数据资源作为一种新兴且关键的生产要素，其高效共享机制的构建对于促进市场参与者之间的深度互动与合作，以及优化流通市场主体在媒介供需职能方面的履行，展现出了至关重要的作用（柯蕴颖等，2024）④。具体而言，数据资源在流通链条中的深度嵌入，不仅为生产者与消费者之间搭建起一座更为高效、精准的信息桥梁，使得生产者能够更为

---

① 李伟，范则成，张莎.B2C VS. O2O：线上渠道拓展类型对线下渠道的影响及门店密度的调节作用［J/OL］.中国管理科学，2024：1-18.

② 胡俊，杜传忠.人工智能推动产业转型升级的机制、路径及对策［J］.经济纵横，2020（3）：94-101.

③ 刘娜.新消费的理论内涵、实践样态与创新经验［J］.消费经济，2023，39（3）：3-13.

④ 柯蕴颖，张青睿，王光辉.数据要素市场化配置如何促进城市创业活力——基于要素协同视角的解释［J］.经济问题探索，2024（8）：73-86.

迅速且准确地捕捉市场动态与消费者偏好的细微变化，进而实现产品生产策略的灵活调整与质量的显著提升。此外，信息技术的广泛应用使得流通企业能够通过实时数据分析优化库存管理、供应链配置和营销策略，从而在激烈的市场竞争中保持优势地位。这种基于数据的决策支持，不仅提高了流通企业的运营效率，还有效降低了运营成本，增强了市场应变能力；同时，这一嵌入过程也为消费者开辟了全方位、多维度的产品信息与品质认知路径，有力地支持其作出更加契合个性化需求的消费决策。这种双向的信息流动，不仅提升了产品与市场需求的匹配度，也增强了消费者对产品的信任度和满意度，推动了市场的良性循环与持续发展（王文隆等，2022）[①]。此外，数据资源的高效共享机制在破解流通领域长期存在的信息不对称难题与削减信息传播成本方面，亦彰显出显著的成效（李秋香等，2024）[②]。这一机制的有效运行，不仅有助于规范流通市场的竞争秩序，遏制不良行为的发生，还极大地增强了流通主体的媒介交互能力，促使流通体系在提供更为精准、优质服务的同时，能够更加高效地承担起匹配商品供求的核心职能，进而推动整个流通体系向智能化、高效化的方向转型，为数字经济的持续繁荣与发展奠定坚实的基础。

四、数字理念植入视角下流通体系的质量提升

在数字理念引领下，日益增多的流通企业开始深刻认识到数字化赋能的深远意义与潜在价值，纷纷加速了数字化转型的步伐，以期在日益激烈的市场竞争中抢占先机，获取竞争优势。这种转型不仅是企业适应时代潮流的必要举措，更是提升企业核心竞争力的关键途径。经过科学而系统的数字化改造，流通市场主体不仅能够显著提升其经营效率与营销能力，还能够实现高效的物流管理和精准的库存控制，从而大幅度减少冗余的资源浪费，促使流通体系的整体运转质量实现质的飞跃与提升。这种质的提升

---

①　王文隆，姚锐，张涑贤. 考虑制造商创新的供应链双向需求信息共享研究［J］. 中国管理科学，2022，30（5）：226–235.

②　李秋香，马草原，谢磊，等. 区块链赋能供应链价值创造的机理与策略——质量信息不对称下的经济学分析［J］. 管理世界，2024，40（8）：98–122.

不仅体现在企业内部的运营效率上，更体现在整个供应链的协同与优化上，使得流通体系在市场中更加稳健、高效地运作，为企业的可持续发展奠定了坚实的基础（蒋为，2024）①。通过数字化赋能，流通企业不仅能够应对当前的市场挑战，还能够为未来的发展积蓄力量，持续引领行业的创新与进步。数字理念的深度植入与践行，进一步倒逼流通企业不断加强数字化人才储备（陈雁翎，2024）②，积极推动相关技术创新与研发，并持续引入前沿技术与模式，以实现更为精细化、个性化的市场营销和客户服务，进而全面提升流通主体的市场竞争力和服务质量，巩固其市场地位。此外，伴随着数字理念的广泛传播与深入人心，公众对于环保的意识和责任感亦得到了显著增强，消费者更加倾向于选择绿色、健康的消费方式，这一趋势又反过来倒逼流通市场主体加速向绿色低碳化方向转型与发展（鞠国魁等，2024）③。面对这一变化，流通企业逐渐认识到，绿色低碳已经不再仅仅是企业社会责任的象征，更成为企业赢得市场竞争、提升品牌价值的核心要素。因此，越来越多的企业开始将绿色低碳理念融入其经营战略，努力在产品设计、生产、运输和销售等各个环节减少环境负担，实现可持续的经营模式。同时，数字技术的广泛应用与不断创新为流通领域资源和能源的高效利用提供了可能，有助于显著降低碳排放和资源消耗，推动流通体系向可持续发展的目标稳步迈进，帮助企业实现显著降低碳排放和资源消耗的目标（魏文栋等，2024）④。例如，通过大数据分析和智能算法，企业可以优化物流路径，减少运输过程中的能源消耗；通过物联网技术的应用，企业可以实时监控和调整生产与库存管理，避免不必要的资源浪费。据此可知，数字理念的植入与数字技术的应用，不仅为流通体系

---

① 蒋为，倪诗程，宋易珈．中国企业"双循环"下本土供应链与全球价值链协同创新效应研究［J/OL］．财贸经济，2024：1 - 17.

② 陈雁翎，鲜逸峰，杨竺松．数实融合背景下我国数字人才培养的挑战与应对［J］．行政管理改革，2024（2）：66 - 75.

③ 鞠国魁，徐义圣，李伟．新质生产力发展对民众自主环保意识的影响机制［J］．社会科学家，2024（4）：93 - 98.

④ 魏文栋，孙洋，刘备，等．"技术—组织—环境"视域下数字经济赋能低碳转型发展的路径［J］．中国科学院院刊，2024，39（6）：1047 - 1059.

的质量提升注入了新的活力与动能，也为流通行业的绿色低碳化转型和可持续发展奠定了坚实的基础，这种基础不仅保障了企业在市场中更具竞争力，还为社会的绿色发展贡献了力量。随着这些新理念和新技术的持续发展，流通行业将不断探索更加环保、高效的发展路径，开辟全新的发展前景，实现经济效益与环境效益的双重提升（刘帅，2024）[①]，为未来的可持续发展创造更加广阔的空间。

结合上述分析，提出如下研究假设：

假设 1：数字经济能够赋能现代流通体系建设。

第二节　数字经济赋能现代流通体系建设的间接作用机制

作为一种新型经济形态，数字经济不仅直接为现代流通体系建设注入新动能，还通过多维度、多层次的间接作用机制，对现代流通体系的完善与发展产生深远影响。这一影响不仅局限于技术层面的革新，还体现在对市场结构、企业运营模式以及消费者行为的全面重塑上。具体而言，数字经济通过营造更为广阔的创新发展空间、激发流通领域的创业活力，以及强化金融支持力度等多重途径，对现代流通体系的建设与发展施加了显著的间接效应。其具体作用机制如下所述。

一、营造创新发展空间

数字经济的快速发展，不仅累积了海量的数字信息资源，更孕育着科技创新的无限潜能，日益成为推动经济社会发展的新引擎（陈宠等，2024）[②]。这些数据资源不仅涵盖了广泛的行业领域，还以其多样性和复杂

---

① 刘帅. 数字物流促进物流业碳排放效率提升的机制与效应［J］. 中国流通经济，2024，38（6）：54 - 65.
② 陈宠，郭明君，何理. 互联网基础设施集聚对区域经济发展的影响及机制研究［J］. 中国软科学，2024（8）：122 - 132.

性为科学研究提供了丰富的原材料，成为推动知识前沿探索的核心动力。通过深度挖掘与精细化分析，科研人员得以更为精准地洞悉事物本质，解锁隐藏的科学谜题，进而驱动科技创新的浪潮，引领经济社会发展的全新变革，开辟出前所未有的发展路径。数字技术的广泛应用，显著缩短了科研探索的周期，提供了更为高效便捷的研究工具，极大地提升了科技创新的效率与质量，为科研活动注入了前所未有的活力与动力。这种精准的洞察，不仅加速了科学发现的进程，还为技术创新提供了坚实的理论基础，使得一系列前沿技术得以快速应用与推广，从而推动多个行业实现跨越式发展。这一变革不仅体现在研究手段的创新上，更深刻地改变了科研范式，促进了跨学科、跨领域的合作，这种合作模式打破了学科之间的界限，融合了多种研究方法和技术手段，加速了科学知识的生产与传播，使得科研活动更加多元化、开放化（尚洪涛和王斯彤，2024）[①]。这种开放性不仅提升了科研的效率，还使得研究成果能够更快地转化为实际应用，推动了社会各领域的进步与发展。进一步而言，数字经济以其独特的优势，如信息处理的即时性、资源分配的灵活性等，加速了知识与技术的跨时空传播与共享。这种传播与共享打破了地域和时间的限制，使得全球的创新资源能够更加高效地整合和利用，激发了全社会的创新热情，培育了更为广泛的创新思维，共同营造了一个包容性强、活力充沛的创新生态体系（王丹丹等，2024）[②]。在这一创新生态体系中，随着科技创新水平的持续跃升，流通体系得以更加灵活地运用物联网、大数据、云计算、人工智能等前沿科技，实现了流通效率的飞跃式提升。这不仅显著缩短了流通时间，还优化了流通服务的质量，进一步推动了经济的高效运行与持续发展。具体而言，在商品销售环节，人工智能与机器学习等创新科技的应用，实现了对消费者行为的深度洞察与个性化营销服务的精准提供，极大地提升了销售效率与消费者满意度，为市场繁荣注入了新的活力，同时也

---

① 尚洪涛，王斯彤. 国家数字经济创新发展试验区对民营企业合作创新的影响［J］. 中国流通经济，2024，38（9）：80-91.

② 王丹丹，马志强，许玲燕. 数字化转型与企业价值创造：产品与服务创新双重视角［J/OL］. 科技进步与对策，2024：1-13.

促进了消费者体验的优化与升级，增强了市场的竞争力与吸引力（余壮雄等，2024）①；在产品供应环节，大数据与云计算技术的深度融合，显著增强了供应链的响应速度与精准匹配能力，确保了商品供应的安全性与稳定性，有效降低了供应链风险，提升了整体经济的韧性与抗风险能力，为经济的平稳运行提供了坚实保障，增强了经济的可持续发展能力；而在仓储物流环节，物联网技术作为智慧物流、智能仓储的核心支撑，实现了对物流全过程货物、车辆、人员、设备等要素的实时监控与智能化管理，极大提升了仓储物流的效率与准确性，有效降低了库存积压与货品滞销等风险，进一步促进了经济的高效运行与持续创新。这些变革共同展现了数字经济对现代流通体系重塑的强大力量，预示着一个更加智能化、高效化、可持续化的经济发展新时代的到来，为全球经济社会的未来发展描绘了一幅充满希望的蓝图。

二、激发流通创业活力

数字经济的蓬勃兴起，无疑为现代流通体系的发展注入了前所未有的活力，极大地助推了电子商务、移动支付、共享经济、智慧物流、直播带货等一系列新技术、新模式的广泛应用与深度渗透。这些新兴模式不仅改变了传统的流通方式，还拓展了流通体系的边界，推动了整个行业向着更加智能化、数字化的方向迈进（姜昊和董直庆，2023）②。具体而言，电子商务的普及显著降低了流通创业的门槛与经营成本，通过数字平台的支持，创业者无须承担高额的实体店铺租金和库存成本，能够以更低的资金投入进入市场（林伟芬，2023）③。此外，其高度的便捷性与广泛的市场覆盖能力，吸引了大量具备创新意识的创业者踊跃投身于流通行业，为行业注入了新鲜血液与蓬勃活力；而移动支付则为流通创业者提供了更为便

---

① 余壮雄，谢浪情，程嘉嘉. 海外市场信息交流与产品市场配置效率［J/OL］. 财贸经济，2024：1 – 17.

② 姜昊，董直庆. 人工智能技术应用会存在选择性偏向吗？——行业属性与就业偏向［J］. 南方经济，2023（12）：37 – 61.

③ 林伟芬，胡耀，何骏. 电子商务发展对城市创业活跃度的影响［J］. 中国人口科学，2023，37（5）：82 – 96.

捷、高效的交易方式，不仅极大地提升了交易的安全性与效率，还促进了资金流转的加速与商业信用的显著增强，为流通经济的顺畅运行奠定了坚实基础，进一步激发了市场活力（张继武和吕丽娟，2024）①。共享经济模式通过高效整合与共享流通资源，显著节约了传统商业模式下流通领域的创业成本，有效激发了创业者的创业积极性与探索精神，成为推动流通业态创新与发展的重要力量，引领着流通经济向更加高效、可持续的方向发展。智慧物流凭借其安全、可靠、透明的现代物流服务特性，显著增强了流通创业者的信任感与满意度（张树山等，2023）②，为流通行业的顺畅运行与高效发展提供了坚实保障，进一步提升了流通体系的整体效能。而直播带货则依托其降低销售成本、打破地域限制、提高营销效率等多重优势，成功点燃了众多流通领域创业者的营销热情，开辟了新的销售渠道与市场空间，为流通经济的多元化发展开辟了新路径，展现了数字经济时代下流通创新的强大潜力（夏铭璐等，2023）③。与此同时，伴随着流通创业活力的显著提升，现代流通体系的建设进程亦得到了强有力的赋能与加速，展现出了前所未有的发展潜力与广阔前景。具体而言，流通创业者凭借其敏锐的市场洞察力与强烈的创新意识，积极为流通产业引入新技术、新模式与新业态，有力推动了传统流通体系向数字化、智慧化、服务化方向的转型升级，为流通行业的现代化发展注入了强劲动力，引领着流通经济的新一轮变革（徐孝民，2024）④；值得一提的是，当流通创业者初入流通市场时，他们往往会更加注重服务细节与交易品质的提升，以此作为增强自身竞争力的关键手段，这一行为无疑将进一步推动流通体系运行质量的整体提升与持续优化，为流通经济的高质量发展奠定了坚实基础，同

① 张继武，吕丽娟. 城市电商化转型提高了创业活跃度吗？——基于国家电子商务示范城市建设的准自然实验［J］. 经济与管理研究，2024，45（6）：95–111.

② 张树山，谷城，张佩雯，等. 智慧物流赋能供应链韧性提升：理论与经验证据［J］. 中国软科学，2023（11）：54–65.

③ 夏铭璐，张树山，谷城. 智慧物流对产业链韧性的影响［J］. 中国流通经济，2023，37（9）：23–33.

④ 徐孝民，刘孟凯，黄胜忠. 基于复杂适应系统理论的智慧物流创新系统及其创新行为模式［J］. 大连理工大学学报（社会科学版），2024，45（4）：16–28.

时，也彰显了流通创业者在推动流通体系现代化进程中的重要作用。此外，流通创业活动的不断涌现，还将进一步优化现有资源配置，提高流通资源的利用效率，引导流通体系更好地满足消费者多元化、个性化的需求，进而实现流通行业的可持续发展与繁荣，为现代流通体系的长远发展描绘出了一幅宏伟蓝图，展现了数字经济时代下流通经济创新发展的无限可能。

三、强化金融支持力度

在数字经济深度融入的背景下，金融机构以创新为核心驱动力，积极推出诸如移动支付、互联网银行、虚拟信用卡等多元化、创新型的金融服务与金融工具（邓辛和彭嘉欣，2023；刘凯等，2023；王义中等，2024)[1][2][3]，展现出了前所未有的活力与变革能力。这些创新举措不仅极大地丰富了金融市场的产品体系，还借助大数据、云计算、人工智能等先进技术手段，实现了对投融资风险的精准评估与高效管理，显著增强了金融机构的风险防控能力。这些技术手段的广泛应用使得金融服务的覆盖面进一步拓宽，推动了普惠金融的实现，使得更多中小企业和个人用户能够享受到更为便捷、高效的金融服务。此外，金融机构通过数字化转型不断优化内部管理流程，提高了运营效率，降低了成本，从而在激烈的市场竞争中占据了有利地位（张栋浩等，2024；陆岷峰，2024)[4][5]。这一系列变化不仅推动了金融行业的整体升级，也为经济的高质量发展提供了强有力的支持与保障。与此同时，融资租赁、供应链金融等新型金融产品的涌

---

① 邓辛，彭嘉欣.基于移动支付的数字金融服务能为非正规就业者带来红利吗？——来自码商的微观证据［J］.管理世界，2023，39（6）：16－33，70，34－43.

② 刘凯，郭明旭，李育.数字人民币发行与数字支付发展的宏观经济影响研究［J］.中国工业经济，2023（3）：39－57.

③ 王义中，林溪，李振华，等.数字普惠金融助力共同富裕：基于流动性约束视角［J］.经济研究，2024，59（6）：49－68.

④ 张栋浩，罗荣华，刘锡良.中国特色普惠金融体系的理论逻辑、建设成就与高质量发展路径［J］.经济学家，2024（5）：46－55.

⑤ 陆岷峰.金融强国与金融新质生产力：构建以数智化驱动的金融高质量发展新生态［J］.中国流通经济，2024，38（5）：18－27.

现，进一步降低了企业的融资成本，拓宽了融资渠道，为实体经济注入了新的活力，促进了经济的稳健发展（郭晔和姚若琪，2024）①。此类以数字技术赋能的金融服务与工具，无疑极大地提升了金融机构的服务能力和竞争实力，并为现代流通体系建设带来了更加精准、更为有效的金融支持。具体而言，数字赋能后的金融机构能够为流通市场参与者提供更为多样化的融资渠道和工具。例如，通过小额贷款、股权融资等方式，流通企业可以更便捷、更灵活地获取必要的资金，有效缓解了其资金压力，进而促进了流通市场的繁荣与发展。数字技术的广泛嵌入，不仅显著降低了融资成本与交易成本（陈中飞等，2022）②，还通过移动支付、虚拟货币等技术在提高交易速度和安全性的同时，大幅降低了流通企业的交易成本和汇率风险，显著增强了其市场竞争力。这种金融创新的进程不仅推动了流通领域的高效运营，还在更广泛的经济系统中产生了连锁反应，通过降低整个供应链的运作成本，提升了整个经济体的生产效率和资源配置效率。同时，金融科技的应用使得企业能够更加精准地管理资金流动和应对市场波动，从而增强了对风险的预见性和应对能力。这一系列金融创新举措为实体经济的可持续发展提供了强大的动力支撑，也为现代流通体系的构建奠定了坚实的金融基础。更为重要的是，在海量数据的支持下，金融机构得以运用先进的数据分析技术，帮助流通市场主体更加精准地预测市场趋势和潜在风险，及时调整优化流通服务策略，以灵活应对快速变化的市场环境。同时，在确保数据隐私和安全的前提下，金融机构还能深入挖掘消费者的偏好和行为模式，为流通企业提供更加契合当地消费者需求的个性化、定制化流通服务与金融支持方案（张世敬和张校源，2024）③。这不仅极大地提升了流通企业的市场响应速度和服务质量，还进一步推动了流通体系的创新与发展。金融科技的深度应用，不仅使得流通市场能够更高效地配置

---

① 郭晔，姚若琪. 供应链关联与中小企业融资——基于供应链金融与商业信用视角 [J]. 经济学（季刊），2024，24（4）：1173－1190.

② 陈中飞，江康奇，殷明美. 数字化转型能缓解企业"融资贵"吗 [J]. 经济学动态，2022（8）：79－97.

③ 张世敬，张校源."双碳"目标下的绿色财税、绿色信贷与消费者偏好 [J]. 宏观经济研究，2024（4）：91－103.

资源，还通过持续的技术进步，促进了流通体系的整体升级与转型。数字经济时代下，金融与流通体系的深度融合展现出了巨大的潜力与价值，为未来经济的高质量发展提供了重要支撑，进一步巩固了金融科技作为现代经济体系核心驱动力的地位。

结合上述分析，提出如下研究假设：

假设2：数字经济能够通过营造创新发展空间、激发流通创业活力、强化金融支持力度等作用机制赋能现代流通体系建设。

基于上述分析，本研究的赋能理论框架如图5-1所示。

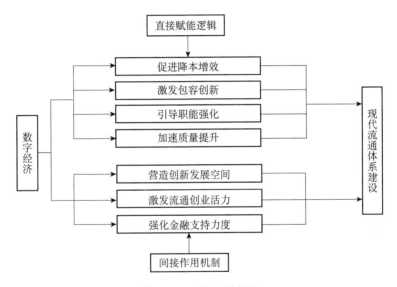

图5-1　赋能理论框架

第六章 数字经济赋能现代流通体系建设的效应检验

第一节 模型设定与数据说明

（一）模型设定

依据前文深入的理论剖析与逻辑推演，为验证数字经济发展是否能够直接赋能现代流通体系建设，本研究设定了如下基准回归模型：

$$Mcs_{i,t} = \alpha_0 + \alpha_1 De_{i,t} + \alpha_c Controls_{i,t} + \mu_i + \gamma_t + \varepsilon_{i,t} \qquad (6-1)$$

其中，下标 i 表示城市，下标 t 表示年份，$Mcs_{i,t}$ 表示城市 i 在 t 年份现代流通体系建设水平指数，$De_{i,t}$ 表示城市 i 在 t 年份的数字经济发展指数，$Controls_{i,t}$ 为控制变量集合。μ_i 表示各个城市不随时间变化的个体固定效应，γ_t 表示不随个体变化的时间固定效应，$\varepsilon_{i,t}$ 为随机扰动项。

除了式（6-1）所刻画的直接赋能效应之外，为更为深入地探究数字经济发展对于现代流通体系建设是否存在如研究假设2中所详细阐述的间接作用机制，本研究进一步构建了如下的中介效应模型。此模型的构建，旨在通过严谨的实证分析，系统地揭示数字经济如何通过一系列中介渠道，间接地推动现代流通体系建设进程。

$$Med_{i,t} = \beta_0 + \beta_1 De_{i,t} + \beta_c Controls_{i,t} + \mu_i + \gamma_t + \varepsilon_{i,t} \qquad (6-2)$$

$$Mcs_{i,t} = \chi_0 + \chi_1 De_{i,t} + \chi_2 Med_{i,t} + \chi_c Controls_{i,t} + \mu_i + \gamma_t + \varepsilon_{i,t} \quad (6-3)$$

其中，$Med_{i,t}$ 为中介变量，本研究将分别使用科技创新水平（$Innov$）、流通创业活跃度（$Enacci$）、金融发展水平（$Finan$）作为实证部分的中介变量，用以验证数字经济是否能够通过营造创新发展空间、激发流通创业活力、强化金融支持力度等间接作用机制对现代流通体系建设产生积极影响（赵霞和宁忆童，2021）[①]。其他变量含义与式（6-1）相同。$\beta_1 \times \chi_2$ 为中介效应，即表示数字经济发展通过影响中介变量进而对现代流通体系建设施加的影响。

（二）变量选取

1. 被解释变量

现代流通体系建设水平（Mcs）的衡量是一个复杂且多维度的问题。鉴于现代流通体系是一个富有多元内涵的复合型概念，本研究旨在通过构建一个综合测度指标体系，全面、客观地刻画中国城市现代流通体系建设的整体水平。基于现代流通体系的本质内涵及其在现实中的表现特点，结合指标体系构建的基本原则——包括客观性、全面性、系统性和可操作性（张晓，2018）[②]，本研究从流通经济效率、流通运行质量、流通创新动力、流通发展规模以及流通基础配套等五个关键维度，选取了17个基础指标，构建了一个用于测度中国城市现代流通体系建设水平的指标体系。具体指标体系详见表4-1。在各城市现代流通体系建设水平指数的计算过程中，本研究首先对所选取的17个基础指标的原始数据进行了标准化处理，以消除各指标之间由于量纲和量级差异所带来的影响，从而保证数据的可比性。为了确保各基础指标权重的客观性，本研究采用了熵值法来确定权重分配。熵值法的应用在避免主观赋权带来的偏差的同时，还能够通过对指标信息熵的计算，客观地反映各指标在整个体系中的重要性和贡献度，从而保证了测算结果的科学性和公正性（赵姝和刘军，2023；王展昭和唐朝阳，2020）[③][④]。这一综合测度指标体系的构

---

① 赵霞，宁忆童. 互联网对流通服务业与制造业融合的影响机制研究［J］. 北京工商大学学报（社会科学版），2021，36（2）：25-37.

② 张晓丽. 中央农村环境整治资金项目绩效评价指标体系研究［J］. 中国人口·资源与环境，2018，28（S1）：117-120.

③ 赵姝，刘军. 中国城市营商环境优化了吗？——来自时序演变与空间交互的证据［J］. 产业经济研究，2023（4）：54-68.

④ 王展昭，唐朝阳. 基于全局熵值法的区域创新系统绩效动态评价研究［J］. 技术经济，2020，39（3）：155-168.

建，不仅能够有效反映各城市在现代流通体系建设方面的综合表现，也为后续的实证分析提供了坚实的基础。通过科学合理的指标选择与权重设定，该体系有望为评价和推动现代流通体系建设提供具有实际指导意义的理论依据和决策参考。

2. 核心解释变量

数字经济（De）的发展是推动现代经济转型升级的重要动力，其发展水平的测度对于理解和评估数字经济的实际影响具有重要意义。然而，数字经济发展指数的测度方法在不同研究中存在一定的差异，尤其是在城市层面，由于数据的可得性受到较大限制，测度的精确性和全面性更为复杂。考虑到数字经济的发展是一个涵盖基础设施建设、产业发展、技术创新以及发展环境等多层面的综合过程，任何单一维度的评估都难以全面反映其实际水平（杨千龙等，2024）[①]。此外，随着数字经济与实体经济的深度融合，数字技术正日益改变公众的消费意识和消费习惯，因此，在评价数字经济发展水平时，将公众对数字经济的关注程度纳入评估体系显得尤为必要。通过对这些维度的综合考量，本研究旨在构建一个既能够反映城市数字经济发展的总体水平，又能够体现其各方面具体表现的指标体系。具体的指标体系详见表6-1。这一指标体系的构建，不仅为城市数字经济发展水平的评价提供了全面的参考框架，还为深入分析数字经济对经济社会的多层次影响奠定了坚实的基础。通过科学、系统的指标设计，该体系有望在后续的实证研究中展现出其强大的解释力和应用价值，为数字经济相关政策的制定与实施提供有力支持。

表6-1　　　　　　　　　　　　变量描述性统计

类别	变量	单位（原始值）	样本量	均值	标准差	最小值	最大值
被解释变量	Mcs	—	5166	0.034	0.025	0.008	0.333
核心解释变量	De	—	5166	0.035	0.029	0.002	0.700

---

① 杨千龙，陈慧媛，文琦. 黄河上游地区市域数字经济与绿色发展耦合协调度及提升路径 [J]. 经济地理，2024，44（5）：22-32.

续表

类别	变量	单位（原始值）	样本量	均值	标准差	最小值	最大值
中介变量	Innov	个/万人	5166	7.275	19.514	0.000	380.465
	Enacci	个/百人	5166	0.570	0.592	0.005	9.051
	Finan	%	5166	2.268	1.171	0.302	21.297
	ln_Rgdp	元/人	5166	10.015	0.872	7.567	13.179
	ln_Urban	人/平方公里	5166	5.710	0.944	1.606	8.275
控制变量	Govexp	%	5166	0.179	0.125	0.007	2.396
	Indus	%	5166	0.404	0.098	0.086	0.839
	Infra	公里/平方公里	5166	0.933	0.567	0.026	15.464

3. 中介变量

（1）科技创新水平（Innov）。科技创新水平的提升，本质上是一个持续积累与创新成果不断涌现的动态过程，它深刻地体现了一个城市或地区在科技进步与创新驱动发展方面的综合实力与潜力（张红伟，2022；谷斌和廖丽芳，2023）[1][2]。为了更为客观且全面地评估城市的科技创新水平，本研究选取"每万人拥有专利授权数"这一指标作为衡量基准。此指标不仅充分体现了科技创新活动的活跃度与成果转化的效率，还深刻隐含了创新资源分配的均衡性与创新生态环境的优化程度，是衡量科技创新水平的重要维度。具体而言，专利授权数的增长趋势，能够直观且准确地揭示出城市在鼓励发明创造、保护知识产权、促进科技成果转化等方面的政策成效与市场响应，进而全面映射出其科技创新水平的整体提升态势与发展轨迹。此外，通过对专利的类型与质量进行深入分析，还能进一步洞察城市在高新技术领域、核心技术突破方面的创新能力与潜力，为全面把握其科技创新的深度、广度以及质量提供了重要依据，从而更加科学地评估城市的科技创新实力与前景。

---

[1] 张红伟，熊操，陈小辉，等. 财政科技投入对数字经济发展的影响 [J]. 财经科学，2022（5）：135-148.

[2] 谷斌，廖丽芳. 新基建投入与科技创新能力耦合协调发展水平测度及时空演进 [J]. 科技进步与对策，2023，40（11）：60-70.

（2）流通创业活跃度（*Enacci*）。新注册企业数量是刻画创业活跃度的恰当指标，其合理性与适用性已得到广泛认可。本研究借鉴赵涛等（2020）[①]、白俊红等（2022）[②] 学者的做法，对这一指标的应用进行了更为深入与细致的拓展。具体而言，本研究采用"城市每百人流通产业新注册企业数量"作为衡量流通创业活跃度的关键指标。此指标的构建，不仅直观反映了创业活动的密集程度，还隐含了对城市规模及人口结构差异的有效调整机制，从而确保了跨地区比较的公正性与准确性，增强了研究的科学性与严谨性。在数据搜集与整理方面，本研究严格遵循科学研究的规范与标准，主要依托于天眼查数据库的相关资源。该数据库以其广泛的覆盖范围、精准的数据更新机制以及高度的数据可靠性，为本研究提供了坚实的数据支撑，确保了研究结果的准确性与可信度。在行业的界定上，本研究聚焦于"批发和零售业"以及"交通运输、仓储和邮政业"两大关键领域。这不仅是因为它们在流通产业中占据核心地位，具有举足轻重的经济影响力，还鉴于其对创业活动响应的高度敏感性与代表性。

（3）金融发展水平（*Finan*）。金融发展水平是衡量一国或地区金融体系成熟度与功能实现程度的核心指标，其评估需全面且深入地考量金融机构的多元维度与复杂特性。在众多衡量标准之中，金融机构存款及贷款余额因其能够全面且直观地映射金融市场的资金集聚与高效配置能力，而被广泛视为刻画金融发展水平的关键变量。鉴于此，本研究拟采纳金融机构存款余额与贷款余额之和占 GDP 的比重这一综合性指标，旨在更为精准且科学地描绘金融发展的深度与广度。具体而言，该指标不仅深刻揭示了金融机构吸纳社会闲置资金的能力，还充分彰显了其将资金有效转化为投资进而促进经济增长的潜力，从而全方位、多维度地捕捉到金融发展在深度与广度上的双重特征。此外，通过将该比重置于 GDP 这一宏观经济总量的框架下进行深入剖析，能够更为有效地揭示金融发展与经济增长之间的动

① 赵涛，张智，梁上坤. 数字经济、创业活跃度与高质量发展——来自中国城市的经验证据［J］. 管理世界，2020，36（10）：65 – 76.

② 白俊红，张艺璇，卞元超. 创新驱动政策是否提升城市创业活跃度——来自国家创新型城市试点政策的经验证据［J］. 中国工业经济，2022（6）：61 – 78.

态关联机制，为深入理解金融在经济发展中的核心作用提供坚实且有力的实证基础。此方法的选用，旨在确保分析结果的稳健性、增强论证的解释力，力求在保持理论逻辑一致性的同时，紧密贴合当前金融体系的实际运行状况与最新发展趋势。

4. 控制变量

为了减少因遗漏变量而引发的内生性问题，确保研究的严谨性与准确性，本研究在分析过程中还审慎地控制了以下可能对现代流通体系建设产生显著影响的变量，以期构建一个更为全面且具解释力的分析框架。

（1）经济发展水平（ln_Rgdp）。一个相对较高的经济发展水平，往往蕴含着更为丰厚的人均收入、更为旺盛且趋于多元化的消费需求，以及更为优越的资源禀赋条件与市场环境。这些因素彼此交织、互为因果，共同演化成一个复杂而有力的系统，构成了推动现代流通体系建设的基石，并为流通体系的持续升级改造提供了不可或缺的动力源泉。为了科学地衡量经济发展水平，本研究选取城市人均实际国内生产总值作为核心指标。该指标不仅全面反映了城市经济的总体规模与人均水平，还关注到了价格因素在面板数据中的重要影响（唐红涛等，2021）①。为了确保数据的平稳性、时间序列的可比性，以及分析的准确性，本研究对该指标以 2004 年为基年进行了细致的平减转换，并进一步实施了对数化处理。这一数据处理方式不仅有效地消除了价格变动所带来的影响，还极大地增强了数据的分析效能，使得我们能够更为深刻地揭示经济发展水平与现代流通体系建设之间复杂且非线性的内在关联。

（2）城镇化水平（ln_Urban）。城镇化，作为一个多维度且错综复杂的社会经济现象，其深远影响远超人口向城市区域的简单迁移及由此带来的市场规模扩张。更为深刻地，城镇化进程是推动商业活动繁荣集聚与业态多元演化的核心驱动力，它通过优化资源配置、提升市场效率、激发创新活力等多重机制，为现代流通体系建设注入了更为强劲且持久的动力

---

① 唐红涛，陈欣如，张俊英. 数字经济、流通效率与产业结构升级［J］. 商业经济与管理，2021（11）：5－20.

（郝爱民等，2024）①。为了精确地描绘城镇化水平，并深入探讨其对流通体系建设的非线性影响，本研究选取城市人口密度作为衡量指标。这一指标不仅直观反映了城市的人口集聚程度，还蕴含着城市空间结构、社会经济活动分布等多重维度的丰富信息。为了更科学地剖析城镇化与现代流通体系建设之间的复杂关联，本研究进一步对城市人口密度进行了对数化处理。这一数据处理方式有助于消除数据中的异方差性，提升模型的拟合优度。

（3）政府行为（*Govexp*）。在现代流通体系建设进程中，政府部门的政策引导与资金支持发挥着不可或缺且至关重要的作用。具体而言，政府通过一系列宏观调控与微观干预措施，如改善市场环境、增强交易透明度、减少商业风险等，能够有效地激发市场活力，提升流通效率，进而为现代流通体系注入更为强劲、有效的发展动能。为了科学且准确地量化政府行为对现代流通体系建设的具体影响，本研究特选取财政支出占国内生产总值的比值来表征政府行为变量。其能够清晰地反映出政府在推动现代流通体系建设方面的努力程度与投入强度，更能够揭示出政府财政政策与流通体系发展之间的内在联系和互动机制。

（4）产业结构升级（*Indus*）。产业结构的持续优化与升级，无疑是驱动现代流通体系竞争力实现显著提升的核心要素。在当前经济快速发展的背景下，新技术、新业态、新模式的不断涌现，犹如一股强劲的创新潮流，为流通领域注入了前所未有的活力与动能（孟昊芸和张扬，2024）②。这股活力宛如强大的催化剂，深刻地激发了流通体系的内在潜能，促使其竞争力得到显著增强，展现出蓬勃且充满活力的发展态势。为了更为准确、科学地衡量产业结构升级的程度及其对现代流通体系的具体影响，本研究选取了第三产业增加值占国内生产总值的比值作为衡量指标。该比值不仅全面、客观地反映了产业结构变迁的轨迹与特征，更深刻地揭示了产业结构优化升级对流通体系建设的深远影响及内在逻辑关联。

---

① 郝爱民，任祺，冉净斐．流通数字化赋能全国统一大市场建设的机理与效应研究［J］．统计研究，2024，41（4）：40-53．

② 孟昊芸，张扬．流通业智能化与城乡均衡发展——基于城乡居民消费差距视角［J］．广东财经大学学报，2024，39（3）：79-94．

（5）基础设施建设（*Infra*）。作为现代流通体系建设的物质基础，基础设施的重要性毋庸赘述，其对于推动流通体系的高效运行与持续发展具有至关重要的作用。它不仅能够显著提升流通效率，有效降低物流成本，还为流通体系的顺畅运行提供了坚实而有力的保障，是现代经济体系不可或缺的关键组成部分（张晓林，2024）[①]。为了科学、全面地评估基础设施建设水平及其对流通体系的深远影响，本研究特选取单位行政区域土地面积内的公路里程数作为核心评估指标。这一指标能够直观反映基础设施的密集度与覆盖广度，揭示其对现代流通体系建设的支撑作用，还能够进一步凸显基础设施建设在空间布局上的合理性，以及其对流通效率提升的潜在影响。通过深入分析该指标，我们可以更为准确地把握基础设施建设的现状与潜在问题，从而为优化流通体系建设、提升经济运行效率提供有力的理论依据与实践指导，进一步推动现代流通体系的完善与发展。

（三）样本与数据说明

为确保研究样本数据的系统性、连续性与可获得性，结合我国行政区划调整的相关情况，本研究选取了 2004～2021 年 287 个地级及以上城市（不包括港澳台地区）作为实证分析的样本。本研究采用的流通产业新注册企业数量数据来自天眼查数据库，其他社会经济数据均来自《中国城市统计年鉴》、EPS 数据库、中经网数据库和各省统计年鉴（含统计公报）。为了解决部分数据缺失的问题，本研究借鉴了戴魁早等（2023）[②] 的方法，采用年度均值替换法进行数据补齐。相关变量的描述性统计见表 6 - 1。

第二节 数字经济赋能现代流通体系建设的直接效应检验

（一）基准回归结果

依据基准回归模型公式（6 - 1），本研究致力于深入剖析数字经济发

---

① 张晓林. 乡村振兴战略下数字赋能农村流通创新发展机理与路径 [J]. 当代经济管理，2024，46（4）：47 - 53.

② 戴魁早，刘友金，潘爱民. 技术要素市场发展促进了制造业生产率增长吗？ [J]. 统计研究，2023，40（12）：119 - 131.

展对现代流通体系建设所展现的有效赋能作用。表6-2报告了城市层面数字经济对现代流通体系建设水平的总体影响效应，为本研究的核心分析提供了实证基础。具体而言，表6-2第（1）列展示了在未控制城市固定效应和年份固定效应的条件下，对数字经济进行回归估计的结果，此步骤作为初步探索，旨在捕捉数字经济与现代流通体系建设之间潜在的基本关联，为后续深入分析奠定基础。第（2）列则进一步在未控制城市固定效应和年份固定效应的条件下，对数字经济及一系列经过精心选定的控制变量进行了回归估计，此环节旨在初步剖析数字经济对现代流通体系建设的直接效应，并初步考察其他潜在影响因素的作用，以期获得更为全面的理解。第（3）列则是在更为严谨的框架下，即控制了城市固定效应和年份固定效应，并同时引入控制变量的条件下，对数字经济进行回归估计的结果。这一步骤的设计充分考虑了时空异质性的影响，力求在控制多重因素干扰的前提下，获得更为准确和稳健的估计结果，从而确保研究的科学性和可靠性。通过细致的回归分析，我们不难发现，无论是否引入控制变量，数字经济对现代流通体系建设水平的影响均在1%的显著性水平上显著为正，这一发现不仅强烈支持了数字经济对现代流通体系建设具有积极的赋能效应，而且在统计意义上表现出高度的稳健性和一致性，充分彰显了数字经济对现代流通体系建设的深远影响。研究假设1得到验证，即数字经济能够赋能现代流通体系建设。

表6-2　　　　　　　　　　　　　基准回归结果

变量	Mcs		
	（1）	（2）	（3）
De	0.7090 ***	0.5473 ***	0.5056 ***
	(13.9933)	(9.6535)	(9.1959)
控制变量	否	是	是
城市固定效应	否	否	是
年份固定效应	否	否	是
调整后的 R^2	0.6829	0.7234	0.7444
样本量	5166	5166	5166

注：括号内为稳健标准误下对应的t值；*、**、***分别表示在10%、5%、1%的水平下显著。

（二）稳健性检验

为确保基准回归结果的稳定性和可靠性，本研究采用了如下几种方法进行稳健性检验。

1. 替换核心解释变量

为深入检验基准回归结果的稳健性，特别是其核心解释变量在不同测度标准下的影响一致性，本研究借鉴了于世海等（2022）① 的做法，选取互联网普及率（*Internet*）作为数字经济这一核心解释变量的代理变量，进行了重新的模型估计。此步骤旨在探究，当核心解释变量的具体测度标准发生变化时，回归结果是否依然保持稳健。表6-3第（2）列详尽地报告了替换核心解释变量后的回归估计结果。通过细致观察与分析，我们不难发现，即便核心解释变量被替换为互联网普及率（*Internet*）这一测度指标，其回归系数依然显著为正，与基准回归结果相比，并未出现实质性的差异。这一发现不仅进一步强化了原回归结果的稳健性，还从侧面验证了数字经济对研究对象所展现的积极影响具有高度的普遍性和一致性，不受具体测度标准变化的影响。

2. 剔除极值样本的影响

为了降低样本数据中极端值或异常值对基准回归结果可能带来的潜在干扰，本研究采取了严谨的缩尾和截尾处理手段，针对现代流通体系建设水平（*Mcs*）最高与最低的1%的样本数据进行了精细化的优化调整。这一步骤的实施，旨在确保回归分析的准确性，避免因极端值的存在而扭曲数字经济对现代流通体系建设实际赋能效应的评估，从而保障研究结论的可靠性和有效性。经过缩尾和截尾处理后的回归结果，如表6-3第（2）列和第（3）列所示，为我们提供了更为清晰和稳健的分析视角。具体而言，第（2）列详尽地报告了对1%极端值进行缩尾处理后的回归估计结果，展现了在剔除极端值影响后，数字经济对现代流通体系建设的赋能作用依然显著；第（3）列则展示了在对1%极端值进行截尾处理后的回归估计结

---

① 于世海，许慧欣，孔令乾. 数字经济水平对中国制造业资源配置效率的影响研究［J］. 财贸研究，2022（12）：19-34.

果，进一步验证了这一结论的稳健性。通过对比分析，我们可以明确地看出，无论采取何种处理方式，数字经济对现代流通体系建设的赋能作用均表现出高度的一致性和显著性，且研究结论具有高度的稳健性。

3. 剔除直辖市的影响

鉴于我国的直辖市，包括北京、天津、上海和重庆，在经济状况、人口规模、市场环境和政策待遇等多个关键维度上，相较于其他地级市均呈现出显著的、根本性的差异性，这些固有的、深层次的差异性极有可能对研究结论的稳健性与普适性产生不可小觑的潜在影响。为了进一步增强研究结论的稳健性、普遍适用性和说服力，确保分析结果的客观性和准确性，本研究在模型估计的过程中，经过审慎且周密的考虑，决定剔除这四个直辖市的样本数据，以避免其独特的经济、社会和政策环境对整体分析结果造成潜在的干扰、偏差或误导。经过这样严谨、精细的数据处理后，表6-3的第（4）列清晰、无歧义地呈现了剔除直辖市数据后的回归估计结果。该结果不仅与预期高度一致，而且有力地显示出，即便在剔除了直辖市这一特殊样本群体的情况下，数字经济对现代流通体系建设的积极影响依然显著为正，且效应大小稳健、可靠。这一发现不仅进一步佐证了原研究结果的稳健性与可靠性，也在更深层次上凸显了数字经济在现代流通体系建设中不可或缺的核心地位与举足轻重的作用。

表6-3 稳健性检验结果

变量	Mcs			
	(1)	(2)	(3)	(4)
De	—	0.3528 ***	0.5190 ***	0.5906 ***
	—	(3.1700)	(19.1173)	(17.0066)
Internet	0.0541 ***	—	—	—
	(7.6245)	—	—	—
控制变量	是	是	是	是
城市固定效应	是	是	是	是
年份固定效应	是	是	是	是
调整后的 R^2	0.6600	0.7488	0.7991	0.7373
样本量	5166	5166	5064	5094

注：括号内为稳健标准误下对应的 t 值；*、**、***分别表示在10%、5%、1%的水平下显著。

（三）内生性检验

1. 工具变量检验

内生性问题对模型估计结果的潜在干扰，构成了本研究无法回避且亟须深入剖析的重要议题。具体而言，本研究所探讨的潜在内生性问题，其根源可归结为两个方面：其一，双向因果关系的复杂性，即数字经济在为现代流通体系建设提供发展动力和技术支持的同时，现代流通体系建设的进展亦可能在某种程度上反向作用于数字经济的发展广度与深度，这种相互交织、互为因果的影响机制，无疑是内生性问题的一个重要源头；其二，遗漏变量问题的不可避免性，尽管基准模型已依据相关文献的控制变量选取原则，审慎地纳入了若干关键变量，然而，鉴于现代流通体系建设影响因素的多样性和复杂性，仍难以完全规避遗漏变量的出现，这一现实问题同样构成了内生性的另一个重要方面。

为了尽可能缓解由上述内生性问题所引致的估计偏误，本研究采用了严谨的两阶段最小二乘法（2SLS）进行估计，并在此基础上，选择了恰当的工具变量进行处理。在工具变量的具体选取上，本研究借鉴了黄群慧等（2019）[①] 的研究方法，选择各样本城市 1984 年每百人固定电话数量作为数字经济的代理工具变量，这一选择基于其作为历史数据与数字经济早期发展状况的紧密关联性，体现了工具变量选取的合理性和科学性。同时，在具体应用过程中，本研究还参考了纳恩等（Nunn et al.，2014）[②] 的研究思路，通过构造各城市 1984 年末每百人拥有电话机数（这一变量与个体变化紧密相关）与上一年全国互联网用户数（这一变量与时间变化紧密相关）的交乘项，作为各城市数字经济发展水平的更为精细化的工具变量。这一构造方法不仅充分考虑了数据的时空特性，还进一步增强了工具变量的解释力和适用性，从而有助于更准确地揭示数字经济与现代流通体系建设之间的内在联系，提升了研究的深度和广度。

---

① 黄群慧，余泳泽，张松林. 互联网发展与制造业生产率提升：内在机制与中国经验 [J]. 中国工业经济，2019（8）：5－23.

② Nunn N, Qian N. US Food Aid and Civil Conflict [J]. American Economic Review，2014，104（6）：1630－1666.

表 6 - 4 报告了两阶段最小二乘法（2SLS）的回归估计结果。具体而言，第（1）列的结果清晰地揭示出，核心解释变量（De）与工具变量（IV_Tel）之间存在着显著的正相关性，这一发现具有高度统计显著性，充分验证了二者之间的紧密关联。Kleibergen-Paap rk LM 统计量高达 20.494，对应的 P 值极小，仅为 0.0000，这一强有力的证据彻底拒绝了"工具变量识别不足"的原假设，从而坚实地验证了工具变量的有效性。进一步观察发现，Kleibergen-Paap rk Wald F 统计量为 34.64，这一数值显著超过了 Stock-Yogo 弱识别检验在 10% 水平上的临界值 16.38，这一鲜明的对比结果无疑表明，本研究所选取的工具变量不仅有效，而且绝非弱工具变量，其解释力和稳健性均得到了充分的验证与肯定。

在此坚实基础上，第（2）列的结果进一步巩固并强化了我们的分析结论。数据显示，核心解释变量（De）的系数在 1% 的显著性水平上显著为正，这一发现不仅具有极高的统计显著性，而且其经济含义亦十分明确且深刻：在有效控制了内生性问题之后，数字经济的发展依然展现出强大的推动力，成为促进现代流通体系建设不可或缺的重要动能。这一结论不仅与理论预期高度一致，而且在实证层面也得到了强有力的支持，从而为我们深入理解数字经济与现代流通体系建设之间的内在联系提供了重要且有力的实证依据。

表 6 - 4　　　　　　　工具变量法：两阶段最小二乘法回归结果

变量	De	Mcs
	（1）第一阶段回归	（2）第二阶段回归
IV_Tel	0.0392 ***	
	(5.8852)	
De		0.9799 ***
		(6.4401)
控制变量	是	是
城市固定效应	是	是
年份固定效应	是	是
Kleibergen-Paap rk LM 统计量	20.494	
	[0.0000]	

变量	De	Mcs
	（1）第一阶段回归	（2）第二阶段回归
Kleibergen-Paap rk Wald F 统计量	34.642	
	｛16.38｝	
调整后的 R^2	0.5862	
样本量	5166	5166

注：＊、＊＊、＊＊＊分别表示在10％、5％、1％的水平下显著；（　）内数值为稳健标准误下对应的 t 值，［　］内数值为 P 值，｛　｝内数值为 Stock-Yogo 弱识别检验10％水平上的临界值。

2. 外生政策冲击检验

工具变量法以外，外生政策冲击检验构成了处理内生性问题的另一项有效策略。在本研究的研究情境下，"宽带中国"战略的实施为我们提供了一个恰当的准自然实验场景。此战略与数字经济的蓬勃发展息息相关，其核心理念聚焦于破解我国宽带基础设施发展的非均衡性难题及网络速度瓶颈，旨在通过政策引导实现全面优化升级。在这一政策的有力驱动下，试点城市在网络性能、数字化基础设施构建以及信息服务质量等多个维度上均实现了显著提升，展现出了政策实施的显著成效。具体而言，"宽带中国"战略于2014～2016年，精心选取了120个地理位置分布均衡、具有代表性的试点城市，这些城市不仅覆盖了经济较为发达的东部地区，也囊括了经济相对欠发达的中西部地区，确保了政策影响的广泛性和代表性。通过对比这些试点城市在政策实施前后的数字经济发展状况，我们可以清晰地观察到由政策的外生性变动所引发的经济效应。因此，引入"宽带中国"战略这一外生政策变动作为研究变量，不仅为我们有效规避由双向因果关系及遗漏变量所导致的内生性问题提供了宝贵的契机，也极大地增强了研究的科学性和严谨性。依托这一设计，我们能够更为精确地剥离出数字经济对现代流通体系建设的净因果效应，进而深化对于数字经济时代流通体系变革机制的理解。

表6-5第（1）列报告了外生政策冲击检验的回归估计结果，其中，交互项 $treat \times post$ 的回归系数显著为正，这一实证结果强有力地揭示了"宽带中国"战略对于现代流通体系建设水平的显著提升具有显著的促进

作用。换言之，该战略的实施在统计层面上显著地助推了现代流通体系的发展与进步，彰显了其积极的政策效应。具体而言，该战略通过一系列具体政策措施，如加大宽带基础设施建设投入、推广光纤到户、优化网络架构、提升网络带宽等，有效解决了我国宽带基础设施发展的非均衡性问题，显著提高了网络速度和服务质量。这些措施的实施，不仅为现代流通体系提供了更加高效、稳定的网络环境，还促进了电子商务、物流配送等行业的快速发展，从而在现代流通体系建设的初期便发挥了显著的推动作用。进一步地，表6-5第（2）列则提供了平行趋势检验的结果。统计数据显示，外生政策冲击的各期前置项回归系数均未表现出显著性，这一发现清晰地表明，在政策实施之前，各试点城市在现代流通体系建设方面并未呈现出显著的差异趋势，从而满足了平行趋势假设的前提条件。而相比之下，随着"宽带中国"战略的深入实施，外生政策冲击的当期以及后置各期的回归系数均显著为正，这一结果不仅有力地验证了模型成功通过了平行趋势假设检验，还进一步深刻地揭示了该战略在推动现代流通体系建设方面具有持续且稳定的影响效应。例如，通过加快宽带网络向农村和偏远地区的延伸，解决了这些地区的信息孤岛问题，促进了城乡流通体系的均衡发展；同时，通过推广云计算、大数据等先进技术，提升了流通体系的智能化水平，推动了供应链管理的优化和效率提升。这些具体政策措施及其显著的实施效果，充分展现出了"宽带中国"战略深远的政策效应和持久的影响力。

表6-5　　　　　外生政策冲击：基于"宽带中国"战略的准自然实验

变量	Mcs	Mcs
	（1）	（2）
treat × post	0.0028 ***	
	（-3.0672）	
pre5		-0.0009
		（-0.9701）
pre4		0.0027
		（1.6286）
pre3		0.0002
		（0.2043）

续表

变量	Mcs	Mcs
	（1）	（2）
pre2		− 0.0001
		（− 0.1721）
current		0.0017 ***
		（3.5116）
post1		0.0019 ***
		（2.6282）
post2		0.0023 ***
		（2.9782）
post3		0.0024 **
		（2.5301）
post4		0.0033 ***
		（2.7557）
post5		0.0041 *
		（1.7838）
控制变量	是	是
城市固定效应	是	是
年份固定效应	是	是
调整后的 R^2	0.8140	
样本量	5166	5166

注：括号内为稳健标准误下对应的 t 值；*、**、***分别表示在10%、5%、1%的水平下显著。

　　为了更全面且严谨地验证外生政策冲击检验的准确性，我们审慎地引入了安慰剂检验这一统计手段，旨在判定在模拟的随机试验环境中，我们的估计结果是否存在对政策实施真实效果进行误报的可能性。在双重差分模型的估计框架中，引入安慰剂检验的深远意义在于，它能够通过构建一个与真实环境高度相似的模拟环境，来检验我们的估计方法和所得结果的稳健性，以及是否能够精准地捕捉到政策实施的真实效果。在这一情境下，安慰剂检验的具体含义在于，它作为一种统计上的"虚拟对照"机制，有效地帮助我们排除了其他非政策因素可能带来的干扰，从而使我们更加确信所观察到的政策效果是真实且可靠的。通过这一系列严谨且科学的检验程序，我们可以更加有底气地断言，"宽带中国"战略的实施对于现代流通体系建设水平的提升具有显著且稳健的促进作用。具体而言，我们精心策划并实施了 500 轮重复随机抽样，每一轮抽样中，均严格随机选择120个城市作为样本，并且为每个城市随机指定一个政策执行的年份，以此构建了一个虚拟的政策实施环境。随后，我们进行了连续的个体—时点双固定效应回归估计，以期获得稳定且可靠的估计结果。图6-1详尽地展示了经由500次模拟试验得到的安慰剂检验结果。由图6-1（a）可清晰地观察到，500次的估计系数分布主要集中在0附近，且呈现出接近正态分布的形态，这表明在模拟的随机环境中，政策效果的估计系数大多接近于无效应的状态。与此同时，当我们在"宽带中国"战略实际回归系数值处绘制一条表征实际回归系数值的竖线（即X=0.0028），可以直观地发现，实际的回归结果显著地异于500次模拟实验所得系数的核密度分布区间，这一鲜明的对比强烈地凸显了"宽带中国"战略实施所产生的真实且显著的影响。进一步地，由图6-1（b）的展示结果可知，估计系数的P值多数位于0.1之上，这一发现具有统计学上的显著性，说明在模拟的随机环境中，很难观测到如"宽带中国"战略实施所产生的那样显著的影响。因此，我们有把握地推断，"宽带中国"战略实施产生的真实影响与我们模拟的随机环境存在显著差异，这一结论不仅有力地验证了我们的研究设计和估计方法的有效性，也进一步巩固了我们对"宽带中国"战略实施效果的信心，确证了其对于现代流通体系建设水平的显著提升具有实质性且稳定的推动作用。

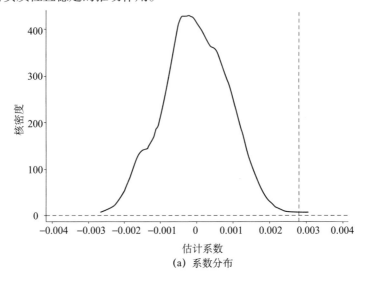

(a) 系数分布

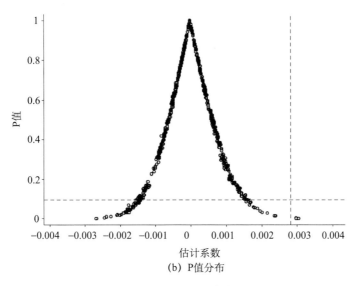

（b）P值分布

图 6 - 1 安慰剂检验

第三节 数字经济赋能现代流通体系建设的异质性分析

考虑到我国各城市在资源禀赋、数字经济发展和流通体系建设方面的显著差异后，我们有充分的理由推测，数字经济对现代流通体系建设赋能的实际效果可能展现出显著的地域异质性。这种异质性可能是由多种复合因素所驱动，包括但不限于地理位置的不同、经济发展阶段的差异、政策环境的多样性以及社会文化背景的特殊性。这些因素交织在一起，形成了各地区在接受和应用数字经济创新成果方面的不同表现。

为了更全面和深入地揭示这种异质性，本研究选择了地理区域和行政级别两个关键维度进行详细的异质性检验。通过这一方法，我们可以更精确地理解数字经济如何在不同区域和不同类型的城市中影响现代流通体系的构建和发展。在地理区域方面，研究将考察东部沿海地区、中部地区和西部地区的差异；而在行政级别上，分析将覆盖从一线城市到三线城市的各级行政单位。这样的分层研究不仅有助于识别哪些地区或城市级别在数字经济赋能下表现更为突出，也能够揭示制约这些地区流通体系发展的关键因素，从而为制定更为有效的地区发展策略和政策提供数据支持和理论依据。

1. 地理区域异质性分析

表6-6中第（1）～（4）列分别报告了我国东部、中部、西部和东北部四大区域样本异质性检验结果，透过数据的表象，我们可以深入剖析并发现，中部地区的样本在解释变量上的回归系数尤为显著。这一显著性不仅凸显了数字经济在该区域对现代流通体系建设的显著赋能作用，而且还揭示了中部地区在数字经济发展、交通基础设施建设及人口和市场优势等方面的积极进展和协同效应。近年来，中部地区，特别是湖北、湖南、河南等省份，积极响应国家关于数字经济发展的战略指导，出台了一系列创新性和支持性政策。例如，湖南省人民政府办公厅发布的《湖南省 2024 年数据和政务服务管理工作要点》中，明确提出了加快推动数据要素市场化配置改革试点的目标，旨在全面提升该省的数字经济发展水平。这些政策的实施有效促进了数字经济的发展，提高了地区的竞争力和吸引力。在基础设施方面，中部地区的投入也相当显著。区域内高铁和高速公路网络的持续完善，不仅改善了交通条件，也为数字经济的快速发展和现代流通体系的建设提供了必要的物质基础。湖北省在构建综合交通运输体系方面的努力，特别是在提升交通基础设施的互联互通水平方面的举措，进一步加深了数字经济与现代流通体系的融合，促进了地区内外的经济交流和技术转移。人口众多和市场需求旺盛的特点也为中部地区的数字经济提供了广阔的市场空间。这一人口和市场的优势，加上政策支持和基础设施的完善，共同推动了数字经济与实体经济的深度融合，从而激发了新的消费需求和市场活力。总体来看，中部地区在数字经济赋能现代流通体系建设方面的成功，是政策引导、基础设施建设和市场潜力三者相互作用的结果。这些因素的综合效应不仅为该地区的经济发展提供了强大的推动力，也为其他地区提供了宝贵的经验和参考。

　　相比之下，中国东部地区和西部地区在数字经济赋能现代流通体系建设方面的效应基本持平。这一结果不仅体现了数字经济在这两大区域推动现代流通体系建设的相似效力，而且凸显了地理差异在数字化转型中的均衡化趋势。东部地区，包括北京、上海、广东等地，数字经济发展较为成熟。这些地区拥有众多互联网企业和创新平台，其强大的科技创新能力、完善的市场体系和丰富的资源禀赋，为现代流通体系的建设提供了坚实的基础。在这些区域，数字经济的高度发展带动了信息技术和物流技术的快速进步，极大地提高了流通效率和服务质量，从而持续推动经济的高质量发展。相对而言，西部地区虽然起步晚于东部地区，但在数字经济的推动下，现代流通体系的建设也取得了显著进展。四川、重庆等地区通过增加基础设施投资、优化营商环境和吸引外部投资等措施，积极推动数字经济的发展。这些措施不仅改善了地区的经济结构，也促进了现代流通体系与数字经济的深度融合。特别是贵州省，作为全国首个国家级大数据综合试验区，其大数据产业的快速发展为现代流通体系建设提供了新的动力和模式，增强了地区的竞争力和吸引力。这种东部、西部地区在数字经济赋能现代流通体系建设中的表现，反映了中国在推动区域经济均衡发展和数字化转型方面取得的成效。尽管东部地区的数字经济基础更为扎实，西部地区通过积极的政策支持和战略投资，也实现了快速的追赶，显示出中国区域发展策略的有效性和数字经济的普惠性。这一点在推动国内大循环和双循环发展战略中尤为重要，为中国现代流通体系的持续优化和升级提供了坚实的数字基础。

　　在分析东北部地区数字经济赋能现代流通体系建设的作用时，其相对较小的回归系数显示出这一地区在该领域的推动力相较于其他地区较为弱势。这种情况不仅从统计数据中得到了验证，也可以通过对该地区经济和社会结构的深入剖析得到合理解释。东北部地区的经济结构以重工业为主导，这种产业结构的单一性对数字经济的全面发展构成了一定的制约。重工业依赖于大规模的资本投入和物理设备，而数字经济则依赖于信息技术和创新驱动，两者之间存在本质的差异。在这种经济结构下，数字经济的渗透和应用可能不如那些产业结构多元化、服务业和高技术产业更发达的地区。同时，东北部地区的产业布局较为传统，新兴产业的发展相对滞后。这种现象在一定程度上抑制了新技术的采纳和应用，数字经济相关的产业，如电子商务、云计算和大数据等领域的发展未能充分获得本地化的产业支撑。此外，这种传统的产业布局也影响了地区内人才的吸引和留存，高技能的信息技术人才可能更倾向于迁移到产业结构更现代化的地区。政策环境也是影响东北部地区数字经济发展的关键因素。尽管地方政府已经出台了一系列支持政策，旨在促进数字经济的发展，如优惠税政、资金扶持、创新园区建设等，但由于历史遗留问题和现有的体制机制，这些政策的实际执行效果尚未达到预期，政策落地的效率和效果仍需进一步提升。因此，东北部地区在数字经济赋能现代流通体系建设方面所表现出的相对弱势，是地区特有的经济结构、产业布局和政策环境等多重因素共同作用的结果。要改善这一状况，需要从根本上优化经济结构，加快新兴产业的培育和发展，同时改革和创新政策执行机制，提高政策的实际效果，以便更好地适应和利用数字经济带来的机遇。

2. 行政级别异质性分析

行政级别反映了城市在资源配置和决策制定方面的关键影响力，对城市发展有深远影响，同时也影响着数字经济如何发挥其赋能作用。本研究借鉴魏丽莉和侯宇琦（2022）① 的分类方式，将城市按照行政级别区分为直辖市、副省级城市、省会城市等中心城市和其他的非中心城市，以期更深入地解析数字经济在推动现代流通体系建设的过程中，中心城市与非中心城市样本是否存在差异，从而提供更全面的视角来理解数字经济的赋能效应。表6-6中的第（5）列和第（6）列分别揭示了中心城市和非中心城市样本的异质性检验结果。一个显著的特点是，无论城市的行政级别如何，其回归系数均为正，这有力地证明了数字经济在推动现代流通体系建设中的普遍且重要作用。

---

① 魏丽莉，侯宇琦. 数字经济对中国城市绿色发展的影响作用研究［J］. 数量经济技术经济研究，2022，39（8）：60-79.

表 6 - 6   异质性检验结果

变量	地理区域异质性				行政级别异质性	
	（1）东部	（2）中部	（3）西部	（4）东北部	（5）中心城市	（6）非中心城市
De	0.4416***	0.5069***	0.4374***	0.3379***	0.3756***	0.5979***
	(7.5243)	(12.0702)	(11.2445)	(13.7441)	(22.7847)	(11.9734)
控制变量	是	是	是	是	是	是
城市固定效应	是	是	是	是	是	是
年份固定效应	是	是	是	是	是	是
调整后的 R^2	0.8124	0.8494	0.6944	0.7542	0.8587	0.7267
样本量	1548	1440	1566	612	648	4518

注：括号内为稳健标准误下对应的 t 值；*、**、***分别表示在 10%、5%、1% 的水平下显著。

然而，非中心城市样本的回归系数（0.5979）显著大于中心城市样本的回归系数（0.3756），这一发现揭示了非中心城市在数字经济赋能方面具有更大的潜力。在现代流通体系建设的进程中，尽管中心城市在数字经济发展方面往往拥有更多的资源和优势，但非中心城市却展现出了更能充分发挥数字经济赋能潜力的特质。这一现象的背后，蕴含着多方面的原因，以下结合经济发展现实和政策实例进行翔实分析。一方面，非中心城市因其规模相对较小、问题更为集中以及发展需求更为强烈，因此，在政策操作和调整上往往具有更高的灵活性。这种灵活性使得非中心城市在流通领域的创新活力得以充分释放，从而进一步推动了数字经济与现代流通体系的深度融合。以浙江省义乌市为例，这座非中心城市充分利用其灵活的政策环境，大力发展数字经济，推动了小商品市场的全球化，成为现代流通体系建设的典范。另一方面，非中心城市在获取硬件设施投资资源上往往处于相对劣势地位，这促使它们更加倾向于依赖数字经济来推动现代流通体系的高标准建设。通过大力发展数字经济，非中心城市不仅能够弥补在硬件设施上的不足，还能够实现与现代流通体系的快速融合和高效运行。例如，江苏省南通市，尽管在硬件设施投资上不如一些中心城市，但它通过积极发展数字经济，实现了现代流通体系的高效运行，成为区域经济发展的新引擎。此外，还有一些非中心城市通过创新政策和实践，充分发挥了数字经济的赋能作用。例如，一些城市通过建设智慧城市、推广移动支付、发展电子商务等措施，提升了现代流通体系的效率和便捷性。这些创新实践不仅推动了当地经济的发展，也为其他非中心城市提供了有益的借鉴。行政级别异质性分析揭示了一个重要现象，即在现代流通体系建设进程中，非中心城市在充分发挥数字经济赋能潜力方面展现出更为突出的优势。这一现象不仅为我们提供了新的思考角度，也为政策制定者提供了有益的启示——在推动数字经济与现代流通体系融合发展的过程中，应更加注重非中心城市的特殊需求和优势，制定更加具有针对性和灵活性的政策措施。同时，非中心城市也应积极抓住数字经济发展的机遇，创新政策和实践，推动现代流通体系的高标准建设，实现经济的持续健康发展。

值得注意的是，中心城市的数字经济在推动现代流通体系建设的系数小于非中心城市的现象，背后的原因可能涉及多个方面，主要包括现有的发展基础、资源集中度以及创新吸收能力的差异等因素。首先，中心城市如直辖市、副省级城市、省会城市等，通常拥有更为成熟的市场环境和更完善的基础设施。这些城市的数字经济基础较为坚实，已经形成较为完整的数字化和网络化的商业运作模式。因此，在这些地区，数字经济对现代流通体系的推动作用可能已接近饱和状态，新增的变化不如非中心城市显著。其次，中心城市由于其行政和经济地位的特殊性，往往承担着更多的政策试点和创新项目，资源与资金的集中程度高，但这也可能导致资源配置的边际效用递减。相比之下，非中心城市由于起点较低，相同的数字化投入可能会带来更明显的效能提升和流通体系构建上的突破，因此，其系数相对较高。此外，非中心城市在数字经济赋能现代流通体系建设中可能表现出更高的灵活性和适应性。这些城市在面对新技术和新业态时，可能更容易摆脱传统束缚，采取更加灵活的策略来整合数字技术与现代流通体系，因此，能更快速地响应数字经济的赋能效果。最后，中心城市的政策环境和社会文化背景也可能是影响因素之一。中心城市的复杂行政体系和成熟的经济结构可能使得新的政策或技术推广面临更多的制度性障碍和惯性阻力，而非中心城市则可能因为较小的规模和较高的政策灵活性而更快适应和吸收新的经济形态。总结而言，中心城市与非中心城市在数字经济赋能现代流通体系建设的效应差异，反映了城市间在发展阶段、资源配置效率以及创新吸收能力等方面的不同。这种差异不仅揭示了城市间的经济发展不均衡，也提供了针对不同城市类型制定差异化策略的依据。

第四节　数字经济赋能现代流通体系建设的作用机制检验

在前文中，我们从理论视角系统地剖析了数字经济如何通过营造创新发展空间、激发流通创业活力、强化金融支持力度等多重机制，对现代流通体系建设产生积极而深远的影响。为了客观且科学地验证上述作用机制的有效性，本研究采用了由式（6-2）与式（6-3）共同构成的中介效应模型进行严谨的实证检验。这一模型的运用，旨在深入揭示数字经济各影响路径之间的内在联系与传导机制，进而为理论假设提供坚实有力的实证支持。回归估计的结果，详见表6-7，其展示了各变量间关系的显著性及作用方向，佐证了数字经济在现代流通体系建设中扮演的关键角色及其具体作用路径。

表6-7将三种作用机制分成三组共六列进行阐述，第（1）~（2）列是科技创新水平（*Innov*）的中介机制检验结果，从第（1）列可以看出，数字经济能够显著提升城市科技创新水平。这一结论在经济发展现实中有着生动的体现。例如，随着数字经济的蓬勃发展，诸如人工智能、大数据、云计算等新兴技术不断涌现，并为城市科技创新注入了新的活力。以杭州为例，作为数字经济的前沿城市，杭州依托阿里巴巴等龙头企业，打造了以云计算、大数据为核心的数字经济产业集群，显著提升了城市的科技创新水平。在第（2）列中，我们在基准模型中加入了科技创新水平（*Innov*）变量，结果显示数字经济（*De*）与科技创新水平（*Innov*）的估计系数都显著为正，且数字经济（*De*）的估计系数较基准模型估计结果有所降低，Sobel检验统计量也在1%显著性水平上拒绝了不存在中介效应的原假设，说明营造创新发展空间确实是数字经济推动现代流通体系建设的作

用机制。在政策实践中，我们也可以看到许多地方政府正在积极利用数字经济来推动科技创新和现代流通体系建设。例如，一些地方政府出台了针对数字经济的优惠政策，鼓励企业加大研发投入，推动技术创新。同时，政府还积极建设数字基础设施，如5G网络、数据中心等，为数字经济的发展和科技创新提供有力的支撑。这些政策的实施，不仅提升了城市的科技创新水平，也推动了现代流通体系的建设和发展。

第（3）～（4）列是流通创业活跃度（$Enacci$）的中介机制检验结果，这一结果深刻地揭示了数字经济在激活流通创业活力，并进一步推动现代流通体系建设中的核心作用。从经济发展的现实层面审视，数字经济的蓬勃兴起为流通行业带来了前所未有的变革与机遇。伴随着电商平台、移动支付、智能物流等新兴技术的广泛渗透与应用，流通行业的创业门槛显著降低，创业环境亦日趋优化。例如，在淘宝、京东等大型电商平台的助力下，众多小微企业与个体创业者得以轻松触及全国乃至全球的消费者市场，实现从"零"到"一"的突破性跨越。这些新兴市场主体在数字经济的浪潮中蓬勃生长，不仅极大地丰富了流通市场的供给，也显著提升了流通效率与服务品质。第（3）列回归估计结果表明，数字经济能够显著提升流通创业活跃度，这一结论在现实中有着鲜活的例证。以直播带货为例，这一新兴的流通模式在数字经济的强劲推动下迅速崛起，成为众多创业者竞相追逐的热点。通过直播带货，创业者能够直接与消费者进行实时互动，有效降低营销成本，同时提高销售效率。这种创新的流通模式不仅极大地激发了创业者的热情，也为消费者带来了更为便捷、个性化的购物体验。第（4）列是在基准回归模型基础上加入流通创业活跃度（$Enacci$）变量后的回归分析，结果显示，数字经济（De）与流通创业活跃度（$Enacci$）的估计系数亦均显著为正，且数字经济（De）的估计系数较基准模型估计结果有所降低，Sobel检验统计量也在1%显著性水平上拒绝了不存在中介效应的原假设，印证了激发流通创业活力也是数字经济推动现代流通体系建设的作用机制。在政策实践层面，我们同样可以观察到，许多政府正在积极利用数字经济来激发流通创业活力，并推动现代流通体系的建设。例如，一些地方政府针对电商、物流等流通行业出台了系列优惠政策，以鼓励创业者投身于数字经济领域。同时，政府还致力于数字基础设施的建设，如高速互联网、智能物流网络等，为数字经济的发展和流通创业提供了坚实的支撑。这些政策的实施不仅有效地激发了流通行业的创业活力，也极大地推动了现代流通体系的建设与发展。

第（5）～（6）列是金融发展水平（$Finan$）的中介机制检验结果，这一结果深刻地揭示了数字经济在提升城市金融发展水平，并进一步推动现代流通体系建设中的核心作用。结合经济发展的现实状况，我们不难发现，数字经济的迅猛发展为金融行业带来了前所未有的深刻变革，极大地促进了金融服务的创新与金融市场的繁荣。根据第（5）列的估计结果，数字经济显著提升了城市金融发展水平。这一结论的得出，主要归因于数字支付、区块链、大数据等技术的广泛应用。这些先进技术的渗透与应用，使得金融行业能够提供更加便捷、高效、个性化的服务，从而有效吸引了更多的投资者和消费者。同时，数字经济的蓬勃发展也孕育了大量的金融科技企业，这些企业凭借先进的技术手段，为传统金融行业注入了新的增长动力和发展机遇。在第（6）列中，我们在基准模型中加入了金融发展水平（$Finan$）这一变量，结果显示数字经济（De）与金融发展水平（$Finan$）的估计系数均显著为正，且数字经济（De）的估计系数较基准模型估计结果有所降低，Sobel 检验统计量同样支持中介效应存在的结论，从而证明强化金融支持力度也是数字经济推动现代流通体系建设的重要机制。从政策实践的维度审视，我们也可以观察到，许多政府正在积极利用数字经济来强化金融支持力度，进而推动现代流通体系的建设。例如，一些地方政府出台了针对金融科技企业的优惠政策，旨在鼓励这些企业利用先进技术手段创新金融服务模式，提升金融服务效率。同时，政府还致力于数字金融基础设施的建设，如数字货币、区块链金融等，为数字经济的发展和金融服务的创新提供了坚实的支撑。这些政策的实施不仅有效地提升了城市的金融发展水平，也为现代流通体系的建设和发展提供了重要的保障。

综上可知，数字经济能够通过营造创新发展空间、激发流通创业活力、强化金融支持力度等机制赋能现代流通体系建设，研究假设 2 得到验证。

表6－7 中介效应检验结果

变量	Innov	Mcs	Enacci	Mcs	Finan	Mcs
	（1）	（2）	（3）	（4）	（5）	（6）
De	242.4519 ***	0.3748 ***	4.0294 **	0.4642 ***	2.8224 **	0.5010 ***
	（92.8362）	（0.0099）	（2.0285）	（0.0374）	（1.1930）	（0.0535）
Innov		0.0005 ***				
		（0.0000）				
Enacci				0.0103 ***		
				（0.0012）		
Finan						0.0017 **
						（0.0007）
Sobel 检验值	0.2289 ***		0.1227 ***		0.0056 ***	
	Z = 36.64		Z = 25.01		Z = 4.44	
控制变量	是	是	是	是	是	是
城市固定效应	是	是	是	是	是	是
年份固定效应	是	是	是	是	是	是
调整后的 R²	0.3017	0.8620	0.3517	0.7840	0.4633	0.7467
样本量	5166	5166	5166	5166	5166	5166

注：括号内为稳健标准误下对应的 t 值；* 、 ** 、 ***分别表示在10％ 、5％ 、1％ 的水平下显著。

第七章　数字经济赋能现代流通体系建设的路径设计

在追求现代流通体系高质量建设的目标中，本章深入研究并全面阐述了一套具有高度可操作性，并且紧密契合现实需求的数字经济赋能路径。该路径设计的核心在于紧密围绕数字经济这一蓬勃发展的新兴动力源，系统性地探讨其对现代流通体系的精准赋能方式。通过这一路径，我们旨在促进流通体系结构的全面优化和效能的显著提升，从而达到现代流通体系高质量建设的目标。首先，必须识别并整合数字经济的核心要素，如大数据、云计算、人工智能等技术，这些技术已成为推动现代流通体系创新的关键（郭朝等，2024)[①]。通过这些技术，可以实现商品流通信息的实时更新与精确管理，从而提高流通效率和准确性。其次，重视数字经济在促进流通体系内部协同作用中的关键角色。例如，通过建立统一的数字平台，可以整合生产、仓储、销售等不同环节的信息，实现资源共享与优化配置。这不仅能减少冗余和错配，还能加快反应速度，提高整体流通系统的响应性和灵活性。再次，强调数字技术在提升消费者体验方面的潜力。通过利用数据分析和人工智能，企业可以更好地理解消费者需求，提供更个性化的服务，从而增强消费者满意度和忠诚度。这种以消费者为中心的流通模式是提高流通体系质量的关键因素。最后，为了确保这一路径的实现，需要加强跨部门和跨行业的协作，制定相关政策和法规，保障数字技术的安全和公平使用，并鼓励企业和机构投入资源进行数字技术的研

---

① 郭朝先，李婷，罗芳. 数据跨境流通规则博弈与中国应对［J］. 中国流通经济，2024，38（9）：27－38.

发和应用（杜伟泉，2024）①。通过这些措施，可以确保数字经济赋能路径的有效实施，为现代流通体系的高质量建设提供坚实的支撑。

第一节　嵌入尖端科技，提升服务质量

在数字经济时代背景下，尖端科技的嵌入已成为提升现代流通体系服务质量的关键要素。随着信息技术的迅猛发展和全球市场竞争的日益激烈，传统流通模式逐渐暴露出效率低下、智能化不足、个性化服务缺失等弊端，难以满足现代经济对高效、智能、个性化服务的需求（叶学平和张禧，2023）②。因此，本节将深入剖析并详细探讨如何巧妙地引入并应用大数据、云计算、人工智能等前沿技术，对传统流通模式进行深度的数智化改造与全面升级。这一改造的核心目标，在于通过智能化、数据化的先进手段与策略，实现流通过程的高度自动化与个性化，进而大幅度提升服务透明度，并切实增强客户满意度，为流通体系的现代化转型与可持续发展提供强有力的支撑与保障。

在探讨这一核心目标时，我们不得不提及当前流通体系所面临的一系列严峻挑战。传统的流通模式往往过度依赖于人工操作和经验判断，这不仅导致了效率低下和错误率上升，还难以适应市场需求的快速变化。为应对日益复杂多样的内贸市场环境和流通服务需求，我们必须更加注重数字基础设施建设投入，进一步强化流通领域数字赋能效应（谢莉娟，万长松，2023）③。具体而言，要推动包括大数据中心、云计算平台、物联网设施、人工智能生态系统等先进数字技术和数字基建的投入力度，并积极引导流通体系加快对数字技术的接纳和运用。在此过程中，政府相关部门应

---

① 杜伟泉. 治理平台数据流通的"权力结构失衡"与应对［J］. 江苏社会科学，2024（4）：159－167.

② 叶学平，张禧. 湖北培育完整内需体系存在的"堵点"分析及解决路径［J］. 湖北社会科学，2023（5）：64－70.

③ 谢莉娟，万长松. 流通领域公有制经济的量化分析［J］. 学术研究，2023（4）：89－96.

提供必要的政策和财政支持，如设立专项基金、提供税收减免等激励措施，鼓励企业加大数字化投入。同时，尽可能地扩大数字基建对流通产业的服务范围，覆盖城乡各地，使更多市场参与者能够享受到数字化流通服务带来的便利。以中国的"新零售"战略为例，该战略通过整合线上线下资源，利用大数据分析和云计算技术，实现了对商品流通、库存管理、消费者行为预测等方面的智能化改造，极大地提升了流通效率和服务质量。同时，我们也需注重数字基础设施建设投入的可持续性和环保性，通过绿色低碳的设计，如使用节能设备、优化数据中心能源管理等，使流通领域数字基建更符合可持续发展的要求。具体而言，这一转型与升级的过程需紧密围绕大数据、云计算、人工智能等尖端科技领域，将其深度嵌入并融合到流通体系的各个关键环节之中。通过智能化、数据化的先进手段与策略，我们有望对传统流通模式进行根本性的变革与重塑，打破旧有的桎梏与局限，开创流通体系发展的新篇章，引领其走向更加高效、智能与可持续的未来（李朝鲜，2022）[①]。在实践过程中，我们应充分利用大数据技术所具备的强大数据分析能力，深入挖掘流通体系中的潜在价值与规律，为决策提供科学依据与支撑。比如，通过大数据分析，流通企业可以精准预测市场需求，优化库存管理，减少浪费。同时，云计算技术的运用将进一步提升数据处理与存储的效率与可靠性，为流通体系的顺畅运行与持续优化提供坚实的保障与支撑。例如，亚马逊的 AWS 云服务为全球众多企业提供高效、可靠的数据处理和存储服务，助力企业实现数字化转型。而人工智能技术的引入，则将为流通体系注入前所未有的智能元素与活力，使其具备自主学习、优化与决策的能力，实现更加智能化、自主化与高效化的运营与管理。比如，阿里巴巴的"智能供应链"项目利用人工智能技术优化物流配送，提高了物流效率并降低了成本。

　　数字技术的日新月异为流通组织结构的持续创新注入了全新动力，也为实现流通媒介机制的全面升级创造了技术保障和交易条件。相较传统技

---

　　① 李朝鲜．"双循环"背景下数字技术如何赋能商贸流通企业高质量发展［J］．北京工商大学学报（社会科学版），2022，37（5）：59－70．

术手段，数字技术的深度嵌入促使流通产业媒介供需的综合职能显著跃升，也使流通对经济增长和社会发展的感应力、推动力持续扩大。大数据、云计算等技术手段强化了流通体系的柔性构造，既能精准识别消费需求，又能动态适配厂商供给（孙先民和张国微，2022）①。基于数据的即时交互，流通组织获得了更为敏锐的商业洞察力，积累了异质性消费群体的海量动态数据，借助深度学习与智慧决策自动生成多种个性化与动态性兼顾的流通服务创意，精准匹配目标客户，并透过客户消费体验数据的及时反馈，迅速调整商品流通策略，甚至逆向优化产品设计、生产流程，持续改善流通智慧化运行效果。此外，流通组织能够运用智能算法判断流通各环节的价值衰减和对消费群体吸引力的弱化程度，迫使流通企业时刻关注商情信息反馈，及时调整流通策略。人工智能技术的推广应用大幅压缩了流通过程中的简单劳动力，将过去需要大量人工和时间的复杂流程替换为更为廉价、高效的运作方式，并促成实现商品资源、流通要素和消费需求的精准匹配。虚拟现实（增强现实/混合现实）技术的出现克服了传统可视化技术（2D、3D）难以实现对复杂商品信息精细呈现的弊病，能够为消费者提供更加逼真的沉浸式虚拟消费场景。比如，宜家的虚拟现实应用允许消费者在家中就能体验家具布局，从而提高了购买决策的准确性和满意度。5G移动互联技术突破了4G网络传输瓶颈，数据综合处理能力获得了指数级增强，能够在流通领域实现对高维商情数据的实时、深度解析和对消费偏好信息的程序化精准对接，并带动现有智能端网和移动终端的性能跃升。比如，中国的5G智慧物流项目通过5G网络实现实时数据传输和远程监控，提高了物流效率和安全性。区块链技术则加速推动了流通智慧化转型中电子支付手段的革新，该技术具有匿名性特征，可将智慧流通信息平台中各流通主体作为链上节点，形成一个绕过中间机构的支付体系，既能保护企业私密信息，又能基于数据可追溯性特征避开支付安全风险，实现高效、便捷的在线支付。比如，比特币和以太坊等区块链项目通过去

---

① 孙先民，张国微. 智慧城市驱动商贸流通产业发展：理论机制、计量检验与政策含义［J］. 商业研究，2022（4）：58 – 66.

中心化的支付方式降低了交易成本，提高了支付效率。

　　然而，数字技术的应用并不仅限于流通企业内部。政府相关部门亦应积极发挥作用，提供必要的政策和财政支持，如设立专项基金、提供税收减免等激励措施，以鼓励企业加大数字化投入，促进数字技术与流通体系的深度融合（侯卓，2023）①。同时，政府还应加强数字基础设施的建设和管理，确保数字技术的广泛应用和流通体系的顺畅运行。在推动数字技术应用的过程中，我们还应注重扩大数字基建对流通产业的服务范围，使其覆盖城乡各地。这意味着我们要将数字技术的红利惠及更广泛的市场参与者，无论是城市的大型商场还是农村的农产品批发市场，都应享受到数字化流通服务带来的便利与优势。通过数字技术的应用，我们可以打破地域和信息的壁垒，实现资源的优化配置和市场的公平竞争。

　　综上所述，通过合理引入并深度应用大数据、云计算、人工智能等前沿技术，我们有望对传统流通模式进行根本性的变革与重塑。在未来的发展中，我们应继续探索数字技术的应用和创新，推动流通体系的现代化转型与可持续发展。同时，政府、企业和社会各界也应共同努力，为数字技术的应用创造更加良好的环境和条件，共同推动现代流通体系的高质量建设。

第二节　推动信息共享，搭建高效网络

　　信息共享是现代流通体系高效运行的基本遵循。本节将重点阐述如何利用数字经济的技术优势，扩大网络服务覆盖范围，打破信息壁垒，促进流通体系内各参与主体之间的数据互联互通。通过构建高效的信息共享网络，实现流通信息的实时更新与精准匹配，降低信息不对称带来的交易成

---

　　①　侯卓. 全国统一大市场的财税法促进机制［J］. 北京大学学报（哲学社会科学版），2023，60（4）：139－148.

本，提高流通效率（李骏阳，2004）①。同时，强调信息安全与隐私保护，确保信息共享过程中的数据安全和合规性。

在数字经济时代背景下，信息共享的重要性越发凸显，已成为推动经济发展的新引擎。随着大数据、云计算、物联网等技术的迅猛发展，信息作为一种重要的生产要素，其流通与共享对于优化资源配置、提高生产效率具有至关重要的作用。尤其是在现代流通体系中，信息共享更是实现商品、资金、信息等要素高效流动的关键所在（陈彦宇和张瀚，2024）②。通过信息共享，各参与主体能够实时掌握市场动态，精准对接供需，有效降低库存和运营成本，从而提高整体流通效率，增强市场的响应速度和灵活性。为了推动信息共享，我们必须充分利用数字经济的技术优势，双管齐下。一方面，要加快网络基础设施建设，提高网络服务的覆盖范围和传输速度，为信息共享提供坚实的物质基础。近年来，我国在5G、工业互联网等新型基础设施建设方面取得了显著进展，为信息共享提供了有力支撑。例如，京东物流通过构建智能物流体系，实现了仓储、运输、配送等环节的全面数字化，大大提高了信息共享的效率，降低了物流成本。另一方面，我们要运用大数据、人工智能等技术手段，打破信息壁垒，促进数据互联互通，实现数据的无缝对接和高效利用（王衍之等，2024）③。这要求我们在数据采集、存储、处理等方面进行创新，提高数据的质量和可用性，同时加强数据安全保护，确保信息共享过程中的数据安全和合规性，防范数据泄露和滥用风险。在推动信息共享的过程中，信息安全与隐私保护的问题不容忽视。信息共享虽然能够带来诸多益处，但也伴随着信息泄露、数据滥用等潜在风险。因此，在推动信息共享的同时，我们必须建立健全的信息安全保障体系，确保数据在传输和共享过程中的完整性和保密性。为此，我们可以探索先进的加密技术和隐私保护机制，如区块链技

---

① 李骏阳. 以信息流为主导的现代流通企业组织再造［J］. 中国流通经济，2004（6）：41−44.

② 陈彦宇，张瀚文. 数据跨境流通的三重安全挑战及其法律规制——基于数据流通理论的分析［J］. 中国科技论坛，2024（8）：64−73.

③ 王衍之，黄静思，王剑晓，等. 数据要素流通与收益分配机制研究：以风电场景融合气象数据为例［J］. 管理评论，2024，36（6）：30−41.

术，通过去中心化、分布式存储等方式提高数据的安全性，为信息共享提供坚实的技术保障。同时，我们还需要加强法律法规建设，明确数据共享的规则和边界，保护各参与主体的合法权益，为信息共享提供有力的法律支撑。例如，欧盟推出的《通用数据保护条例》（GDPR）就为数据共享提供了明确的法律框架和指引，值得我们借鉴和学习。

除了技术保障和法律法规建设外，推动信息共享还需要政府、企业和社会各界的共同努力和协作。政府可以制定相关政策引导和支持信息共享的发展，如提供财政补贴、税收优惠等激励措施，降低企业信息共享的成本和风险；企业可以积极探索信息共享的商业模式和应用场景，如供应链协同、金融服务创新等，提高信息共享的实用性和价值；社会各界可以加强宣传和教育，提高公众对信息共享的认知和接受度，营造良好的信息共享氛围。在现实经济中，信息共享已经取得了显著成效，成为推动经济发展的重要力量。以阿里巴巴为例，该公司通过构建电子商务平台，实现了商家、消费者、物流等各方信息的实时共享和精准匹配。这不仅提高了交易效率，降低了交易成本，还为商家提供了更加精准的营销策略和消费者行为分析，增强了市场的竞争力和创新力。再如，菜鸟网络通过智能物流系统实现了跨境电商的全球化信息共享，大大提高了跨境物流的效率和准确性，推动了国际贸易的便利化和全球化发展。这些成功案例充分证明了信息共享在现代流通体系中的重要作用和价值，为其他行业和企业提供了有益的借鉴和启示。此外，信息共享还在金融、医疗、教育等领域发挥着重要作用，推动了这些领域的创新和发展。在金融领域，通过信息共享可以实现信用评估、风险管理等功能的优化，提高金融服务的效率和安全性，降低金融风险和成本。例如，蚂蚁金服通过大数据分析实现了对用户的信用评估和风险预警，为小微企业和个人提供了更加便捷的金融服务，促进了金融的普惠化和民主化。在医疗领域，信息共享可以促进医疗资源的优化配置和医疗服务的协同提供，提高医疗服务的效率和质量，降低医疗成本和风险。例如，一些医院通过构建区域医疗信息平台实现了患者信息的共享和医生之间的远程协作，提高了医疗服务的便捷性和可及性。在教育领域，信息共享可以实现教育资源的共享和优化配置，提高教育服务的公平性和质量，推动教育的创新和发展。例如，一些在线教育平台通过共享优质课程资源和教学数据，为教师提供了更加丰富的教学资源和教学方法，提高了教学效果和学生的学习体验。然而，信息共享在实际应用中也面临着一些挑战和问题，需要我们进一步研究和解决。例如，数据标准化和互操作性问题、数据质量和可信度问题，以及数据安全和隐私保护问题等都需要我们加强技术研发和创新，提高数据处理和分析的能力；同时，我们还需要加强行业合作和标准制定，推动数据的标准化和互操作性；此外，我们还需要加强法律法规建设和监管力度，确保数据共享的合法性和合规性，为信息共享的可持续发展提供有力的保障。

综上所述，推动信息共享并搭建高效网络不仅是提升现代流通体系效能的关键路径，也是数字经济时代背景下促进经济高质量发展的必然要求。通过技术革新与制度创新并举，我们有望构建一个更加开放、协同、安全且高效的信息共享生态，为流通体系的优化升级注入强劲动力。在这个过程中，政府、企业和社会各界需要共同努力，共同推动信息共享的发展和应用，为经济的可持续发展和社会的全面进步作出更大的贡献（薛阳等，2024）[①]。同时，我们也需要关注信息共享带来的挑战和问题，加强技术研发、行业合作和法律法规建设，确保信息共享的合法、合规和可持续发展。

第三节　加快数实融合，塑造发展优势

推进线上线下无缝对接，创新流通业态与商业模式，实现消费场景全覆盖，打造数字化流通生态圈，已成为现代流通体系高质量建设的内在要求。数字经济与实体经济的深度融合，是实现这一目标的关键路径。通过

---

① 薛阳，贾慧，冯银虎. 数字物流提升城乡融合发展的效应与机制研究［J］. 农业经济与管理，2024（4）：62－77.

推动数字化技术在生产、分配、交换、消费等各个环节的广泛应用，不仅可以实现资源的高效配置和市场的精准对接，还能形成产业协同效应和规模经济优势。同时，鼓励企业创新商业模式，利用数字技术重塑业务流程，打造竞争优势，推动现代流通体系向更高水平发展。通过这些措施，我们可以全面覆盖消费场景，构建起一个更加高效和具有竞争力的数字化流通生态圈（葛迎遨等，2024）①。

要深刻理解数字经济与实体经济融合的重要性，我们首先需认识到数字经济本身所蕴含的深刻变革力量。数字经济以数据为核心资源，以新一代信息技术为驱动力，正在全球范围内引发一场深刻的经济社会变革。它不仅颠覆了传统的生产和消费模式，还催生了新的业态和商业模式，为经济增长注入了新的活力。而实体经济，作为国民经济的基石，其数字化转型和升级对于提升国家整体竞争力具有至关重要的作用。因此，加速数字经济与实体经济的深度融合，是推动现代流通体系高质量发展的必然选择。在生产环节，数字化技术的应用可以实现生产过程的智能化和自动化，显著提高生产效率和产品质量。例如，智能制造系统通过集成物联网、大数据、人工智能等先进技术，实现了生产设备的互联互通和智能调度，极大地提升了生产线的灵活性和响应速度。这种智能化的生产方式不仅降低了生产成本，还显著增强了产品的市场竞争力。在分配环节，数字化技术可以优化物流网络，实现货物的精准追踪和高效配送。以京东物流为例，其通过构建智能物流体系，利用大数据分析优化仓储布局和配送路径，显著降低了物流成本，提高了配送效率。这种数字化的物流模式不仅提升了企业的运营效率，还为消费者提供了更加便捷、高效的购物体验。在交换环节，数字化技术正在推动传统交易方式的革新。电子商务的兴起使得买卖双方可以在线上进行高效的商品和服务交易，打破了时空限制，拓宽了市场边界。以阿里巴巴的淘宝和天猫平台为例，它们通过提供便捷的在线购物体验，吸引了数亿消费者，推动了零售业的数字化转型。同

---

① 葛迎遨，杨山，杜海波. 长三角城市快递物流联系网络及空间平衡格局研究［J］. 地理科学进展，2024，43（7）：1307－1319.

时，移动支付、区块链等技术的应用也在提高交易的透明度和安全性方面发挥了重要作用。这些数字化技术的应用不仅降低了交易成本，还显著提高了市场的运行效率。在消费环节，数字化技术正在重塑消费者的购物体验。通过社交媒体、个性化推荐算法等手段，企业可以更精准地捕捉消费者的需求和偏好，提供个性化的产品和服务。例如，抖音电商通过短视频和直播的形式，为消费者提供了更加直观、生动的购物体验，有效激发了消费者的购买欲望。这种个性化的消费模式不仅提升了消费者的购物满意度，还推动了企业的销售增长。

数字经济与实体经济的深度融合不仅体现在技术层面的融合，更体现在产业层面的协同。通过推动数字化技术在各产业的广泛应用，可以形成产业间的协同效应和规模经济优势。例如，在智能制造领域，数字化技术可以推动制造业与服务业的深度融合，形成制造业服务化的新趋势。企业通过提供智能化的产品和服务，可以延伸产业链、增加附加值、实现产业升级。这种产业间的协同效应不仅提升了企业的竞争力，还推动了整个产业链的优化升级。同时，政府与企业应携手并进，积极鼓励创新商业模式的涌现，充分利用数字技术的变革力量，重塑业务流程，构建独特的竞争优势（叶翀和冯昊，2014）①。在这一过程中，企业应被视为创新的主体。通过技术革新与模式创新，企业可以推动现代流通体系向更高水平、更深层次迈进。例如，美团通过整合线上线下资源，打造了涵盖餐饮、外卖、酒店、旅游等多个领域的数字化流通平台，为消费者提供了便捷的一站式服务体验。这种创新性的商业模式不仅提升了企业的市场竞争力，也推动了整个流通体系的优化升级。值得注意的是，这些举措的实施需紧密围绕消费场景的全面覆盖这一目标。通过构建数字化流通生态圈，我们可以实现消费场景的无缝对接和全面覆盖，为消费者提供更加便捷、高效、个性化的购物体验。例如，电商企业通过构建涵盖电商、支付、物流、云计算等多个领域的数字化生态圈，实现了消费场景的全面覆盖和无缝对接。这

---

① 叶翀，冯昊. 长三角城市群物流业效率时空演化和影响因素 [J]. 华东经济管理，2014，38（9）：52-60.

种生态圈的构建不仅提升了企业的服务质量和效率，还显著增强了消费者的购物体验和忠诚度。为了进一步阐明数字经济与实体经济融合的重要性以及其在现代流通体系建设中的应用前景，我们可以以新零售为例进行具体分析。新零售是数字经济与实体经济深度融合的产物，它通过运用大数据、人工智能等先进技术手段对传统零售模式进行革新和升级。新零售模式的核心在于线上线下无缝对接和消费者体验的优化。以盒马鲜生为例，这家新零售企业通过将线上电商平台与线下实体店相结合，为消费者提供了全新的购物体验。在盒马鲜生的实体店中，消费者可以亲身体验商品的质量和口感，并通过扫描二维码将心仪的商品加入线上购物车进行结算。同时，盒马鲜生还利用大数据分析消费者的购物行为和偏好，为消费者提供个性化的商品推荐和服务。这种线上线下无缝对接的新零售模式不仅显著提升了消费者的购物体验，也提高了企业的销售效率和市场竞争力。除了盒马鲜生之外，还有许多其他的新零售企业也在积极探索数字经济与实体经济融合的新路径。例如，拼多多通过社交电商模式将消费者与制造商直接连接起来，去除了中间环节降低了成本；而苏宁易购则通过构建涵盖家电、3C、母婴等多个领域的电商平台，为消费者提供了丰富多样的商品选择。这些新零售企业的成功实践充分证明了数字经济与实体经济融合在现代流通体系建设中的重要性和应用前景。它们通过创新商业模式和技术手段，实现了线上线下无缝对接和消费者体验的优化，有力推动了现代流通体系的高质量发展（廖毅和汤咏梅，2021）①。

综上所述，加速数实融合不仅是对当前经济发展趋势的深刻把握，也是对未来流通体系重构的战略布局。通过精准施策与科学规划，我们有望见证一个更加繁荣、高效且富有韧性的数字化流通新时代的到来。在这个过程中，政府需要制定更加完善的政策法规来引导和规范数字经济的发展，为数字经济与实体经济的深度融合提供有力的政策保障；企业需要加大技术创新和模式创新的力度，不断提升自身的核心竞争力，以适应数字

---

① 廖毅，汤咏梅. 双循环新发展格局下现代物流业促进区域经济协调发展研究 [J]. 理论探讨，2021（1）：88 – 93.

经济时代的发展趋势；而消费者则需要积极拥抱数字化时代的变革，享受更加便捷、高效、个性化的购物体验。唯有政府、企业、消费者三方面共同努力，才能实现数字经济与实体经济的深度融合，推动现代流通体系的高质量发展（张晏魁，2020）[①]。

第四节　建立预警机制，强化风险防控

在数字经济深度赋能现代流通体系之进程中，风险防控与创新支持的重要性愈发凸显，不容政策制定者忽视。鉴于现代流通体系构建过程中面临的多重不确定性，构建一个智能化、高效能的流通风险监测系统显得尤为关键且迫切（蒋云贵和柳思维，2010）[②]。此系统需具备实时监控与分析市场供求动态、价格波动等核心经济指标的能力，并依托大数据分析与人工智能技术的深度融合，实现对潜在风险的精准识别与即时预警。如此，方能显著提升对市场波动、供应链中断等各类风险的应对能力，增强流通体系抵御外部冲击的韧性及其快速恢复的能力，确保其稳健而持续的运行态势。

在现代流通体系的数字化转型过程中，各种潜在风险和挑战层出不穷，对市场稳定构成威胁。例如，市场供求关系的快速变化可能导致价格波动剧烈，进而影响流通体系的稳定性。以 2020 年初新冠疫情为例，其暴发导致全球口罩需求激增，市场供不应求，价格一度飙升。若此时有一个智能化的风险监测系统，通过对市场数据的实时监控和分析，就能提前预警价格波动风险，为政府和企业提供决策支持，从而有效平抑市场价格，保障流通体系的稳定运行。进一步而言，为推动流通体系的全面数字化转型，政府应从政策、资金、技术等多维度提供全面而深入的支持

---

① 张晏魁. 科技进步对现代物流产业发展的影响研究——评《科技进步促进区域物流发展理论与实证研究》［J］. 科技进步与对策，2020，37（9）：164.
② 蒋云贵，柳思维. 基于回归方程的流通企业破产风险模型［J］. 系统工程，2010，28（9）：82－86.

（Seifullaeva et al.，2022）①。具体而言，这包括设立专门的流通技术创新基金与研发平台，以资金扶持与资源整合促进技术创新与突破。政府可借鉴美国政府在半导体产业中的做法，通过设立专项基金和研发平台，引导和支持企业进行技术创新，推动流通体系的数字化转型。同时，实施针对新兴数字化流通企业的税收优惠政策，以降低其运营成本，激发流通领域的创业活力与创新潜能。比如，中国政府对高新技术企业实施的税收减免政策，就有效降低了企业的运营成本，激发了企业的创新活力。此外，政府还应积极引导并加大金融服务业对现代流通体系建设的支持力度，鼓励金融机构创新金融产品与服务，为流通体系的数字化转型提供必要且充足的融资支持。在这方面，中国政府已经采取了一系列措施，如设立专项贷款、提供融资担保等，以支持流通企业的数字化转型。然而，面对流通体系数字化转型的庞大资金需求，政府还需进一步拓宽融资渠道，引导更多社会资本投入流通体系建设，形成多元化的资金支持体系。通过上述多维度的政策扶持与市场激励，可有效推动流通领域新技术、新模式、新业态的研发与应用，增强流通体系数字化转型的内生动力与外部驱动力，为现代流通体系的建设与发展营造一个更加优质、高效、开放的发展环境。

在上述背景下，风险管理的精细化与创新支持的体系化将形成强大的合力，共同促进流通体系的持续优化与升级。为实现这一目标，我们需构建一个完善的风险预警机制，该机制应涵盖市场风险、供应链风险、技术风险等多个层面。通过实时监控和分析各类风险指标，我们可以及时发现潜在风险，并采取相应的预防措施。例如，当市场供求关系出现异常波动时，预警机制可以立即发出警报，提醒政府和企业采取相应措施进行干预和调控，从而有效避免风险的进一步扩大和蔓延。同时，我们还需要强化创新支持，推动流通体系的持续创新与发展。创新是流通体系发展的核心驱动力，只有通过不断创新，我们才能适应市场需求的变化，提升流通体

---

① Seifullaeva M，Panasenko S，Ramazanov I，et al. "Factors Influencing the Formation of the Image of an "Ideal" Enterprise in the Field of Circulation in the Context of World Economy Digitalization [J]. Relacoes Internacionais no Mundo Atual，2022，3（36）：784–798.

系的整体竞争力（郝爱民等，2024）①。为实现这一目标，政府应加大对流通领域创新活动的支持力度，包括提供研发资金、建设创新平台、培养创新人才等。此外，我们还需要加强产学研合作，推动流通领域的技术创新与应用转化，形成产学研用紧密结合的创新体系。在风险防控方面，除了构建预警机制外，我们还需要加强流通体系的韧性建设。韧性是指流通体系在面对外部冲击时能够保持稳定运行并快速恢复的能力。为提升流通体系的韧性，我们需要加强供应链的管理与优化，降低供应链中断的风险。同时，我们还需要加强流通基础设施的建设与升级，提升流通体系的整体运行效率，确保其在面对各种外部冲击时能够保持稳健运行（杨琴和吴玘玥，2024）②。在创新支持方面，我们可以借鉴一些成功案例来推动流通体系的创新与发展。同时，我们还需要关注流通体系中的小微企业与创新型企业的发展。这些企业通常具有较强的创新能力和市场敏锐度，是推动流通体系创新发展的重要力量。为支持这些企业的发展，政府可以提供针对性的政策扶持和市场开放机会，降低其运营成本和市场进入门槛。例如，政府可以设立专门针对小微企业和创新型企业的创新基金和风险投资引导基金，为其提供资金支持和市场拓展机会，助力其快速成长和发展。此外，在推动流通体系数字化转型的过程中，我们还需要关注数据安全与隐私保护的问题。数字化流通体系涉及大量的用户数据和企业敏感信息，如何确保这些数据的安全性和隐私性是一个亟待解决的问题。为解决这一问题，我们需要加强数据安全技术的研发与应用，建立完善的数据保护机制和法律法规体系。同时，我们还需要加强对用户数据和企业敏感信息的监管力度，防止数据泄露和滥用行为的发生，确保数据的安全性和隐私性得到有效保障。

综上所述，通过构建完善的风险预警机制、强化创新支持、提升流通体系韧性、关注小微企业与创新型企业发展以及加强数据安全与隐私保护等措施，我们可以有效推动现代流通体系的持续优化与升级。在这一过程

---

① 郝爱民，任禛，冉净斐. 流通数字化赋能全国统一大市场建设的机理与效应研究［J］. 统计研究，2024，41（4）：40－53.
② 杨琴，吴玘玥. 数字经济时代数据流通使用的价值及安全［J］. 贵州社会科学，2024（4）：50－57.

中，政府、企业和社会各界需要共同努力，形成合力，共同构建一个具有高度适应性、强大竞争力与广泛连接性的现代化流通网络。这将为我国的经济发展和社会进步提供有力的支撑和保障，同时，我们也需要不断学习和借鉴国际先进经验和技术成果，推动我国流通体系在全球竞争中保持领先地位并实现可持续发展。

第五节 构建政策体系，健全制度保障

在"有效市场，有为政府"这一原则的指引下，构建一个与数字经济时代紧密契合、全面而系统的政策体系，是推动现代流通体系实现高质量建设不可或缺的重要保障。具体而言，我们应在反垄断、反不正当竞争、全链条节能减排、优质流通人才培育等多个关键维度上，进一步强化政策支持的力度与精度。通过持续深化流通体制机制改革，优化行政审批流程，减轻流通企业的运营负担，确保市场机制在现代流通体系运行中发挥决定性作用，便是提升流通效率与活力的关键所在。

在反垄断与反不正当竞争方面，政策应着重于打破行业壁垒，促进公平竞争，以维护市场的健康发展。近年来，我国互联网经济蓬勃兴起，但与此同时，亦出现了一些平台企业利用市场优势地位进行不正当竞争的行为，严重扰乱了市场秩序。例如，某些电商平台通过强制商家"二选一"等排他性手段排挤竞争对手，这些行为不仅损害了商家的利益，也破坏了市场的公平竞争环境。因此，政府应加强监管力度，制定更为严格的反垄断法规，对上述行为进行严厉打击，以维护市场的公平竞争环境。同时，政府还应积极鼓励中小企业创新发展，提供更多市场机会，以促进整个流通体系的活力与多样性，推动形成良性竞争的市场格局（冯朝睿和张楠，2024）[①]。

在全链条节能减排方面，政策应高度关注流通环节的环保与可持续发

---

① 冯朝睿，张楠. 云南省农产品流通业绿色发展效率测度及影响因素研究 [J]. 经济问题探索，2024（4）：124 - 135.

展问题，以实现经济效益与生态效益的双重提升。以冷链物流为例，随着生鲜电商的快速发展，冷链物流需求呈现出爆发式增长。然而，冷链物流的高能耗与高排放问题也日益凸显，成为制约其可持续发展的瓶颈。因此，政府应制定相关政策，积极鼓励物流企业采用节能环保的冷链物流技术，如新能源冷藏车、智能温控系统等，以降低流通环节的碳排放量，推动绿色流通的快速发展。同时，政府还可通过财政补贴、税收优惠等激励措施，引导企业加大在节能减排技术方面的投入力度，提升整个流通体系的环保水平，实现经济效益与生态效益的双赢（洪岚，2024）①。

在优质流通人才培育方面，政策应着眼于提升流通行业的人才素质与创新能力，为现代流通体系的高质量发展提供坚实的人才支撑。当前，我国流通行业正面临着人才短缺与结构不合理的问题，这严重制约了流通体系的创新发展（赵霞和徐永锋，2024）②。以跨境电商为例，随着跨境电商的迅猛发展，对具有国际视野和跨境电商运营能力的人才需求日益增加。因此，政府应加强与高校、企业的合作力度，共同培养具有国际化背景的流通人才，以满足市场发展的需求。同时，政府还可通过设立专项基金、提供培训补贴等方式，鼓励企业加大在员工培训方面的投入力度，提升流通行业的整体人才水平，为现代流通体系的高质量发展提供有力的人才保障（王昕天等，2024）③。

同时，从法规和制度层面来看，我们必须严格规范流通各环节的运行秩序，营造一个公平、透明、有序的竞争环境。这要求政府加大对商品流通领域侵权行为的执法力度，提高流通监管的效率与时效性，以法治力量促进流通智慧化转型的规范发展（Zhu et al.，2021）④。同时，政府还应推

---

① 洪岚，邢晓岩. 农产品流通现代化缩小了城乡居民收入差距吗？［J/OL］. 中国农业资源与区划，2024：1－16.

② 赵霞，徐永锋. 数字化流通、全国统一大市场与国内国际循环［J］. 商业经济与管理，2024（3）：18－32.

③ 王昕天，荆林波，张斌. 电商如何驱动农业产业链数字化：理论阐释与实践演进［J］. 中国软科学，2024（3）：47－56.

④ Zhu D, Li T, Zhang C, et al. Role of Internet of Things Technology in Promoting the Circulation Industry in the Transformation of a Resource-Based Economy［J］. Wireless Communications and Mobile Computing，2021（1）：7124086.

动市场信用环境的持续改善，为现代流通体系的健康发展奠定坚实的法治基础。在这方面，政府可借鉴一些国际上的成功经验。例如，欧盟在流通领域建立了完善的法律体系，对商品流通的各个环节都进行了严格的规范与监管。我国政府可积极借鉴欧盟的做法，加强流通领域的立法工作，制定更为细致、全面的法律法规体系，以确保流通市场的公平竞争与规范运行。

此外，政策体系的完善还应涵盖财政支持、税收优惠、金融创新等一系列配套措施，并特别强调制度创新的重要性。这意味着政府需要建立健全数据产权保护机制、明确交易规则、完善监管机制等制度保障措施，为现代流通体系的发展提供全面而坚实的政策与制度支撑。例如，在数据产权保护方面，政府可制定相关法规和政策文件，明确数据产权的归属与使用规则，保护数据所有者的合法权益不受侵犯。同时，政府还可积极建立数据交易平台，推动数据的合法交易与共享活动，以促进流通行业的创新发展和社会经济的持续增长。

在金融创新方面，政策应积极鼓励金融机构加大对流通行业的支持力度，以推动流通行业的快速发展和转型升级。例如，政府可通过设立专项贷款项目、提供信用担保等方式，解决流通企业融资难、融资贵的问题，降低其融资成本和时间成本。同时，政府还可积极推动金融科技的应用和发展，如区块链、大数据等先进技术在流通领域的广泛应用和推广，提高金融服务的效率与安全性水平，为流通行业的发展提供更为便捷、高效的金融支持和服务保障。

在坚持流通领域的对外开放策略方面，政府应积极引进国外先进的流通连锁品牌与管理经验，以推动我国流通行业的国际化发展和全球竞争力提升（唐任伍和马宁，2024）[1]。例如，政府可鼓励外资流通企业在我国设立总部或区域中心等机构，引入其先进的流通理念与技术手段，推动我国流通行业的创新发展和转型升级。同时，政府还可通过合资合作、技术引

---

① 唐任伍，马宁. 基于 ESG 评价的我国流通企业高质量发展：价值、责任与绩效［J］. 中国流通经济，2024，38（1）：3－11.

进等方式，促进国内外流通企业的深度交流与合作活动，共同推动我国流通行业的创新发展和社会经济的持续增长（张晓林，2024）①。同时，政府还应积极鼓励有条件的国内大型流通企业"走出去"，参与国际竞争与合作活动，以提升我国流通产业的国际竞争力与影响力水平。在这方面，政府可为企业提供海外投资并购等方面的政策支持与指导服务，帮助企业更好地适应国际市场环境和法律法规要求，提高其国际竞争力和市场占有率。例如，一些国内领先的电商平台已经开始在海外布局和发展，通过设立海外仓、建立本地化运营团队等方式，积极拓展其国际市场份额和影响力。政府可进一步加大对这类企业的支持力度和优惠政策措施，推动其在国际市场上的快速发展和全球化战略实施。

尤为重要的是，在推进政策与制度建设的过程中，政府必须高度关注流通产业的安全运行问题，特别是在面对重大公共突发事件时，要有效防范国外商业资本趁火打劫、乱中取利的行为发生，确保现代流通体系建设的稳健性与可持续性发展。例如，在新冠疫情期间，全球供应链受到了严重冲击和影响，一些国外商业资本试图利用这一时机抢占市场份额和资源优势。我国政府及时采取了一系列有效措施和政策手段，如加强出口管制、提供财政补贴等支持措施，稳定了国内流通市场运行秩序和供应链体系，有效防范了外部风险和不确定性因素的影响。

通过多层次、多维度的政策与制度建设措施的实施和推进，我们可以有效促进现代流通体系的全面发展和社会经济的持续增长，提升其在全球市场中的核心竞争力与韧性水平（王春豪和蒋兴红，2023）②。这将有助于构建一个更为完善、高效、安全的流通网络体系，推动我国经济的高质量发展和全球竞争力的提升。同时，现代流通体系的发展还将进一步促进消费升级与产业升级的良性互动关系形成和发展，为构建新发展格局提供强有力的支撑和保障。在具体实施过程中，政府应注重政策的协同性与连贯

---

① 张晓林. 乡村振兴战略下数字赋能农村流通创新发展机理与路径 [J]. 当代经济管理，2024，46（4）：47－53.

② 王春豪，蒋兴红. 乡村数字化对农产品流通业全要素生产率增长的影响研究 [J]. 世界农业，2023（11）：91－102.

性要求，确保各项政策措施能够相互衔接、形成合力效应。例如，在推动流通行业创新发展的过程中，政府应同时考虑财政支持、税收优惠、金融创新等政策的协同作用机制和效果评估问题，以形成更为完善的政策支持体系和良好的政策生态环境。同时，政府还应注重政策的可持续性与稳定性要求，确保政策能够长期有效地推动现代流通体系的发展和社会经济的持续增长。

总之，构建一个与数字经济时代相适应的政策体系是推动现代流通体系高质量建设的重要保障和关键所在。通过深化流通体制机制改革、加强法规制度建设、完善配套政策措施等多方面的努力和措施实施，我们可以有效促进现代流通体系的全面发展和社会经济的持续增长，提升其在全球市场中的核心竞争力与韧性水平。这将为我国经济的持续健康发展提供强有力的支撑和保障作用，同时也将为全球经济的繁荣与发展作出重要贡献和积极影响。

第八章　研究结论、启示与展望

第一节　研究结论

　　本研究立足于构建新发展格局的时代背景，深刻剖析了现代流通体系的科学内涵、特征属性及建设目标，系统构建了现代流通体系建设水平的测度指标体系，利用熵值法测算出 2004～2021 年 287 个地级及以上城市现代流通体系建设水平得分，并利用 Dagum 基尼系数、Kernel 密度估计、Markov 链分析、空间自相关分析、标准差椭圆分析等方法对我国城市现代流通体系建设水平的时空动态演进趋势展开系统探究。在此基础上，分别从直接促进作用和间接作用机制两个理论维度系统梳理了数字经济对现代流通体系建设的赋能逻辑，运用个体 – 时点双固定效应模型、两阶段最小二乘法、多期 DID 模型、中介效应模型等手段，多角度实证探究了数字经济对现代流通体系建设的直接与间接赋能实效。主要研究结论如下。

　　第一，现代流通体系是中国特色社会主义市场经济步入成熟阶段后流通体系沿着高质量发展方向应运而生的创新演进形态，是流通领域应对内外部环境深刻变革的产物，具有吸纳数字信息技术广泛嵌入、崇尚消费者至上价值导向、注重商品流通服务增值化发展、鼓励流通商业模式创新迭代、重视智慧物流体系精准配套、强调流通全渠道低碳化运行等典型特征，建设目标以"促进经济循环高效稳定发展"为核心，以打造高质量的国内大循环基础骨架和国内国际双循环市场接口为创新导向，以效率变革、质量变革、动力变革等为跃迁轨迹，涵盖提升流通经济效率、改进流

192

通运行质量、积蓄流通创新动力、延展流通体系有效规模和完善流通基础配套等多个方面。

第二，在现代流通体系建设进程中，全国整体发展水平虽呈现稳步上升的趋势，但区域间及区域内的显著差异不容忽视。东部地区凭借其优越的基础设施、丰富的资源以及政策支持，现代流通体系建设处在全国领先地位，然而其内部亦存在显著的不均衡性。相反，中部地区流通体系建设稳步发展，区域内差异较小，呈现出稳健的追赶态势。西部地区和东北部地区因历史发展基础薄弱，流通体系建设相对滞后，且区域内差异不大。值得注意的是，研究期间区域间及区域内的差异并未得到有效缓解，反而有所加剧。尤其是东部地区与其他区域间的显著差异，成为全国流通体系建设不平衡的主要表现。空间溢出效应进一步放大了这种不平衡，高水平区域对邻近地区的发展产生显著影响，但同时也增加了低水平区域追赶的难度。因此，为实现现代流通体系建设的均衡推进，需重点关注并解决区域间差异问题。

第三，数字经济能够显著促进现代流通体系建设水平提升，这一结论是基于严谨的实证分析和多维度的稳健性检验得出的。具体而言，研究发现数字经济能够通过促进降本增效、激发包容创新、引导职能强化、加速质量提升等方式，推动现代流通体系的整体升级。在实证过程中，为了验证数字经济赋能效应的稳健性，研究采取包括替换核心解释变量、剔除极值样本、剔除直辖市样本等多种替代性和补充性方法，结果显示数字经济对现代流通体系建设的正向影响依然显著，这进一步强化了结论的稳健性。此外，针对可能存在的内生性问题，研究采取了工具变量法和外生政策冲击检验等方法。通过选择合理的工具变量（如早期固定电话数量）和运用"宽带中国"战略这一外生政策冲击，有效控制了内生性对回归结果的潜在影响。结果显示，在克服内生性问题后，数字经济对现代流通体系建设的正向效应依然显著，这进一步验证了结论的可靠性。

第四，数字经济对现代流通体系建设的影响存在异质性条件约束，这种异质性体现在地理区域与行政级别等维度上。从地理区域视角审视，中部地区依托其得天独厚的地理位置、完善的基础设施网络以及政策上的有力扶持，成为数字经济赋能现代流通体系建设的领跑者，展现出最为显著的正面效应。东部地区与西部地区紧随其后，数字经济同样对其现代流通体系建设进程产生了积极的推动作用，尽管在力度上略逊一筹。然而，东北部地区因经济结构固化、产业布局不合理及政策环境限制等多重因素，其数字经济对流通体系建设的赋能效应相对较弱，进一步映照出我国区域经济发展的不均衡现状。对于行政级别维度，研究发现非中心城市在数字经济赋能现代流通体系建设方面展现出超出预期的潜力，其效应强度显著超越中心城市。这一现象背后，或许归因于非中心城市在政策执行层面的高度灵活性，使其能够快速响应市场需求变化，并凭借更强的创新驱动力，有效整合并高效利用数字资源，从而加速流通体系的现代化转型。反观中心城市，尽管它们在数字经济发展初期占据先机，但可能受限于体制机制的刚性约束、资源分配的路径依赖等因素，导致在流通体系创新上的步伐相对滞缓，未能充分发挥其潜在优势。

第五，数字经济确实能够通过营造创新发展空间、激发流通创业活力、强化金融支持力度等传导机制对现代流通体系建设施加正向影响。具体而言，研究利用中介效应模型，系统地分析了数字经济如何通过上述三种机制促进现代流通体系的发展。首先，数字经济凭借其对新兴技术的广泛吸纳与应用，如人工智能、大数据分析及云计算等，为城市科技创新注入了前所未有的活力。这一进程不仅显著提升了城市的科技创新能力，还进一步拓宽了创新空间，为现代流通体系构建了一个更加开放、协同与高效的创新生态系统。在此环境下，流通技术的迭代升级与流通模式的持续创新得以加速推进，为现代流通体系的高质量发展奠定了坚实的科技基础与模式支撑。其次，数字经济通过简化市场准入流程、优化资源配置，有效降低了流通领域的创业门槛，从而极大地激发了该领域的创业活力。电商平台的兴起、移动支付的普及以及智能物流网络的构建，共同为小微企业和个体创业者搭建起了一个低成本、高效率的市场进入平台。这不仅极大地丰富了市场供给，提高了流通效率，还促进了流通主体的多元化与市场竞争的充分性，为现代流通体系的包容性增长注入了新的动力。最后，数字经济在提升金融发展水平方面亦展现出强大潜力。数字支付工具的广泛应用、区块链技术的探索实践以及大数据分析能力的不断增强，共同推动了金融服务的深度创新与金融资源的优化配置。流通企业因此得以享受更加便捷、个性化的金融服务，资金流转效率显著提升，为现代流通体系的规模化扩张与品质化提升提供了坚实的金融保障。

第二节　政策启示

基于本研究的研究结论，得出如下四个方面的政策启示。

（1）着力加大数字基建投入力度，全面优化流通领域数字赋能。鉴于内贸市场环境的日益复杂多变与流通服务需求的多样化趋势，我们亟须将数字基础设施建设提升至更为突出的战略地位，进一步强化其在流通领域的赋能效用，以应对当前经济环境的挑战。具体而言，这要求我们不仅要积极推动一系列尖端数字技术和基础设施的投资建设，如大型数据中心、高性能云计算平台、智能物联网设施以及先进的人工智能系统等，而且要注重这些技术和设施在流通领域的全面嵌入与深度融合。同时，我们需积极引导流通体系加速对数字技术的接纳与深度融合应用，通过技术创新与模式创新，促进数字技术与流通产业的深度耦合与协同发展，以实现流通效率与服务质量的双重提升。在此过程中，政府相关部门应扮演至关重要的角色，通过制定科学合理的政策框架与提供充足的财政支持，最大限度地扩展数字基建对流通产业的服务覆盖范围。这不仅要确保城市地区能够充分利用数字化流通服务所带来的便捷与高效，也要让乡村地区广泛受益，以缩小城乡数字鸿沟，实现流通服务的均衡发展。此外，我们还需高度重视数字基础设施建设投入的可持续性与环保性。在推动数字基建发展的同时，我们必须注重采纳绿色低碳的设计理念与技术路径，确保流通领域的数字基建能够更好地契合可持续发展的长远目标。这不仅有助于减少对环境的负面影响，还能提升数字基建的整体效益，实现经济效益与生态效益的双重提升。如此，我们方能在推动经济发展的同时，有效保护生态环境，走出一条绿色、低碳、可持续的数字经济发展之路。

（2）推动数字技术与流通体系深度融合，创新流通模式与业态。为了充分发掘并发挥数字经济在现代流通体系建设中的赋能效应，政府应积极鼓励并鼎力支持数字技术与流通体系的深度融合，以此作为驱动流通商业模式与流通服务业态创新发展的核心策略。具体而言，首要任务在于助力一系列创新性数字技术和工具在流通领域的全面嵌入与深度应用，这些技术和工具涵盖但不仅限于大数据、云计算、物联网、人工智能等前沿数字信息技术。此举的核心目的在于，通过深入嵌入并应用这些新技术，实现流通效率的显著提升、流通成本的有效降低、流通环节的全面优化，进而促成服务质量的实质性提升。进一步而言，政府还需积极鼓励和引导企业通过数字技术的创新应用，探索并实践诸如直播带货、无人零售、线上线下融合、跨境电商等新兴流通业态。这些新兴业态能够更好地满足消费者日益多元化、个性化的消费需求，进而推动流通市场的繁荣与发展。在此过程中，政府应扮演多重角色，即在制定科学合理的政策法规、提供必要的技术支持、加大资金投入力度以及深化相关人才培养等方面，充分发挥其引导与推动作用。这样，可以更有效地实现数字技术与流通体系的深度融合与协同发展，促进现代流通体系的整体进步。同时，政府还应积极倡导并促进流通企业间的商业合作与信息共享，旨在构建一个有利于流通创新发展的良好生态环境。这一生态环境的形成，将有助于推动流通服务业向数字化、智慧化方向的转型升级，进而提升整个流通产业的竞争力与可持续发展能力。通过上述多维度的策略与措施的综合实施，我们有望实现数字技术与流通体系的深度融合，共同推动现代流通体系的创新发展与繁荣，为经济的持续增长和社会进步提供有力支撑。

（3）重视异质性条件约束，因地制宜推进数字经济赋能现代流通体系。鉴于地域之间在经济基础、文化底蕴、技术积累等方面存在的显著异质性特征，我们必须精心定制并实施差异化的政策措施，以期能够因地制宜地推进数字经济对现代流通体系的赋能效应。具体而言，对于中部地区，可以充分利用其强劲的数字经济赋能效应，通过进一步加大数字技术投入力度和优化交通基础设施建设，来驱动现代流通体系的完善与发展；对于东部地区和西部地区，政策制定应在着力弥合地区间数字鸿沟的基础上，加快引导流通企业利用数字技术进行模式创新，强化流通媒介的供需匹配能力，以促进区域经济的均衡与协调发展；对于东北部地区，则需着重优化政策环境和产业布局，鼓励和支持数字经济的高质量发展，从而夯实现代流通体系的数字赋能基础，为其长远发展提供有力支撑。此外，城市行政级别的异质性分析结果亦为我们提供了重要的政策启示。中心城市在资源配置和决策制定方面拥有既有优势，政策应在继续保持对中心城市支持的同时，鼓励其进一步推动数字经济与流通体系的全面融合，以充分发挥其在区域经济发展中的引领与带动作用；而对于非中心城市，鉴于其规模相对较小、问题相对集中且发展需求强烈的特点，政策制定者可以优先在这些城市加强数字经济的研发投入，鼓励它们充分发挥自身优势，积极探索特色化的现代流通体系建设道路，以实现区域经济的差异化与可持续发展。通过因地制宜的策略选择与实施，我们可以更有效地推动数字经济与现代流通体系的深度融合，进而促进区域经济的整体繁荣与长远发展。

（4）强化创新创业支持，努力营造良好赋能环境。政府应从资金、政策、技术等多维度出发，全面加强对流通领域创新创业的支持力度，在现代流通体系的建设进程中，充分发挥创新创业的核心驱动作用。具体而言，鉴于流通体系在数字化转型过程中对新技术、新模式的迫切需求，政府应积极设立专项的流通技术创新基金，并致力于构建一个高效、协同的流通创新技术研发平台，以系统性地推动流通领域新技术和新模式的研发与应用。此举不仅旨在通过技术创新来增强流通体系的数字化转型动力，更期望在此基础上，能够全面提升其整体竞争力和运行效率，为现代流通体系的高质量发展奠定坚实基础。进一步而言，增强流通领域的创业活跃度同样是现代流通体系建设不可或缺的重要一环。为此，政府需在政策层面精心营造一个有利于流通创业的优质环境，以充分激发市场主体的创业热情与活力。具体而言，政府可以设立现代流通服务业创业孵化基金，为新创数字化流通企业提供必要的资金支持与风险保障；同时，实施对新创数字化流通企业的税收优惠政策，以降低其运营成本，提升其市场竞争力，进而加速其成长与发展进程。这些具体而有力的政策措施，将显著激发流通领域的创业活跃度，为现代流通体系的高标准建设注入新的活力与动能。此外，加大金融服务业对现代流通体系建设的支持力度同样至关重要。政府应积极引导并鼓励金融机构为流通体系的数字化转型提供融资支持，以缓解其在转型过程中可能遇到的资金压力与风险挑战。通过金融服务的有效介入与深度融合，可以为现代流通体系的建设提供更加优质、高效的发展环境，进而推动其在数字经济的大背景下实现持续、健康、高质量发展。总体而言，政府应全面加强对流通领域创新创业的支持力度，努力营造一个良好的赋能环境，以推动现代流通体系的不断完善与升级，为经济社会的全面发展提供有力支撑。

第三节　研究展望

在深刻剖析现代流通体系的科学内涵、特征属性及建设目标，并系统探究其时空动态演进趋势的基础上，本研究进一步揭示了数字经济对现代流通体系建设的赋能逻辑与实效。展望未来，该研究领域仍蕴含丰富的拓展空间与深远的研究价值，包含以下几个维度。

一、深化现代流通体系建设相关基础理论研究

尽管本研究已对现代流通体系的内涵、特征及其建设目标进行了较为全面而深入的阐述，为理解现代流通体系在推动经济高质量发展中的作用提供了坚实的理论基础，然而，我们必须认识到，随着经济社会的飞速发展和技术的日新月异，现代流通体系的内涵与外延正经历着持续的演变与拓展。这一动态变化要求我们在已有研究的基础上，进一步深化对现代流通体系理论基础的研究，以更好地适应并引领未来发展的趋势。首先，我们需要紧跟时代步伐，密切关注经济社会发展的新动向和新需求，探索现代流通体系在新发展格局中的新定位。新发展格局下，国内外经济环境更加复杂多变，对现代流通体系提出了更高要求。因此，我们需要深入研究现代流通体系如何在新发展格局中扮演更加关键的角色，如何更好地服务

于国内国际双循环的新发展格局，以及如何促进经济的内外均衡与可持续发展。其次，我们应不断拓展现代流通体系的功能边界，挖掘其在推动经济高质量发展中的新功能。随着数字经济的蓬勃发展，现代流通体系的功能已经远远超出了传统的商品流通范畴，涵盖了技术创新、创业孵化、金融服务等多个领域。因此，我们需要深入研究数字经济如何赋能现代流通体系，挖掘其在促进科技创新、激发创业活力、优化金融服务等方面的新功能，为现代流通体系的发展注入新的活力。最后，我们还需要关注现代流通体系在新发展格局下面临的新要求。随着消费者对品质生活追求的不断提升以及环境保护意识的日益增强，现代流通体系需要更加注重绿色、低碳、可持续的发展模式。同时，面对国内外市场的激烈竞争，现代流通体系也需要不断提升自身的竞争力和创新能力，以更好地应对市场挑战。因此，我们需要深入研究现代流通体系如何满足这些新要求，推动其向更高水平、更高质量的方向发展。

二、改进现代流通体系建设水平评价方法

在当前研究中，我们已初步构建了一套针对现代流通体系建设水平的综合测度指标体系，并借助多种方法对其时空动态演进进行了详尽分析。然而，面对现代流通体系日益复杂的内涵与快速的发展变化，现有的测度体系仍需进一步细化与完善，以更精准地反映其建设成效与发展趋势。首先，未来研究应致力于指标体系的精细化与多元化发展。具体而言，可以纳入更多能够直接体现流通效率、服务质量、创新能力等核心要素的指标。例如，流通效率方面，可以增加关于库存周转率、订单响应时间等直接反映物流运作效率的指标；服务质量方面，则可以纳入客户满意度、投诉处理效率等评价服务体验的指标；创新能力方面，则可通过研发投入比例、专利申请数量等指标来衡量流通企业在技术创新方面的表现。通过这些细化指标的加入，能够使得测度结果更加全面、准确地反映现代流通体系的建设水平。其次，随着大数据与人工智能技术的飞速发展，我们可以探索运用更为先进的数据分析技术和机器学习算法来优化评估过程。这些技术不仅能够处理海量数据，还能从复杂数据中挖掘出隐藏的模式与规

律。例如，利用自然语言处理技术分析消费者对流通服务的评价信息，可以实时捕捉服务质量的细微变化；通过机器学习算法预测流通市场的未来趋势，可以为政策制定提供前瞻性指导。这些技术的应用将极大地提升评估的精准度与效率，为现代流通体系的建设提供强有力的数据支持。此外，为了突破以往研究在数据可得性与分析尺度上的局限，我们可以整合POI数据、遥感数据、文本词频、统计年鉴等多源数据资源，构建更为丰富、多维的数据集。这不仅有助于提升分析精度至市域、县域乃至更细的格网尺度，还能更全面地揭示现代流通体系在不同空间尺度上的分布特征与演进规律。最后，还可以进一步结合Kernel密度函数、重心－标准差椭圆等空间分析方法以及社会网络分析、动态指数随机图模型等网络分析工具，深入剖析现代流通体系的网络结构特征及其动态演化机制，为政策制定者提供更加直观、深入的洞察。

三、拓展数字经济赋能现代流通体系建设的机制研究

本书已初步构建起数字经济赋能现代流通体系的理论框架，从直接效应与间接机制的双重视角，深入剖析了数字经济对现代流通体系内在驱动机制的复杂运作，并通过严谨的实证分析，有力验证了其在实践应用中的显著成效。然而，鉴于数字经济与现代流通体系间错综复杂的互动关系及其多维交织的特性，众多潜藏于微观层面与深层次的细节问题尚待深入探究与解析。未来的研究亟须在此基础上拓宽研究视野，深化对数字经济如何全方位、深层次地推动现代流通体系变革与升级的理解，以全面揭示其更为丰富且复杂的赋能路径。具体而言，深化研究应首要聚焦于数字经济对流通企业微观基础的重塑效应。这要求我们系统考察数字经济如何影响流通企业的组织架构设计，尤其是其如何驱动企业向扁平化、网络化管理模式转型，从而提升决策效率与市场响应速度。同时，应深入探讨数字经济如何深度赋能流通企业，通过集成大数据、人工智能等前沿技术，优化库存管理策略，实现市场需求的精准预测，进而推动个性化服务与精准营销策略的实施，从根本上激发流通企业的内在活力与创新潜能。在此过程中，数字技术的深度融合将为流通企业带来显著的竞争优势，促进其向智

能化、高效化方向加速演进。另外，聚焦于数字经济在流通领域的具体实践案例，特别是电商平台、智能物流体系及区块链技术等创新应用，是揭示数字经济深层次赋能机制的关键路径。通过对这些典型案例的深入剖析，我们不仅能够直观展现数字经济在提升流通效率、降低成本及优化服务质量方面的具体成效，还能提炼出具有普适价值的成功经验，为行业内外流通企业提供宝贵的参考与借鉴。此外，这些案例研究将进一步深化我们对数字经济赋能机制的理解，明确其在不同情境下的适用条件与潜在局限，为政策制定与实践操作提供坚实的科学依据。

为进一步构建兼具整体性与系统性的赋能机制分析框架，本研究提出以下拓展方向，以期全面揭示数字经济对现代流通体系的综合影响。

（1）深度降本增效机制：深化数智化技术在流通领域的广泛应用与深度融合，促进流通实体与互联网的紧密耦合，实现资源要素的高效配置与利用，通过引入先进算法模型与智能技术，精准优化库存管理、路径规划等关键环节，显著降低流通成本，提升运营效率。

（2）广泛包容创新机制：鼓励颠覆性技术的研发与应用，为流通体系创新提供广阔空间，持续优化科技创新生态，营造开放包容的创新氛围，推动新型商业模式与组织业态的涌现，促进流通体系的多元化、包容性发展。

（3）精准供需匹配机制：推动数据资源的开放共享与深度整合，利用大数据、云计算等技术提升商情信息的精准度与实时性，强化流通媒介的交互能力，实现商品与服务的即时对接与快速响应，有效缓解信息不对称问题，提升市场效率与消费者满意度。

（4）高效协同整合机制：借助科技迭代与制度创新的力量，打破行业壁垒，促进流通体系内外资源的有效整合与共享，鼓励跨界合作与协同创新，构建开放合作的流通生态体系，实现资源的高效配置与价值创造。

（5）绿色低碳转型机制：积极响应国家绿色低碳发展战略，将环保理念深度融入流通体系各环节，推广清洁能源、环保材料及节能技术，降低能耗与碳排放，加强消费者环保意识教育，共同推动流通体系向绿色、低碳、可持续方向转型，实现生态效益与经济效益的和谐统一，为可持续发展目标贡献力量。

四、强化创新创业支持与现代流通体系建设的联动研究

本研究深刻剖析了创新创业作为驱动现代流通体系变革的核心动力源,并据此提出了一系列旨在促进流通体系转型升级的政策建议。展望未来,为全面且深刻地挖掘创新创业对现代流通体系的深层次影响,亟须进一步拓展并深化这一领域的研究范畴,构建创新创业与现代流通体系之间更加紧密且高效的联动机制,共同推动两者向更高层次的协同演化发展。具体而言,深化此联动机制的研究应聚焦于以下几个关键维度。首先,优化创新创业生态环境的综合性构建。这要求我们在政策扶持体系上不断精进,确保政策的精确导向、时效性和包容性,从而为创新创业活动奠定坚实的制度基石。同时,加速推进公共服务平台的建设与完善,通过高效整合各类资源、提升服务效能,为创新创业者构建一个便捷、高效的服务支持体系。此外,简化市场准入程序,降低创新创业的初始门槛,以充分激发市场主体的活力与创造力,加速创意与技术的商业化进程,为现代流通体系的革新注入持续不断的动力。其次,提升创新创业能力是推进现代流通体系高质量发展的核心路径。在此进程中,应强调技术创新、管理创新与商业模式创新等多维度的协同并进。鼓励企业加大研发投入,聚焦于关键核心技术的突破,旨在构建自主可控的技术体系;同时,引导企业采纳先进的管理理念与方法,以提升运营效率和管理效能,促进企业内部管理的协同优化;此外,积极探索平台经济、共享经济等新型商业模式,以模式创新为引领,推动流通体系发生深刻变革,塑造以创新为核心驱动力的流通新生态。再次,强化创新创业人才培养体系是现代流通体系可持续发展的关键支撑点。应构建多元化、开放式的创新创业人才培养框架,促进高等教育、职业教育与继续教育之间的深度融合,形成层次分明、衔接紧密的教育培训体系。加强校企合作,深化产学研用一体化合作机制,实现理论知识与实践经验的深度融合,以培养具备创新精神与实践能力的高素质人才。这些人才将成为驱动现代流通体系高质量发展的核心要素,为流通领域的持续创新提供坚实的智力支撑。最后,深入探究创新创业与现代

流通体系之间的内在互动机制，特别是创新创业如何驱动流通模式创新与流通效率提升，是深化该领域研究的重要方向。通过系统收集与分析典型案例，运用严谨的实证研究方法，揭示创新创业成果在现代流通体系中的实际应用路径与成效，提炼出其背后的深层逻辑与普遍规律。这一过程不仅有助于政策制定者准确把握两者之间的联动关系，为制定科学合理的政策奠定坚实基础；同时，也为流通企业提供了宝贵的实践指南，助力其在创新创业的浪潮中精准定位，实现跨越式的发展。

五、全球化视角下现代流通体系建设的国际比较与深度探索

本研究聚焦于中国现代流通体系的发展轨迹，而在全球经济一体化加速的背景下，现代流通体系的优化与革新已成为国际社会广泛关注的战略议题。鉴于此，未来的研究亟须跨越国界壁垒，从全球化视角出发，对现代流通体系展开更为全面、深入及系统的分析，以揭示其全球发展的普遍规律与未来趋势。国际比较研究作为这一探索的核心支柱，其重要性尤为凸显。通过系统梳理并深入对比不同国家在现代流通体系建设中的政策措施、战略规划、技术创新实践及其具体成效，清晰勾勒出各国流通体系的发展路径、阶段性特征及其成效差异。具体而言，发达国家凭借其完善的法律法规体系、尖端的物流科技应用以及高效的供应链管理体系，成功构建了高度成熟且先进的现代流通体系；而新兴市场国家，则在应对基础设施建设滞后、信息不对称等挑战的过程中，依托政府的有效引导与市场机制的灵活运作，积极探索适合本国国情的流通体系发展道路，展现出卓越的适应性和创新能力。此类国际的深入比较与经验借鉴，不仅为中国现代流通体系的持续优化提供了宝贵的参考范例，也为全球流通体系的多元化、包容性发展注入了新的动力。同时，全球化视角的融入极大地拓宽了现代流通体系研究的视野与深度。在全球化的大潮中，跨国流通企业的运营模式、国际市场布局策略以及国际贸易规则体系的动态变化，均对现代流通体系产生了深刻而复杂的影响。本研究将细致剖析这些全球化要素如何与各国流通体系相互作用，以及它们如何协同演进，共同塑造全球流通市场的新格局。通过对跨国流通企业成功与失败案例的深入剖析，精准把

握全球化背景下流通企业面临的机遇与挑战，为中国流通企业实施"走出去"战略提供具有前瞻性的理论指导与实践启示。此外，全球经济格局的深刻变迁与国际贸易体系的重塑亦对现代流通体系产生了显著影响。区域贸易协定的广泛签署与国际贸易规则的不断调整，不仅重新塑造了各国的流通政策框架与市场准入条件，也深刻改变了跨国流通企业的竞争格局。因此，本研究将进一步深入探究这些国际规则背后的利益博弈、谈判策略及其对流通体系的深层次影响，为中国在全球贸易体系中争取更多话语权和主动权提供坚实的智力支持。

参考文献

［1］俞彤晖，崔许锋．中国现代流通体系建设水平测度及时空演化特征研究［J］．财贸研究，2023，34（7）：1 - 15.

［2］俞彤晖，陈斐．数字经济时代的流通智慧化转型：特征、动力与实现路径［J］．中国流通经济，2020，34（11）：33 - 43.

［3］徐翔，赵墨非，李涛，等．数据要素与企业创新：基于研发竞争的视角［J］．经济研究，2023，58（2）：39 - 56.

［4］万广华，宋婕，左丛民，等．中国式现代化视域下数字经济的共同富裕效应：方法与证据［J］．经济研究，2024，59（6）：29 - 48.

［5］万晓榆，罗焱卿．数字经济发展水平测度及其对全要素生产率的影响效应［J］．改革，2022（1）：101 - 118.

［6］黄林秀，郝坚．数字经济、创新差距和中心 - 外围城市经济差距——基于新经济地理的视角［J］．改革，2024（3）：113 - 126.

［7］张勋，万广华，张佳佳，何宗樾．数字经济、普惠金融与包容性增长［J］．经济研究，2019，54（8）：71 - 86.

［8］洪银兴，任保平．数字经济与实体经济深度融合的内涵和途径［J］．中国工业经济，2023（2）：5 - 16.

［9］宋旭光，何佳佳，左马华青．数字产业化赋能实体经济发展：机制与路径［J］．改革，2022（6）：76 - 90.

［10］Tapscott D. The Digital Economy：Promise and Peril in the Age of Networked Intelligence，McGraw - Hill，1996.

［11］二十国集团．数字经济发展与合作倡议［Z］．2016. https：// www. cac. gov. cn/2016 - 09/29/c_1119648520. htm.

［12］裴长洪，倪江飞，李越．数字经济的政治经济学分析［J］．财贸经济，2018，39（9）：5－22.

［13］中国信息通信研究院．中国数字经济发展白皮书［R］．2023. http：//www. caict. ac. cn/kxyj/qwfb/bps/202304/t20230427_419051. htm.

［14］国家发展和改革委员会．"十四五"数字经济发展规划［Z］．2022. https：//www. ndrc. gov. cn/fggz/fzzlgh/gjjzxgh/202203/t20220325_1320207. html.

［15］徐清源，单志广，马潮江．国内外数字经济测度指标体系研究综述［J］．调研世界，2018（11）：52－58.

［16］许宪春，张美慧．中国数字经济规模测算研究——基于国际比较的视角［J］．中国工业经济，2020（5）：23－41.

［17］戚聿东，刘翠花，丁述磊．数字经济发展、就业结构优化与就业质量提升［J］．经济学动态，2020（11）：17－35.

［18］张文魁．数字经济的内生特性与产业组织［J］．管理世界，2022，38（7）：79－90.

［19］李晓华．数字经济新特征与数字经济新动能的形成机制［J］．改革，2019（11）：40－51.

［20］Goldfarb A，Tucker C. Digital Economics［J］．Journal of Economic Literature，2019，57（1）：3－43.

［21］戚聿东，褚席．数字经济发展、经济结构转型与跨越中等收入陷阱［J］．财经研究，2021，47（7）：18－32，168.

［22］胡汉辉，申杰．数字经济如何赋能高质量发展——国内国际双循环视角［J］．现代财经（天津财经大学学报），2023，43（5）：3－18.

［23］李三希，黄卓．数字经济与高质量发展：机制与证据［J］．经济学（季刊），2022，22（5）：1699－1716.

［24］惠宁，杨昕．数字经济驱动与中国制造业高质量发展［J］．陕西师范大学学报（哲学社会科学版），2022，51（1）：133－147.

［25］张广胜，王若男．数字经济发展何以赋能农民工高质量就业［J］．中国农村经济，2023（1）：58－76.

［26］蒋永穆，亢勇杰．数字经济促进共同富裕：内在机理、风险研判与实践要求［J］．经济纵横，2022（5）：21－30，135.

［27］刘翠花．数字经济对产业结构升级和创业增长的影响［J］．中国人口科学，2022（2）：112－125，128.

［28］魏丽莉，侯宇琦．数字经济对中国城市绿色发展的影响作用研究［J］．数量经济技术经济研究，2022，39（8）：60－79.

［29］孙亚男，王艺霖．我国数字经济的空间关联网络研究［J］．统计研究，2024，41（6）：44－56.

［30］生延超，陈昕，徐珊，等．数字经济对黄河流域城市外向型经济韧性的影响研究——兼论要素升级的中介效应［J］．管理学刊，2024，37（3）：112－127.

［31］张志，易恩文，王军．中国城市数字经济发展的资源配置效应［J］．中国软科学，2024（7）：110－121.

［32］蒋自然，樊俊杰，黎晨晟，等．数字经济发展对中国制造业生产效率的影响：空间效应与传导机制［J］．人文地理，2024，39（3）：72－80，122.

［33］盛斌，吕美静，朱鹏洲．数字经济发展如何赋能中国经济双循环——基于省份——行业层面的研究［J］．国际贸易问题，2024（6）：1－20.

［34］周建平，徐维祥，宓泽锋，等．数字经济对城市ESG发展的影响——基于双重机器学习方法的检验［J］．地理研究，2024，43（6）：1407－1424.

［35］詹新宇，郑嘉梁．数字经济的就业效应：创造还是替代？——来自微观企业的模型与实证［J］．北京工商大学学报（社会科学版），2024，39（4）：30－44.

［36］向国成，毛雨浩，邝劲松．数字经济的就业效应：研究进展与分析框架［J］．经济社会体制比较，2024（3）：183－193.

［37］靳卫东，孙超，何丽．数字经济增加了农民工就业脆弱性吗？——来自三期中国劳动力动态调查的经验证据［J］．南京农业大学学

报（社会科学版），2023，23（6）：163-175.

[38] 谢建国，薛天怡，洪小羽. 全球数字鸿沟下的福利分化研究——来自跨国面板数据的实证检验 [J]. 现代财经（天津财经大学学报），2024，44（6）：3-17.

[39] 朱文佩，林义. 老年数字鸿沟抑制了家庭养老金融资产配置吗？[J]. 消费经济，2024，40（3）：75-87.

[40] 杨艳，林凌，王理. 数字经济时代的"红利"与"鸿沟"：异质性劳动力的微观表征 [J]. 统计与决策，2024，40（3）：10-15.

[41] 余泳泽，胡山，杨飞. 国内大循环的障碍：区域市场分割的效率损失 [J]. 中国工业经济，2022（12）：108-126.

[42] 苏治，荆文君，孙宝文. 分层式垄断竞争：互联网行业市场结构特征研究——基于互联网平台类企业的分析 [J]. 管理世界，2018，34（4）：80-100，187-188.

[43] 张爽. 数字平台扼杀式并购的反垄断规制困境与突破 [J]. 河北经贸大学学报，2024，45（4）：60-72.

[44] 颜建晔，张越. 数字化平台经济的反垄断规制：现状、挑战与前景 [J]. 产业经济评论，2024（2）：92-106.

[45] 李晓楠. 数字经济背景下公共数据开放安全治理 [J]. 济南大学学报（社会科学版），2024，34（2）：75-85.

[46] 范柏乃，盛中华. 数字经济安全的维度识别、特征提取及分层模型——基于 LDA 主题分析与扎根理论编码的混合研究 [J]. 浙江大学学报（人文社会科学版），2024，54（2）：5-29.

[47] 李振利. 数字经济高质量发展下数据隐私权保护新途径的研究 [J]. 宏观质量研究，2022，10（1）：107-126.

[48] 林玮，于永达. 数字经济领域投资潮涌与产能过剩机制：共享单车案例 [J]. 甘肃行政学院学报，2019（2）：116-125，128.

[49] 杨龙志，刘观兵. 流通产业与国民经济是否存在最优匹配效应——兼对我国流通领域"产能过剩"抑或"产能不足"的考察 [J]. 财贸经济，2016（9）：97-111.

［50］黄国雄．论流通产业是基础产业［J］．财贸经济，2005（4）：61－65，97．

［51］李丽．我国流通产业与国民经济的协同演进分析［J］．财贸经济，2014（1）：105－114．

［52］陈丽芬．内贸流通在新型城镇化中的功能作用及促进措施［J］．中国流通经济，2015，29（6）：21－29．

［53］夏春玉，丁涛．孙冶方流通理论的回顾与再认识［J］．财贸经济，2013（1）：74－81，118．

［54］祝合良，杨光，王春娟．双循环新发展格局下现代流通体系建设思路［J］．商业经济与管理，2021（4）：5－16．

［55］徐锋，马淑琴，李军．习近平新时代流通发展观的核心思想及其演化脉络［J］．商业经济与管理，2018（9）：5－14．

［56］盛亚，郑书莉．流通产业与区域经济协调发展的耦合研究：以浙江省为例［J］．商业经济与管理，2016（7）：15－22．

［57］董誉文，徐从才．中国商贸流通业增长方式转型问题研究：全要素生产率视角［J］．北京工商大学学报（社会科学版），2017，32（1）：31－41．

［58］刘文纲．网络零售商与传统零售商自有品牌战略及成长路径比较研究［J］．商业经济与管理，2016（1）：12－20．

［59］李飞，李达军，孙亚程．全渠道零售理论研究的发展进程［J］．北京工商大学学报（社会科学版），2018，33（5）：33－40．

［60］刘向东，何明钦，郭艾．全渠道零售与门店吸引力——数字化时代商圈理论的实证研究［J］．商业研究，2023（3）：1－12．

［61］王晓东，万长松，谢莉娟．零售企业数字化转型策略选择——基于转型深度和广度对全要素生产率的影响［J］．中国人民大学学报，2023，37（3）：56－69．

［62］夏春玉．农产品流通研究专题［J］．商业经济与管理，2016（5）：5．

［63］孙伟仁，张平，赵德海．农产品流通产业供给侧结构性改革困

境及对策［J］. 经济纵横，2018（6）：99－104.

［64］邓阳，王稼琼. 产业异质、市场分割与流通网络发展——基于京津冀 2004—2016 年省级面板数据的分析［J］. 河北经贸大学学报，2018，39（6）：79－86.

［65］赵连阁，黄桂琴，王学渊. 劳动力市场分割、要素配置效率与农产品流通产业增长——一个有调节的中介效应检验［J］. 农业技术经济，2021（3）：4－19.

［66］纪良纲，米新丽. 农产品国际竞争力提升研究——基于农产品供应链视角［J］. 河北经贸大学学报，2017，38（6）：49－54.

［67］王文举，何明珂. 改革开放以来中国物流业发展轨迹、阶段特征及未来展望［J］. 改革，2017（11）：23－34.

［68］翁心刚. 对我国物流业特征及创新发展的再思考［J］. 中国流通经济，2017，31（3）：8－15，2.

［69］何黎明. 有效降低全社会物流成本的战略考量［J］. 中国流通经济，2024，38（6）：3－11.

［70］依绍华. 关于我国物流业发展若干问题的思考——对当前降低物流成本减轻企业负担的几点建议［J］. 价格理论与实践，2016（9）：29－31.

［71］汪旭晖，谢寻. 数字科技创新引领物流业绿色低碳转型的机制与路径——基于京东物流的案例研究［J］. 经济与管理研究，2024，45（5）：21－40.

［72］祝合良，叶萌. 对外直接投资与我国流通产业发展关系的实证研究［J］. 中国流通经济，2016，30（12）：11－18.

［73］杨水根，王露. 湖南省武陵山片区人口城镇化与流通产业发展协同演化及其减贫效应研究［J］. 地理科学，2020，40（11）：1909－1920.

［74］Nardo M，Saisana M，Saltelli A，et al. Handbook on Constructing Composite Indicators：Methodology and User Guide［M］. OECD Publishing，2008.

［75］俞彤晖. 中国流通产业与城镇化耦合协调发展的时空演进分析［J］. 东南学术，2018（5）：175－182.

[76] 李加奎，郭昊．中国商贸流通业创新发展与经济增长的耦合关系评价 [J]．宏观经济研究，2021（5）：69－80.

[77] 王晓东，王诗桪．中国商品流通效率及其影响因素测度——基于非线性流程的 DEA 模型改进 [J]．财贸经济，2016（5）：119－130，159.

[78] 李晓慧．生产率分解下流通业内部结构演化及异质性研究 [J]．商业经济与管理，2019（1）：16－24.

[79] 林翙，陈俊滨．中国省域流通产业发展的时空格局分析 [J]．产经评论，2015，6（6）：92－103.

[80] 俞彤晖．中国流通效率区域差异演进趋势分析 [J]．北京工商大学学报（社会科学版），2016，31（1）：31－40.

[81] 金祥荣．初级市场经济向现代市场经济的转型——浙江省"十五"经济与社会发展基本思路研究 [J]．浙江学刊，1999（5）：16－20.

[82] 谢莉娟，王晓东．马克思的流通经济理论及其中国化启示 [J]．经济研究，2021，56（5）：20－39.

[83] 祝合良，杨光，王春娟．双循环新发展格局下现代流通体系建设思路 [J]．商业经济与管理，2021（4）：5－16.

[84] 徐振宇．现代流通体系基本结构初探——基于关键术语的考证与概念界定 [J]．北京工商大学学报（社会科学版），2021，36（6）：90－100.

[85] 纪良纲．科学把握现代流通体系的几个基本问题 [J]．河北经贸大学学报，2023，44（3）：39－46.

[86] 蒋永穆，祝林林．构建新发展格局：生成逻辑与主要路径 [J]．兰州大学学报（社会科学版），2021，49（1）：29－38.

[87] 汪旭晖，赵博．新发展格局下流通业促进形成强大国内市场的内在机制与政策思路 [J]．经济学家，2021（10）：81－89.

[88] 王晓东，谢莉娟．现代流通体系支撑构建新发展格局的政治经济学分析 [J]．教学与研究，2022（6）：42－55.

[89] 谢莉娟，张昊．全国统一大市场与现代流通体系建设：实践探索与关系演进 [J]．中国流通经济，2022，36（7）：3－11.

[90] 冉净斐，闫碧玮．现代流通体系赋能全国统一大市场建设的逻

辑机理、现实难题与优化路径 [J]. 宁夏社会科学, 2024 (2): 88-97.

[91] 封永刚. 我国现代流通体系建设的行业拉动与就业带动能力 [J]. 中国流通经济, 2023, 37 (8): 39-53.

[92] 肖亮, 王家玮. 现代流通体系畅通双循环的理论逻辑与内在机理研究 [J]. 商业经济与管理, 2022 (1): 5-18.

[93] 王晓东, 谢莉娟. 社会再生产中的流通职能与劳动价值论 [J]. 中国社会科学, 2020 (6): 72-93, 206.

[94] 祝合良, 李晓婉, 王春娟. 统一大市场促进形成强大国内市场的机理与路径——基于交易成本的视角 [J]. 财经理论与实践, 2024, 45 (3): 100-108.

[95] 谢莉娟, 庄逸群. 互联网和数字化情境中的零售新机制——马克思流通理论启示与案例分析 [J]. 财贸经济, 2019 (3): 84-100.

[96] 依绍华, 吴顺利. 数字化背景下流通业态创新与品质消费的非对称互促关系: 供给主导抑或需求引领 [J/OL]. 财贸经济, 2024: 1-21.

[97] 唐红涛, 陈欣如, 张俊英. 数字经济、流通效率与产业结构升级 [J]. 商业经济与管理, 2021 (11): 5-20.

[98] 任保平, 苗新宇. 新经济背景下扩大新消费需求的路径与政策取向 [J]. 改革, 2021 (3): 14-25.

[99] 盛斌, 吕美静, 朱鹏洲. 数字经济与全国统一大市场建设: 基于城市层面的研究 [J]. 求是学刊, 2024, 51 (3): 1-18.

[100] 丁华, 丁宁. 交通基础设施对商贸流通效率的影响研究 [J]. 商业经济与管理, 2023 (7): 28-39.

[101] 谢莉娟, 张鹏宇, 庄逸群. 数字化情境中的流通效率实现机制——基于匹配与扩张视角的案例研究 [J]. 北京工商大学学报 (社会科学版), 2024 (2): 16-30.

[102] 杨向阳, 李月月, 徐从才. 数字化转型对流通企业全要素生产率的影响 [J]. 商业经济与管理, 2023 (3): 5-21.

[103] 韩晶, 陈曦, 冯晓虎. 数字经济赋能绿色发展的现实挑战与路径选择 [J]. 改革, 2022 (9): 11-23.

［104］余祖鹏，王孝行．流通数字化对流通产业碳排放的影响与作用机制［J］．中国流通经济，2023，37（12）：26－35.

［105］赵霞，徐永锋．数字化流通、全国统一大市场与国内国际循环［J］．商业经济与管理，2024（3）：18－32.

［106］汪阳昕，黄漫宇．数字经济促进了中国统一大市场形成吗［J］．山西财经大学学报，2023，45（1）：24－39.

［107］杨肖丽，赵涵，牟恩东．数字经济对农产品流通效率的影响——基于省域面板数据的实证分析［J］．中国流通经济，2023，37（8）：28－38.

［108］曾庆均，唐菁，张娜．数字经济、区域创新能力与农产品流通现代化——来自长江经济带的经验证据［J］．中国流通经济，2022，36（8）：3－15.

［109］祝合良，李晓婉．数字经济驱动强大国内市场形成的机理、动力与对策——基于我国强大国内市场形成基本条件与所面临困境［J］．中国流通经济，2022，36（6）：25－36.

［110］张晓林．乡村振兴战略下数字赋能农村流通创新发展机理与路径［J］．当代经济管理，2024，46（4）：47－53.

［111］杨仁发，徐晓夏．数字经济对商贸流通业高质量发展的影响［J］．中国流通经济，2023，37（5）：28－40.

［112］陈浩东，潘勇．双循环新发展格局下现代流通体系的构建、建设机理与发展路径［J］．商业经济研究，2022（12）：5－8.

［113］张青．推动高质量发展——新时代中国特色社会主义经济建设［J］．教学与研究，2024（7）：115－126.

［114］彭艳．现代流通体系视角下外贸企业出口转内销的路径优化［J］．商业经济研究，2022（20）：156－158.

［115］梁鹏，李宁宇．数字经济赋能现代流通体系建设理论机制探讨［J］．商业经济研究，2022（3）：13－15.

［116］高跃．数字经济对农村现代流通体系建设的驱动效应分析——基于共同富裕背景［J］．商业经济研究，2022（23）：134－136.

［117］蒙天成，周利国．"双循环"新发展格局下现代流通体系发展态势与高质量推进策略［J］．国际贸易，2021（8）：46－53．

［118］张菊．数字经济对流通业绿色发展的影响分析［J］．商业经济研究，2023（13）：23－26．

［119］李维莉，李谦．新消费视角下现代流通体系建设对消费升级的影响［J］．商业经济研究，2024（13）：53－56．

［120］张俊娥．基于绿色消费视角的我国现代流通体系创新构建［J］．商业经济研究，2018（3）：36－38．

［121］张鹏．经济双循环背景下流通体系建设的战略重心与政策选择［J］．商业经济研究，2021（20）：17－20．

［122］孙华荣．构建适应现代流通体系的支付模式［J］．中国金融，2020（24）：82－83．

［123］纪良纲．科学把握现代流通体系的几个基本问题［J］．河北经贸大学学报，2023，44（3）：39－46．

［124］杨薇．现代流通体系建设驱动商品交易市场发展的实践探索与经验证据［J］．商业经济研究，2023（16）：26－29．

［125］Foss N J，Saebi T. Fifteen Years of Research on Business Model Innovation：How Far Have We Come，and Where Should We Go？［J］．Journal of Management，2017，43（1）：200－227．

［126］宋志金，薛哲．新旧动能转换背景下现代流通体系建设与流通企业品牌培育［J］．商业经济研究，2021（13）：13－16．

［127］谢莉娟，张昊．全国统一大市场与现代流通体系建设：实践探索与关系演进［J］．中国流通经济，2022，36（7）：3－11．

［128］向雪，贾媛．人工智能发展对我国现代商贸流通体系建设影响效应研究——基于技术人才和科技创新视角［J］．商业经济研究，2024（6）：39－43．

［129］王秀梅．"互联网＋"环境下农产品现代流通体系构建创新研究——以广东省为例［J］．农业经济，2018（2）：138－140．

［130］唐任伍，张景森．现代流通体系推动共同富裕实现的功能、作

用和路径［J］. 中国流通经济，2022，36（1）：3-8.

［131］卢越. 地方推进现代流通体系建设新亮点、新问题并存亟待解决发展困境［J］. 中国经贸导刊，2023（12）：20-22.

［132］高啸宇. 数智化创新推动大宗商品产业现代流通体系建设［J］. 中国物流与采购，2022（3）：56-57.

［133］汪鸣，贺兴东，刘伟. 高质量推进现代流通体系建设服务构建新发展格局［J］. 中国经贸导刊，2022（5）：16-18.

［134］李智. "中国特色"语境下的现代流通体系发展方略研究［J］. 中国软科学，2012（4）：1-10.

［135］赵娴，冯宁，邢光乐. 现代流通体系构建中的供应链转型与创新：内在逻辑与现实路径［J］. 供应链管理，2021，2（8）：69-79.

［136］王建军. 建设内畅外联现代流通网络支撑构建新发展格局［J］. 中国经贸导刊，2022（5）：14-16.

［137］闵伟琼. 新发展格局下现代流通体系建设面临的挑战与对策［J］. 商业经济研究，2021（9）：15-18.

［138］邓雪莉. 双循环背景下扩大内需与现代流通体系建设关联性分析［J］. 商业经济研究，2024（1）：5-8.

［139］徐振宇. 新发展格局下高质量推进现代流通体系建设的挑战与方略［J］. 长沙理工大学学报（社会科学版），2023，38（3）：61-75.

［140］王晓东，谢莉娟. 现代流通体系支撑构建新发展格局的政治经济学分析［J］. 教学与研究，2022（6）：42-55.

［141］黄国雄. 关于推进我国现代流通体系建设的几点建议［J］. 财贸经济，2011（3）：5-10，136.

［142］高道友. 构建我国农村现代流通体系的瓶颈及对策［J］. 中国流通经济，2009，23（12）：14-16.

［143］王彬燕，田俊峰，程利莎，等. 中国数字经济空间分异及影响因素［J］. 地理科学，2018，38（6）：859-868.

［144］徐维祥，周建平，刘程军. 数字经济发展对城市碳排放影响的空间效应［J］. 地理研究，2022，41（1）：111-129.

［145］钞小静，廉园梅，元茹静，等．数字基础设施建设与产业链韧性——基于产业链恢复能力数据的实证分析［J］．数量经济技术经济研究，2024，41（11）：112-131．

［146］程钦良，宋彦玲，张勋．数字基础设施建设、时空成本与制造业空间布局［J］．经济学动态，2024（6）：64-80．

［147］刘修岩，王雨昕．数字基础设施与中国城市的空间重构［J］．经济地理，2024，44（4）：55-63．

［148］张兆鹏．我国数字产业化发展水平的统计测算及时空演化特征［J］．中国流通经济，2024，38（8）：43-55．

［149］李小玉，李华旭．长江中游城市群数字经济产业协同发展水平评价研究［J］．经济经纬，2022，39（6）：88-97．

［150］宋旭光，何佳佳，左马华青．数字产业化赋能实体经济发展：机制与路径［J］．改革，2022（6）：76-90．

［151］左万水，古恒宇，周麟，等．中国市域数字经济创新空间格局演化及其驱动机制［J］．经济地理，2024，44（6）：102-112．

［152］李源，刘承良．中国城市数字技术创新的时空演化及影响因素［J］．地理科学，2024，44（5）：754-765．

［153］余传鹏，黎展锋，林春培，等．数字创新网络嵌入对制造企业新产品开发绩效的影响研究［J］．管理世界，2024，40（5）：154-176．

［154］黄永林．我国数字经济发展的成效与未来方向［J］．人民论坛，2022（23）：79-83．

［155］段军山，高雯玉．数字金融发展对企业全要素生产率的影响研究［J］．当代财经，2022（5）：51-62．

［156］周利，冯大威，易行健．数字普惠金融与城乡收入差距："数字红利"还是"数字鸿沟"［J］．经济学家，2020（5）：99-108．

［157］张一凡，许宪春．数字经济相关指数和指标体系研究［J/OL］．财贸经济，2024：1-15．

［158］洪俊杰，李研，杨曦．数字经济与收入差距：数字经济核心产业的视角［J］．经济研究，2024，59（5）：116-131．

［159］李剑培，时洁，顾乃华．数字政府建设对企业数字化转型的溢出效应研究——来自政府采购合同大数据的证据［J/OL］．南方经济，2024：1 - 22.

［160］赵姝，刘军．中国城市营商环境优化了吗？——来自时序演变与空间交互的证据［J］．产业经济研究，2023（4）：54 - 68.

［161］梁俊芬，蔡勋，刘序，等．广东省乡村产业发展水平测度及区域差异研究［J］．科技管理研究，2022，42（23）：81 - 91.

［162］高学东，潘莹雪，薄启欣．中国省际就业质量影响因素的空间计量分析［J］．地域研究与开发，2022，41（4）：13 - 18.

［163］吴海珍，韩兆安，云乐鑫．数字经济赋能地区创新质量的路径与特征研究［J］．科研管理，2024，45（7）：59 - 67.

［164］廖小菲，申雨瑶．数字经济对中国城市低碳转型的影响机理及效应［J］．经济地理，2024，44（6）：31 - 41.

［165］吉天帅．我国数字经济发展时空演变及驱动因素研究［D］．唐山：华北理工大学，2023.

［166］欧阳金琼，靳佳珠．中国共同富裕的区域差异与结构分解［J］．华东经济管理，2023，37（9）：11 - 21.

［167］王青，傅莉媛，孙海添．中国工业生产能源消费碳排放的区域差异、动态演进与影响因素［J］．资源科学，2023，45（6）：1239 - 1254.

［168］刘华军，赵浩，杨骞．中国品牌经济发展的地区差距与影响因素——基于 Dagum 基尼系数分解方法与中国品牌 500 强数据的实证研究［J］．经济评论，2012（3）：57 - 65.

［169］刘文革，何斐然，赵亮．中国收入分配水平的区域差异及收敛性研究——基于高质量发展视角［J］．经济问题探索，2024（6）：19 - 36.

［170］封永刚．我国现代流通体系建设的行业拉动与就业带动能力［J］．中国流通经济，2023，37（8）：39 - 53.

［171］杨肖丽，赵涵，牟恩东．数字经济对农产品流通效率的影响——基于省域面板数据的实证分析［J］．中国流通经济，2023，37（8）：28 - 38.

［172］吕建兴，叶祥松．中国农产品流通效率及其演变特征——基于流通环节的视角［J］．世界农业，2019（6）：46－57．

［173］周正柱，冯博文．长三角城市群商品流通发展的时空演变特征、区域差异及分布动态演进［J］．上海交通大学学报（哲学社会科学版），2024，32（2）：24－47．

［174］杨向阳，汪洁，刘备．中国流通业高质量发展水平测度、地区差异与动态演进［J］．经济纵横，2023（7）：87－99．

［175］王世进，任杰，司增绰．流通数字化与流通产业链韧性：机理与实证［J］．北京工商大学学报（社会科学版），2024，39（5）：67－79．

［176］余祖鹏，王孝行．流通数字化对流通产业碳排放的影响与作用机制［J］．中国流通经济，2023，37（12）：26－35．

［177］夏春玉．流通、流通理论与流通经济学——关于流通经济理论（学）的研究方法与体系框架的构想［J］．财贸经济，2006（6）：32－37，96．

［178］朱信凯．建设农产品现代流通体系 推进农产品流通现代化——《中国农产品流通现代化研究》评介［J］．经济纵横，2017（10）：129．

［179］周佳．"互联网＋流通"背景下公益性流通基础设施发展对策研究［J］．首都经济贸易大学学报，2019，21（5）：22－33．

［180］任保平，张陈璇．数字产业链助推中国产业链现代化的效应、机制与路径［J］．财经科学，2023（2）：54－64．

［181］陆文聪，梅燕，李元龙．中国粮食生产的区域变化：人地关系、非农就业与劳动报酬的影响效应，中国人口科学，2008（3）：20－28，95．

［182］薛鹏飞，李国景，罗其友，等．中国农业科技资源水平区域差异及空间结构研究．农业技术经济，2021（5）：108－120．

［183］Ma L, Long H, Chen K, et al. Green Growth Efficiency of Chinese Cities and Its Spatio-Temporal Pattern［J］. Resources, Conservation and Recycling, 2019, 146：441－451.

［184］李耀．东北地区城市发展测度及影响因素分析［D］．沈阳：辽宁大学，2024．

［185］罗军，邱海桐．城市数字经济驱动制造业绿色发展的空间效应［J］．经济地理，2022，42（12）：13－22．

［186］李琳，郭东，乔璐．数字经济如何影响新型城镇化：机制与检验［J］．经济问题探索，2024（3）：17－36．

［187］白冰，赵作权，张佩．中国南北区域经济空间融合发展的趋势与布局［J］．经济地理，2021，41（2）：1－10．

［188］赵作权．空间格局统计与空间经济分析［M］．北京：科学出版社，2014．

［189］杨利，石彩霞，谢炳庚．长江流域国家湿地公园时空演变特征及其驱动因素［J］．经济地理，2019，39（11）：194－202．

［190］张自然，马原，杨玉玲．新质生产力背景下中国新型基础设施的测度与分析［J］．经济与管理研究，2024，45（8）：17－39．

［191］杨勇，岳依洋．中国省际数字经济发展不平衡的特征、测度及演化趋势［J］．华东经济管理，2024，38（9）：28－40．

［192］李娜，张田雨，孙毅，等．我国省级地区数字经济核心产业规模及其差异演变［J］．调研世界，2024（6）：73－86．

［193］Cui X，Zhang J，Huang W，Liu C，Shan L，Jiang Y. Spatial Pattern and Mechanism of the Life Service Industry in Polycentric Cities：Experience from Wuhan，China. Journal of Urban Planning and Development. 2023，149：05023015.

［194］张颖，黄俊宇．金融创新、新型城镇化与区域经济增长——基于空间杜宾模型的实证分析［J］．工业技术经济，2019，38（12）：93－101．

［195］安康，韩兆洲，舒晓惠．中国省域经济协调发展动态分布分析——基于核密度函数的分解［J］．经济问题探索，2012（1）：20－25．

［196］李旭辉，王经伟．共同富裕目标下中国城乡建设绿色发展的区域差距及影响因素［J］．自然资源学报，2023，38（2）：419－441．

［197］乔涵．我国数字产业技术进步水平时空演变趋势及影响因素［J］．中国流通经济，2023，37（8）：14－27．

［198］郑玉．中国金融产业综合发展水平测度及其时空演化分析

[J]．上海经济研究，2019（10）：109－116.

[199] 钟水映，李强谊，徐飞．中国农业现代化发展水平的空间非均衡及动态演进［J］．中国人口·资源与环境，2016，26（7）：145－152.

[200] 方志耕．具有多个概率转移要素的社会经济系统向量 MARKOV 链模型研究［J］．中国管理科学，2000（S1）：498－504.

[201] 侯孟阳，姚顺波．中国城市生态效率测定及其时空动态演变［J］．中国人口·资源与环境，2018，28（3）：13－21.

[202] 罗光强，宋新宇．中国农业新质生产力：生成机理、时空特征与区域差异［J/OL］．中国农业资源与区划，2024：1－14.

[203] 李天籽，韩沉刚．武汉城市圈科技金融效率时空特征与趋同演化分析［J］．经济地理，2022，42（1）：61－69.

[204] 苏荟，任梦珂，时晓青．中国数字经济与乡村振兴协同发展的时空差异及其演变趋势［J/OL］．重庆大学学报（社会科学版），2024：1－18.

[205] 徐胜，梁靓．数字经济对区域创新效率的空间溢出效应——基于创新价值链视角［J］．中国流通经济，2023，37（2）：55－67.

[206] 潘庆婕．高铁开通对技术创新"增量提质"的影响研究［J］．软科学，2023，37（4）：53－60.

[207] 孙静，宋玉禄．流通数字化、产业结构升级与流通经济韧性［J］．商业经济研究，2024（7）：10－13.

[208] 张弘，李宽，史磊．流通业集聚对农业韧性的影响［J］．中国流通经济，2024，38（3）：33－44.

[209] 杨小军．中国共同富裕水平的时空演变及其驱动因素［J］．上海经济研究，2023（11）：5－24.

[210] 刘程军，陈亦婷，陈秋驹，等．中国双循环协调发展水平演化及其驱动机制［J］．经济地理，2022，42（11）：1－8.

[211] 孙彦明，杨怡乐，李清立．"双碳"目标下中国省域交通碳排放强度的时空演变分析［J］．宏观经济研究，2023（11）：48－61.

[212] 张自然，马原，杨玉玲．新质生产力背景下中国新型基础设施的测度与分析［J］．经济与管理研究，2024，45（8）：17－39.

［213］周正柱，冯博文．长三角城市群商品流通发展的时空演变特征、区域差异及分布动态演进［J］．上海交通大学学报（哲学社会科学版），2024，32（2）：24－47．

［214］师宁，李泽萍，赵胜利，等．基于互联互通的现代物流体系构建［J］．科技管理研究，2019，39（15）：191－197．

［215］王定祥，吴炜华，李伶俐．数字经济和实体经济融合发展的模式及机制分析［J］．改革，2023（7）：90－104．

［216］马海群，刘心蕊．面向数字经济高质量发展的数据要素流通全流程场域构建研究［J］．信息资源管理学报，2024，14（4）：29－35．

［217］陈凯旋，张树山．信息消费与数实融合——来自国家信息消费试点的经验证据［J/OL］．软科学，2024：1－10．

［218］Kumar A，Shankar A. Building a Sustainable Future with Enterprise Metaverse in a Data-Driven Era：A Technology-Organization-Environment（TOE）Perspective［J］．Journal of Retailing and Consumer Services，2024，81：103986．

［219］本刊编辑部．"有效降低全社会物流成本"研讨会专家观点综述［J］．中国流通经济，2024，38（5）：3－17．

［220］王军进，许淞俊，刘家国．考虑转化效率的竞争企业产能共享策略研究［J/OL］．中国管理科学，2024：1－15．

［221］李伟，范则成，张莎．B2C VS. O2O：线上渠道拓展类型对线下渠道的影响及门店密度的调节作用［J/OL］．中国管理科学，2024：1－18．

［222］胡俊，杜传忠．人工智能推动产业转型升级的机制、路径及对策［J］．经济纵横，2020（3）：94－101．

［223］刘娜．新消费的理论内涵、实践样态与创新经验［J］．消费经济，2023，39（3）：3－13．

［224］柯蕴颖，张青睿，王光辉．数据要素市场化配置如何促进城市创业活力——基于要素协同视角的解释［J］．经济问题探索，2024（8）：73－86．

［225］王文隆，姚锐，张涑贤．考虑制造商创新的供应链双向需求信

息共享研究［J］. 中国管理科学，2022，30（5）：226－235.

［226］李秋香，马草原，谢磊，等. 区块链赋能供应链价值创造的机理与策略——质量信息不对称下的经济学分析［J］. 管理世界，2024，40（8）：98－122.

［227］蒋为，倪诗程，宋易珈. 中国企业"双循环"下本土供应链与全球价值链协同创新效应研究［J/OL］. 财贸经济，2024：1－17.

［228］陈雁翎，鲜逸峰，杨竺松. 数实融合背景下我国数字人才培养的挑战与应对［J］. 行政管理改革，2024（2）：66－75.

［229］鞠国魁，徐义圣，李伟. 新质生产力发展对民众自主环保意识的影响机制［J］. 社会科学家，2024（4）：93－98.

［230］魏文栋，孙洋，刘备，等. "技术—组织—环境"视域下数字经济赋能低碳转型发展的路径［J］. 中国科学院院刊，2024，39（6）：1047－1059.

［231］刘帅. 数字物流促进物流业碳排放效率提升的机制与效应［J］. 中国流通经济，2024，38（6）：54－65.

［232］陈宠，郭明君，何理. 互联网基础设施集聚对区域经济发展的影响及机制研究［J］. 中国软科学，2024（8）：122－132.

［233］尚洪涛，王斯彤. 国家数字经济创新发展试验区对民营企业合作创新的影响［J］. 中国流通经济，2024，38（9）：80－91.

［234］王丹丹，马志强，许玲燕. 数字化转型与企业价值创造：产品与服务创新双重视角［J/OL］. 科技进步与对策，2024：1－13.

［235］余壮雄，谢浪情，程嘉嘉. 海外市场信息交流与产品市场配置效率［J/OL］. 财贸经济，2024：1－17.

［236］姜昊，董直庆. 人工智能技术应用会存在选择性偏向吗？——行业属性与就业偏向［J］. 南方经济，2023（12）：37－61.

［237］林伟芬，胡耀，何骏. 电子商务发展对城市创业活跃度的影响［J］. 中国人口科学，2023，37（5）：82－96.

［238］张继武，吕丽娟. 城市电商化转型提高了创业活跃度吗？——

基于国家电子商务示范城市建设的准自然实验［J］. 经济与管理研究，2024，45（6）：95-111.

［239］张树山，谷城，张佩雯，等. 智慧物流赋能供应链韧性提升：理论与经验证据［J］. 中国软科学，2023（11）：54-65.

［240］夏铭璐，张树山，谷城. 智慧物流对产业链韧性的影响［J］. 中国流通经济，2023，37（9）：23-33.

［241］徐孝民，刘孟凯，黄胜忠. 基于复杂适应系统理论的智慧物流创新系统及其创新行为模式［J］. 大连理工大学学报（社会科学版），2024，45（4）：16-28.

［242］邓辛，彭嘉欣. 基于移动支付的数字金融服务能为非正规就业者带来红利吗？——来自码商的微观证据［J］. 管理世界，2023，39（6）：16-33，70，34-43.

［243］刘凯，郭明旭，李育. 数字人民币发行与数字支付发展的宏观经济影响研究［J］. 中国工业经济，2023（3）：39-57.

［244］王义中，林溪，李振华，等. 数字普惠金融助力共同富裕：基于流动性约束视角［J］. 经济研究，2024，59（6）：49-68.

［245］张栋浩，罗荣华，刘锡良. 中国特色普惠金融体系的理论逻辑、建设成就与高质量发展路径［J］. 经济学家，2024（5）：46-55.

［246］陆岷峰. 金融强国与金融新质生产力：构建以数智化驱动的金融高质量发展新生态［J］. 中国流通经济，2024，38（5）：18-27.

［247］郭晔，姚若琪. 供应链关联与中小企业融资——基于供应链金融与商业信用视角［J］. 经济学（季刊），2024，24（4）：1173-1190.

［248］陈中飞，江康奇，殷明美. 数字化转型能缓解企业"融资贵"吗［J］. 经济学动态，2022（8）：79-97.

［249］张世敬，张校源. "双碳"目标下的绿色财税、绿色信贷与消费者偏好［J］. 宏观经济研究，2024（4）：91-103.

［250］赵霞，宁忆童. 互联网对流通服务业与制造业融合的影响机制研究［J］. 北京工商大学学报（社会科学版），2021，36（2）：25-37.

[251] 张晓丽. 中央农村环境整治资金项目绩效评价指标体系研究 [J]. 中国人口·资源与环境, 2018, 28 (S1): 117-120.

[252] 赵姝, 刘军. 中国城市营商环境优化了吗？——来自时序演变与空间交互的证据 [J]. 产业经济研究, 2023 (4): 54-68.

[253] 王展昭, 唐朝阳. 基于全局熵值法的区域创新系统绩效动态评价研究 [J]. 技术经济, 2020, 39 (3): 155-168.

[254] 杨千龙, 陈慧媛, 文琦. 黄河上游地区市域数字经济与绿色发展耦合协调度及提升路径 [J]. 经济地理, 2024, 44 (5): 22-32.

[255] 张红伟, 熊操, 陈小辉, 等. 财政科技投入对数字经济发展的影响 [J]. 财经科学, 2022 (5): 135-148.

[256] 谷斌, 廖丽芳. 新基建投入与科技创新能力耦合协调发展水平测度及时空演进 [J]. 科技进步与对策, 2023, 40 (11): 60-70.

[257] 赵涛, 张智, 梁上坤. 数字经济、创业活跃度与高质量发展——来自中国城市的经验证据 [J]. 管理世界, 2020, 36 (10): 65-76.

[258] 白俊红, 张艺璇, 卞元超. 创新驱动政策是否提升城市创业活跃度——来国家创新型城市试点政策的经验证据 [J]. 中国工业经济, 2022 (6): 61-78.

[259] 唐红涛, 陈欣如, 张俊英. 数字经济、流通效率与产业结构升级 [J]. 商业经济与管理, 2021 (11): 5-20.

[260] 郝爱民, 任祯, 冉净斐. 流通数字化赋能全国统一大市场建设的机理与效应研究 [J]. 统计研究, 2024, 41 (4): 40-53.

[261] 孟昊芸, 张扬. 流通业智能化与城乡均衡发展——基于城乡居民消费差距视角 [J]. 广东财经大学学报, 2024, 39 (3): 79-94.

[262] 张晓林. 乡村振兴战略下数字赋能农村流通创新发展机理与路径 [J]. 当代经济管理, 2024.

[263] 戴魁早, 刘友金, 潘爱民. 技术要素市场发展促进了制造业生产率增长吗？[J]. 统计研究, 2023, 40 (12): 119-131.

[264] 于世海, 许慧欣, 孔令乾. 数字经济水平对中国制造业资源配

置效率的影响研究［J］. 财贸研究，2022（12）：19 – 34.

［265］黄群慧，余泳泽，张松林. 互联网发展与制造业生产率提升：内在机制与中国经验［J］. 中国工业经济，2019（8）：5 – 23.

［266］Nunn N, Qian N. US Food Aid and Civil Conflict［J］. American Economic Review, 2014, 104（6）：1630 – 1666.

［267］郭朝先，李婷，罗芳. 数据跨境流通规则博弈与中国应对［J］. 中国流通经济，2024，38（9）：27 – 38.

［268］杜伟泉. 治理平台数据流通的"权力结构失衡"与应对［J］. 江苏社会科学，2024（4）：159 – 167.

［269］叶学平，张禧. 湖北培育完整内需体系存在的"堵点"分析及解决路径［J］. 湖北社会科学，2023（5）：64 – 70.

［270］谢莉娟，万长松. 流通领域公有制经济的量化分析［J］. 学术研究，2023（4）：89 – 96.

［271］李朝鲜. "双循环"背景下数字技术如何赋能商贸流通企业高质量发展［J］. 北京工商大学学报（社会科学版），2022，37（5）：59 – 70.

［272］孙先民，张国微. 智慧城市驱动商贸流通产业发展：理论机制、计量检验与政策含义［J］. 商业研究，2022（4）：58 – 66.

［273］侯卓. 全国统一大市场的财税法促进机制［J］. 北京大学学报（哲学社会科学版），2023，60（4）：139 – 148.

［274］李骏阳. 以信息流为主导的现代流通企业组织再造［J］. 中国流通经济，2004（6）：41 – 44.

［275］陈彦宇，张瀚文. 数据跨境流通的三重安全挑战及其法律规制——基于数据流通理论的分析［J］. 中国科技论坛，2024（8）：64 – 73.

［276］王衍之，黄静思，王剑晓，等. 数据要素流通与收益分配机制研究：以风电场景融合气象数据为例［J］. 管理评论，2024，36（6）：30 – 41.

［277］薛阳，贾慧，冯银虎. 数字物流提升城乡融合发展的效应与机制研究［J］. 农业经济与管理，2024（4）：62 – 77.

［278］葛迎遨，杨山，杜海波. 长三角城市快递物流联系网络及空间

平衡格局研究［J］．地理科学进展，2024，43（7）：1307－1319.

［279］叶翀，冯昊．长三角城市群物流业效率时空演化和影响因素［J］．华东经济管理，2024，38（9）：52－60.

［280］廖毅，汤咏梅．双循环新发展格局下现代物流业促进区域经济协调发展研究［J］．理论探讨，2021（1）：88－93.

［281］张晏魁．科技进步对现代物流产业发展的影响研究——评《科技进步促进区域物流发展理论与实证研究》［J］．科技进步与对策，2020，37（9）：164.

［282］蒋云贵，柳思维．基于回归方程的流通企业破产风险模型［J］．系统工程，2010，28（9）：82－86.

［283］Seifullaeva M，Panasenko S，Ramazanov I，et al．"Factors Influencing the Formation of the Image of an "Ideal" Enterprise in the Field of Circulation in the Context of World Economy Digitalization［J］．Relacoes Internacionais no Mundo Atual，2022，3（36）：784－798.

［284］郝爱民，任禛，冉净斐．流通数字化赋能全国统一大市场建设的机理与效应研究［J］．统计研究，2024，41（4）：40－53.

［285］杨琴，吴玘玥．数字经济时代数据流通使用的价值及安全［J］．贵州社会科学，2024（4）：50－57.

［286］冯朝睿，张楠．云南省农产品流通业绿色发展效率测度及影响因素研究［J］．经济问题探索，2024（4）：124－135.

［287］洪岚，邢晓岩．农产品流通现代化缩小了城乡居民收入差距吗？［J/OL］．中国农业资源与区划，2024：1－16.

［288］赵霞，徐永锋．数字化流通、全国统一大市场与国内国际循环［J］．商业经济与管理，2024（3）：18－32.

［289］王昕天，荆林波，张斌．电商如何驱动农业产业链数字化：理论阐释与实践演进［J］．中国软科学，2024（3）：47－56.

［290］Zhu D，Li T，Zhang C，et al. Role of Internet of Things Technology in Promoting the Circulation Industry in the Transformation of a Resource-

Based Economy ［J］. Wireless Communications and Mobile Computing 2021（1）：7124086.

　　［291］唐任伍，马宁. 基于 ESG 评价的我国流通企业高质量发展：价值、责任与绩效［J］. 中国流通经济，2024，38（1）：3 – 11.

　　［292］张晓林. 乡村振兴战略下数字赋能农村流通创新发展机理与路径［J］. 当代经济管理，2024，46（4）：47 – 53.

　　［293］王春豪，蒋兴红. 乡村数字化对农产品流通业全要素生产率增长的影响研究［J］. 世界农业，2023（11）：91 – 102.